Oscar varia

Paolo Colombo – Gioachino Lanotte

La corsa del secolo

Cent'anni di storia italiana attraverso il Giro

OSCAR MONDADORI

I edizione Oscar varia aprile 2009

ISBN 978-88-04-59190-0

Questo volume è stato stampato
presso Mondadori Printing S.p.A.
Stabilimento NSM - Cles (TN)
Stampato in Italia. Printed in Italy

www.librimondadori.it

Indice

La corsa del secolo

A Marco e Pino,
che da sempre ci aprono la strada

Introduzione

Si prova un senso di inadeguatezza – dopo essere stati abbagliati in età giovanile dalla lucida fermezza con cui Eugenio Montale ha saputo raccontare «ciò che *non* siamo, ciò che *non* vogliamo» – nell'introdurre uno scritto dichiarando ciò che esso non è, e non vuole essere. Ma se ciò serve a stipulare in partenza un patto di chiarezza e onestà con chi si avvia a leggere, allora è doveroso provarci.

Questo libro è concepito da due storici di professione e parla di ciclismo, e in particolare di una delle più grandi ed epiche corse della storia del ciclismo: il Giro d'Italia. Tuttavia, non è una storia del Giro. Il lettore non vi troverà, in linea di massima, il resoconto dettagliato e metodico delle tappe, degli iscritti, delle volate e così via: su questo terreno si sono cimentati molti studiosi e appassionati assai più legittimati di noi in tal senso e hanno prodotto opere tanto numerose che – ce lo perdoneranno – qui non risulta opportuno citare, ma alle quali potrà ricorrere senza difficoltà chi avverta curiosità insoddisfatte dalle pagine che seguono.

Questo libro, di conseguenza, non è contraddistinto, diciamo così, da un taglio sportivo in senso stretto. Di nuovo: giornalisti ed esperti del settore hanno dato vita a una letteratura pressoché sterminata di questo tipo, per l'essenziale costituita da opere d'ispirazione biografica o autobiografica. Si tratta di opere validissime, nel loro genere, e spesso ce ne siamo avvalsi, soprattutto là dove abbiamo cercato d'illuminare gli snodi delle vicende della corsa rosa o i passaggi di testimone più significativi fra quei grandi campioni capaci di improntare a sé, oltre a vere e proprie epoche del ciclismo agonistico, fondamentali capisaldi dell'immaginario collettivo e della memoria di una nazione.

Perché questo è il punto. Lo sport, e in specie le discipline più radicate nella cultura e nelle passioni di un popolo, ha in sé una capacità di parlare della storia di chi lo vive (sia come attore, sia come spettatore), che poche altre pratiche sociali rivelano: eppure non sono molti gli studiosi che hanno esplorato questi territori sportivi, intuendovi le ricche opportunità di comprensione del tempo passato che invece vi dimorano. Un approccio tradizionale – certo non solo per questo meno valido – ha in generale prevalso, consegnandoci una storia perlopiù intessuta di documenti archivistici e fatta di battaglie e accordi internazionali. Niente di male, sia ben chiaro, ma c'è dell'altro. E, a partire all'incirca dall'ultimo ventennio, questo «altro» ha provato a venire in superficie: per esempio il ciclismo.

In Italia – come risulta fin ovvio – forse solo il mondo del pallone può competere per popolarità e per intensità delle passioni suscitate con quello delle due ruote, e in ogni caso (in ottica storica non si può non sottolinearlo) a partire da tempi sicuramente più recenti.

Così, nella scia delle fondamentali intuizioni di Giovanni De Luna sulla possibilità di un proficuo impiego di fonti storiografiche alternative, indispensabili per interpretare una contemporaneità fatta ormai anche di cinema, fotografia, pubblicità, romanzi, canzoni (qui addirittura usate come veri e propri traccianti luminosi) e – appunto – sport, merita una menzione particolare il pionieristico lavoro di Stefano Pivato, che nel 1992 ha pubblicato *La bicicletta e il Sol dell'avvenire*, intuendo le potenzialità euristiche di uno sguardo indirizzato sull'universo gravitante attorno al fenomeno ciclistico. E dopo di lui Daniele Marchesini ha adottato nel 1996 proprio la corsa rosa come punto di osservazione privilegiato per parlare dell'*Italia del Giro d'Italia*.

Eppure qualcosa – molto, a nostro parere – restava taciuto. Forse, inevitabilmente, per la collocazione cronologica di quelle opere: serviva difatti ancora del tempo per rendersi conto che una mutazione dei linguaggi e dei canali di comunicazione della storia era ormai irrimediabilmente in atto[1] e che, pur restando ben asserragliati, come doveroso, sulle posizioni difensive di una ricerca seria ed epistemologicamente corretta, non ci si poteva lasciar travolgere da tale mutamento – comunque lo si voglia interpretare –, né si poteva ignorarlo nell'ingenuo convincimento che quel che accade fuori delle nostre cittadelle di storici accademici non ci riguardi.

Si trattava così di recuperare nella «narrazione» storica (non più, dunque, semplice e distaccata ricostruzione) la *voluptas* e la *jucunditas* presenti nel DNA della *historia* e per secoli dimenticate:[2] in altre parole bisognava riportare in campo, insieme alla soggettività dello storico che tesse le fila del passato secondo la propria cultura e mentalità, il piacere di raccontare e di sentirsi raccontare. E – non lo nascondiamo – siamo profondamente convinti che in questo risieda uno dei compiti fondanti il mestiere dello storico, altrimenti monco in una sua parte vitale. In tale prospettiva metodologica siamo anche disposti ad ammettere, se ben intesi circa la serietà del lavoro che fa da fondamento a una simile affermazione, che il raggiungimento di un buon grado di verosimiglianza sia già un risultato altamente soddisfacente, capace tra l'altro di fare spazio anche a qualche azzardo di «creatività» ricostruttiva, utile ad ambientare con maggior efficacia gli eventi storici. Quella del vero è d'altronde categoria assai ostica, se riferita a una storia che venga onestamente considerata indeclinabile solo all'indicativo e incapace per definizione di produrre verità che non siano «plurali».[3]

La passione narrativa rifluisce nella narrazione delle passioni. Non può essere diversamente, a nostro parere. La storia *nel* ciclismo, *nel* Giro d'Italia, rivela allora un'aderenza assolutamente eccezionale di questo sport con gli umori delle persone che incarnano il secolo attraversato da quella fantastica corsa su due ruote: è un patrimonio storiografico che sarebbe colpevole trascurare, perché capace di renderci l'anima di una nazione, che tra corridori mitici e biglie di plastica lanciate sulla spiaggia, tra film e canzoni, tra innovazioni tecnologiche e drammi esistenziali prende forma e si evolve restando tuttavia sempre lì, ai margini di una strada su cui sfrecciano le maglie colorate dei corridori. Questo si prova, qui, a raccontare: la «corsa del secolo», ma anche l'attraversamento, insieme alla centenaria carovana del Giro d'Italia, di un «secolo in corsa».

Il concetto di velocità e il mito a essa connesso, d'altra parte, sono indiscutibili peculiarità di un Novecento che era iniziato non per caso celebrando la «bellezza della velocità» con la poetica futurista («Noi affermiamo che la magnificenza del mondo si è arricchita di una bellezza nuova: la bellezza della velocità»).[4] Diversi artisti di quel movimento, fra i propri motivi di «suggestione dinamica» (*Locomotiva in corsa*, Bonzagni, 1911; *Velocità di motocicletta*, Boccioni, 1913; *Treno partorito dal sole*, Depero, 1924; *La corsa*, nel *Trittico della velocità*, Dottori, 1926), avevano incluso anche il vigore della bicicletta, come Natalija Sergeevna Gončarova nell'opera *Il ciclista* (1913) e Mario Sironi con un dipinto omonimo (*Il ciclista*, 1916).

Ci si può forse sorprendere, quindi, se la nascita del Futurismo (febbraio 1909) coincide quasi perfettamente con l'inizio della lunga avventura del Giro d'Italia (13 maggio 1909)?

Da quegli albori il mito della velocità ha governato le principali trasformazioni del secolo che ci siamo appena lasciati alle spalle: la meccanizzazione dei processi produttivi, l'estensione del «movimento» umano al cielo e allo spazio, la motorizzazione di massa, l'accelerazione nel passaggio delle informazioni, delle comunicazioni e delle sensazioni stesse, fino alle alterazioni indotte dal Novecento sulla coscienza del tempo e dello spazio, che hanno introdotto nella vita dell'uomo l'esperienza della simultaneità, anche se in forma virtuale.

Al ritmo incalzante dettato dal «secolo della velocità», anche la bicicletta – è proprio il caso di dirlo – ne ha fatta di strada. La «cavalcatura d'acciaio», come veniva definita dalla «Rivista mensile del Touring Club Italiano» in quel lontano 1909 in cui vede la luce il Giro,[5] ha conosciuto un vertiginoso sviluppo tecnologico all'inseguimento di sempre migliori risultati. Si è approdati addirittura all'elaborazione degli HPV (*human-powered vehicles*, «veicoli a propulsione umana»), ovvero superbiciclette dotate di sofisticati sistemi di telecamere e computer per la gestione dei sistemi di guida e dei meccanismi di sterzo, veri e propri concentrati di tecnologia che spostano le nuove frontiere del ciclismo oltre la linea dei 100 km/h raggiungibili con la sola spinta fornita dai muscoli del pilota-ciclista.

In questa rincorsa parossistica a prestazioni sempre più elevate, soprattutto nel ciclismo agonistico non sono mancati nemmeno i colpi bassi della manipolazione fisiologica degli atleti, dei progetti di aziende interessate al lancio di azzardate diete alimentari, della realizzazione di prototipi in grado di aggirare gli ostacoli regolamentari...

Ma nonostante ciò, su un altro terreno – quello della comune quotidianità – le due ruote non hanno mai perso un millimetro della loro «aderenza sociale».

Mezzo privilegiato dalle classi popolari, la bicicletta ha saputo intercettare in ogni momento i cambiamenti della società, adattandosi di volta in volta a contesti sempre mutanti, anche e soprattutto in chiave politica. Dai moti di fine Ottocento al proselitismo socialista, dalla propaganda nazionalista alle campagne della Grande Guerra, dalla causa irredentista alle mobilitazioni operaie, dal consenso del Ventennio al coraggio della Resistenza, dalla gioia della Liberazione alle fatiche della ricostruzione, dalla vitalità del boom alle speranze del Sessantotto, dalla voglia di futuro all'impegno civile, fino agli scenari attuali, in cui la bicicletta si rivela strumento indispensabile per una mobilità sostenibile.

È un'aderenza che non deve sorprendere, poiché non esiste nella storia dell'umanità altro mezzo di spostamento che dipenda allo stesso modo dai muscoli e dal fiato di chi lo pilota: non dalla benzina o dai pistoni, non dall'elica o dalla vela. Chi pedala si trasforma in un essere ibrido e mitico, con due ruote al posto delle gambe. C'è chi subisce la mutazione in eterno: grandi campioni che restano infissi appunto nella mitologia della memoria, grandiosi cavalieri dello sport perpetuamente a cavallo dei loro destrieri a pedali. E c'è chi assaggia temporaneamente minimi istanti di quella condizione: per una pedalata al parco con i figli, per arrivare in tempo all'appuntamento con la fidanzata, per rifiutare giorno per giorno la logica aberrante del traffico automobilistico.

Ma c'è in ogni caso – e sempre e per sempre ci sarà – una pulizia, un'onestà, una nitidezza nella fatica del pedalare che non trova eguali altrove: perché è tutt'uno col corpo di chi pedala. E, per estensione, tutt'uno con la sua anima.

I
L'età liberale

La macchina

A cavallo tra Otto e Novecento moltissimi fra letterati, poeti e scrittori (Matilde Serao, Olindo Guerrini, Edoardo Scarfoglio, Giovanni Pascoli, Guido Gozzano, Renato Serra, Federigo Tozzi) cantano le lodi della bicicletta.[1] Noi abbiamo scelto, per il suo carattere particolarmente sentito, la descrizione che ne fa Alfredo Oriani nel 1902. Dall'opera dello scrittore ravennate traspare un'autentica passione (ben testimoniata da un viaggio compiuto in solitaria nel 1897 dalla Romagna alla Toscana in sella a una Bremiambourg da corsa) per quel nuovo mezzo di locomozione, tanto che De Amicis ebbe a definire il lavoro di Oriani un «piccolo poema».

> La bicicletta è così. La sua velocità rivaleggia con quella del vapore, mentre la sua fatica resta un giuoco: è piccola, lieve, muta. Vi si è in bilico, eppure si cessa di avvertirlo: può salire e discendere per qualunque strada, altrimenti la si piglia sotto un braccio e si prosegue egualmente spediti. Certo il fango, la neve e il vento le contrastano ancora il corso, e dove le strade non siano piane le sue ruote male si scivolano; ma vento, fango e neve contristeranno sempre ogni viaggio sulla terra ... In nessun luogo, in nessuna via, il vostro capriccio di pellegrino avrà dovuto soccombere alla violenza di una volontà altrui: avrete potuto interrogare ogni passante, entrare in tutte le case: il vostro abito di ciclista vi avrà fatto ricevere ovunque come quello del soldato e del prete, vi sarete sentito giovane e forte, così forte che voi solo avrete vinto le lunghe distanze. Quanti cavalli vi avreste azzoppati od uccisi? Poi il cavallo

è un servo, al quale bisogna usare dei riguardi, perché è impossibile non amarlo: la bicicletta invece è una scarpa, un pattino, siete voi stessi, è il vostro piede diventato ruota, è la vostra pelle cangiata in gomma.[2]

Velocità («rivaleggia con quella del vapore»), emancipazione dalla fatica («un giuoco: è piccola, lieve, muta»), movimento («salire e discendere per qualunque strada»), riscatto (non «soccombere alla violenza di una volontà altrui»), forza («vi sarete sentito giovane e forte, così forte che voi solo avrete vinto le lunghe distanze»); in una parola, quello che la bicicletta evoca nell'immaginazione dei contemporanei è l'idea di modernità. Sono suggestioni che sembrano anticipare le idee chiave di quel movimento artistico che da lì a poco si sarebbe affermato, in modo non «lieve» ma roboante, con la pubblicazione del *Manifesto del futurismo* (1909) di Filippo Tommaso Marinetti. Indicativi in questo senso appaiono anche i versi dell'inno del Touring club ciclistico italiano, sorto per tutelare l'interesse dei «ciclisti viaggiatori» nel 1894, in una riunione tenuta l'8 novembre all'Albergo degli Angioli di Milano:

Correr, correr correre
Lo sconfinato pian!
E salir monti e scendere
Nel divin sole immersi
Cento ammirar spettacoli
Di Natura diversi...
Si fan d'acciaio i muscoli
Nell'esercizio ardito...
S'espande il sen dell'aria
Che l'urta, invigorito.[3]

Il Touring club ciclistico italiano era diventato in breve il principale sodalizio ciclistico italiano,[4] tanto da condurre un'accanita battaglia per la riduzione dell'imposta sul velocipede approvata dalla Camera dei deputati nel 1897. Un disegno di legge, infatti, aveva fissato la tassa a 10 lire per le biciclette a un posto e a 15 per quelle a due: nel 1909, dopo le insistenze dell'associazione, sarebbe stata ridotta a 6 lire.[5]

L'idea di modernità suscitata dalla bicicletta è tale che per indicare il nuovo mezzo viene spesso usato il termine *macchina*. Come in questa pubblicità apparsa sul «Corriere della Sera» nel 1898, attraverso la quale, tra l'altro, possiamo dedurre un interessante dato relativo al numero delle biciclette circolanti in America. Ossia: mentre in Italia «le prime sommarie statistiche le facevano ascendere nel 1896 a circa 30.000 con la punta massima a Milano (6200), seguita da Torino (5000), Roma (4000) e Firenze (3000)»,[6] la produzione americana – relativa alla sola fabbrica Columbia nel 1897 – consegna il quadro di una diffusione ben più capillare:

COLUMBIA
I cicli più apprezzati
Il modello degli Stati Uniti e del mondo intiero
Concessionari per l'Italia Bender e Martiny – Torino
Produzione del 1897: 133.000 macchine
Fabbricati dalla Pope M.F.G. e C. Hartford (USA).[7]

«Macchina» rimarrà l'espressione a lungo più usata, anche nel nuovo secolo, quando ormai si diffonderà presso strati meno abbienti e addirittura si vedranno «ragazze / con grande maestria / montar su questa macchina / con grande frenesia». È quanto sembrano confermare i versi di questa canzone dal titolo *La bicicletta*,[8] apparsa su un foglio volante. Si tratta dell'«unica riproduzione autorizzata dalla Spett. Società Editrice Musicale Fiorentina, Milano 1907, Tip. Ranzini, Milano, Via S. Sisto N. 4. Netti Cent. 50. La musica per canto e pianoforte o chitarra, Netti Cent. 50».

Signori vi presento
Un'utile invenzion
Consiste in una macchina
Di grande precision

Potete andar lontani
E senza mai stancarvi
Con essa far chilometri
Parecchi e sollazzarvi

Mentre correndo fantasticate
Il freno svelti adoperate

Forte il manubrio tenete ognora
Colla macchina correte ancora
Stando sicuri sopra il sellino
Spingete forte ogni tantino

E via sempre così
Di corsa din, din, din.

Si vedono ragazze
Con grande maestria
Montar su questa macchina
Con grande frenesia

S'appoggiano al manubrio
Dimenano il pedale
E sospironi mandano
Di gioia e di piacer.

I moti del '98

Ma la bicicletta degli esordi non conosce soltanto splendori. «A quanti la esaltavano come emblema e fattore di progresso, si opponeva una schiera di denigratori che la identificavano come diabolico strumento di perdizione.»[9] «Atroce macchina» in grado di suscitare un «moto di paura e di disgusto», «mostro meccanico», «diabolico strumento» sono solo alcune fra le locuzioni più allarmistiche che si possono trovare in alcune cronache dell'epoca. Queste nuove biciclette preoccupano il potere costituito, ma anche il clero, che trova disdicevole per un sacerdote l'utilizzo di un mezzo tanto spregiudicato.[10] Già nell'aprile del 1869, a Milano, il sindaco della città, conte Giulio Belinzaghi, ne aveva proibito l'uso a causa del panico che provocavano tra i pedoni:

> Considerato che in altre città è già stato vietato, per ragioni di sicurezza, l'uso dei velocipedi, e che attese le condizioni delle pubbliche vie di Milano, ed il continuo passaggio per le medesime di veicoli e di pedoni, la circolazione dei velocipedi riesce pericolosa tanto alle persone che se ne servono, quanto al pubblico; vieta in via assoluta l'uso dei velocipedi in tutta la zona della città racchiusa entro la cerchia dei Navigli, più lungo tutti i corsi, e lungo via Principe Umberto, nei pubblici giardini, lungo il Bastione da porta Nuova a porta Venezia ed anche lungo i viali di Foro Buonaparte.[11]

La Giunta comunale liberalizza completamente l'uso del velocipede solo nel 1893. Tuttavia, a dimostrazione di quanto il rapporto tra istituzioni e bicicletta sia ancora precario, durante i disordini del maggio 1898 il generale Bava Beccaris – commissario regio a Milano – non esita a considerare la bicicletta uno strumento pericoloso in mano ai rivoltosi e agli operai, proibendone nuovamente l'uso. Il provvedimento è preannunciato da un trafiletto sulla prima pagina del «Corriere della Sera» del 9-10 maggio:

> Oggi verrà dal Comando Generale pubblicato un decreto, col quale, in seguito alla convinzione fattasi dall'Autorità che i rivoltosi si servono di biciclette per avvisarsi fra loro, ne verrà vietata la circolazione in tutta la Provincia di Milano.

Puntualmente, il giorno successivo arriva il decreto commissariale, teso a non agevolare la trasmissione d'informazioni tra i rivoltosi:

> Il R. Commissario straordinario per la Città e Provincia di Milano.
> Da domani e fino a nuovo ordine, è vietata nell'intera Provincia di Milano la circolazione delle biciclette, tricicli e tandems e simili mezzi di locomozione. I Contravventori saranno arrestati e deferiti ai Tribunali di Guerra. Firmato: Il Tenente-Generale R. Commissario Straordinario Bava.[12]

È il caso di focalizzare la vicenda dei moti di Milano, che costituisce uno dei momenti più cruenti in quel terribile quinquennio (1895-1900) noto come la crisi di fine secolo: la repressione dei Fasci siciliani, i moti della Lunigiana, il disastro di Adua (1° marzo 1896), la vampata reazionaria del '98, che soffoca la questione sociale nel sangue, il regicidio anarchico a completare il terribile shock collettivo e a indicare la strada del rinnovamento giolittiano. Un dato è sufficiente per misurare la gravità dei fatti che sconvolgono la città di Milano nel '98: si registrano più morti in quella settimana di maggio, colpiti da forze dell'ordine italiane, di quanti se ne erano contati durante le gloriose Cinque Giornate del '48 per mano dell'esercito di Radetzky. Ciò ha permesso ad alcuni commentatori di definire quei moti, repressi dalle truppe comandate dal generale Fiorenzo Bava Beccaris con una violenza inaudita, le «cinque giornate al contrario».

Le condizioni che portano ai disordini scoppiati nelle strade del capoluogo lombardo avevano cominciato a maturare già qualche anno prima con la grave sconfitta di Adua. Di questo fallimento aveva fatto le spese Francesco Crispi, reo di aver trascinato il governo in una rovinosa politica coloniale. Antonio Starabba marchese di Rudinì, diventato presidente del Consiglio, cerca di tamponare la situazione riducendo le spese per l'Africa, ma non riesce ad arrestare l'inizio di una preoccupante crisi economica, che influisce principalmente sul prezzo del pane, salito drasticamente anche in seguito alla politica protezionistica del governo, attuata per tutelare i produttori di grano meridionali: mentre il salario medio di un operaio è mediamente di 2 lire al giorno e quello di un manovale di 1,20-1,30 lire, il pane – dalla già proibitiva cifra di 50 centesimi – aumenta fino a 90 centesimi al chilo. Così nella primavera del '98 in Italia meridionale si registrano avvisaglie di quella che sarebbe stata definita da alcuni storici «la rivolta dello stomaco», ma i politici e le autorità pensano di trovarsi di fronte ai soliti episodi endemici del Mezzogiorno, così diffusi nel nostro paese all'indomani dell'unificazione. Il prefetto di Milano Winspeare pensa che i problemi non toccheranno la città: tuttavia, dal 1° maggio e nei giorni a seguire, si assiste a un crescendo di tensione sociale che sfocia in una vera e propria perdita di controllo della situazione da parte delle autorità e delle forze dell'ordine.

Questa la cronologia dei momenti cruciali di quei terribili giorni.

1° maggio: sebbene non fosse ancora una ricorrenza ufficiale, da otto anni la giornata veniva festeggiata dai lavoratori socialisti e da quella parte del mondo del lavoro più democratica e politicizzata. Si tenevano iniziative politiche che spesso erano state occasione d'incidenti e tafferugli. Anche se in quell'anno il 1° maggio cade di domenica, la giornata non passa senza scaramucce tra i manifestanti e le forze dell'ordine, segno che il fuoco cova sotto la cenere.

6 maggio: durante l'intervallo i lavoratori della Pirelli si radunano davanti allo stabilimento (nel luogo dove oggi sorge l'omonimo grattacielo), per commentare quello che sta succedendo nel resto del paese. Dalla caserma Trotter esce un plotone del 57° Fanteria con l'ordine di disperderli. Due agenti della squadra volante di Pubblica Sicurezza, un certo Rossi e Domenico Viola, detto Il Calabrese, individuano e arrestano Guglielmo Savio, un giovane che distribuisce un manifestino del Partito socialista.

> Cittadini! Lavoratori!
> La rivolta serpeggia nel paese. È la rivolta della fame e della disperazione. Il Governo del Re risponde – al solito – coll'eccidio scellerato dei supplicanti pane e lavoro; collo stato d'assedio instaurato in quattro provincie, pronto in tutto il resto del Regno. ... I socialisti da gran tempo – impassibili alle calunnie ed alle violenze pronunciarono il disastro. Da ben dieci anni, alla Camera e nel paese, i socialisti denunziano nel dazio di confine sui cereali – regalo annuo di 250 milioni ai latifondisti italiani – la cagione precipua che mantiene nell'accidia l'agricoltura e la fa impotente a sfamare le popolazioni.[13]

Mentre i questurini conducono il Savio alla caserma di via Napo Torriani 24, gli operai presenti cominciano a tirare sassi. Viene arrestato Angelo Armadio, detto El Pompierin, diciannovenne, che oltre a tirare sassi ha gridato: «Viva la rivoluzione».[14]

I suoi compagni si sollevano chiedendone a gran voce il rilascio, ma la situazione ben presto precipita. Vien chiamato l'esercito. La truppa e gli agenti, rivoltella alla mano, aprono il fuoco ad altezza d'uomo. Ci sono cinque feriti, due dei quali a morte: l'operaio Silvestro Savoldi e il questurino Viola, suo assassino, colpito accidentalmente da un proiettile sparato da un collega che lo aiuta a sfollare con le palle di piombo.

La sera l'assembramento spontaneo creatosi in piazza del Duomo per protestare contro i fatti successi in mattinata alla Pirelli viene controllato dalla truppa di militari che presidia la Galleria. Nonostante la grande tensione, tutto si conclude senza ulteriori incidenti e la situazione sembra tornata sotto controllo.

7 maggio: la mattina si sparge la notizia dei fatti del giorno precedente. Si forma un corteo che progressivamente s'ingrossa. Si pensa addirittura che i manifestanti vogliano rovesciare la monarchia. Per fronteggiare la situazione il prefetto di Milano, barone Winspeare, notifica con regio decreto che la provincia di Milano è posta in stato d'assedio e viene nominato regio commissario con pieni poteri il tenente generale Bava Beccaris commendator Fiorenzo, comandante il III Corpo d'Armata.

I violenti scontri si trasformano in un bagno di sangue. In quell'occasione il movimento anarchico produce come strumento d'informazione popolare un canto titolato *Il feroce monarchico Bava*:[15]

Alle grida strazianti e dolenti
Di una folla che pan domandava,
Il feroce monarchico Bava
Gli affamati col piombo sfamò.
Furon cento i caduti innocenti
Sotto il fuoco degli armati caini
E al furor dei soldati assassini:
«Morte ai vili!», la plebe gridò.

Tra i provvedimenti presi nella furia di quelle ore c'è l'arresto dei rappresentanti dei partiti politici considerati sovversivi e la chiusura di alcune testate giornalistiche (fra le quali «Il Secolo» e «L'Osservatore Cattolico»), accusate di disturbare i pubblici poteri. A fare le spese di questo provvedimento ci sono personaggi del calibro di Filippo Turati, Anna Kuliscioff (direttrice della rivista «Critica Sociale»), Leonida Bissolati (direttore dell'«Avanti!»), Paolo Valera (noto giornalista anarchico), don Albertario (direttore dell'«Osservatore Cattolico») e l'intera redazione del giornale repubblicano «L'Italia del popolo».

Il tenente generale Luchino Del Majno, comandante della Divisione territoriale di Milano, all'indomani dei moti avrebbe raccolto in una relazione indirizzata a Bava la versione ufficiale sull'operato delle truppe impegnate nel ristabilimento dell'ordine. Del Majno, nel commentare le vicende del giorno 7, fa apparire la sommossa come l'esito di un piano progettato nelle settimane precedenti e introduce nello scenario critico di quei momenti la presenza inquietante delle biciclette.

> Debbo far rilevare la non comune abilità dei rivoltosi nello scegliere il punto di resistenza nel corso di porta Ticinese e nelle modalità di occupazione ... sono una riprova assoluta di un piano prestabilito e ben studiato, e danno prova altresì che lì vi si trovano uomini tatticamente esperti a dirigere e ordinare la resistenza. Altra prova evidente che speciali disposizioni erano state prese in precedenza la si ebbe nell'evidente servizio di esplorazione e di informazione fatto colle biciclette.[16]

8 maggio: la domenica gli incidenti proseguono e viene usato il cannone caricato a mitraglia. Il conto ufficiale delle vittime parla di 80 morti, di cui due tra le file della Pubblica Sicurezza (per quanto uno risulti alla fine colpito da una tegola probabilmente lanciata dai manifestanti e l'altro, come visto, ucciso per errore da un collega). Non dello stesso avviso, invece, è Paolo Valera (studioso del fenomeno e vivace cronista che visse in prima persona quelle giornate), il quale nel suo libro sulle «cinque giornate al contrario» parla di 118 morti.[17]

> Tu, che un dì nella grande sventura
> Fosti intenta ad innalzar barricate
> Tu, che in cinque gloriose giornate
> Disperdesti l'odiato invasor.
> Tu, o Milano, che appiè di tue mura
> Trucidati i tuoi figli hai veduto
> Su risorgi... il momento è venuto:
> Guerra, guerra agl'infami oppressor![18]

9 maggio: il lunedì tutto sembra tranquillo e si potrebbero riaprire gli stabilimenti; il rientro delle persone nei luoghi di lavoro favorirebbe una normalizzazione della situazione, ma qualcosa nella notte induce a cambiare idea. Comincia a circolare la voce (generata forse da un telegramma) che un nutrito gruppo di socialisti sia in arrivo dalla Svizzera per unirsi agli studenti di Pavia, con l'intento di dare manforte alle sommosse.

A proposito del tanto annunciato contingente di studenti pavesi, va detto che la sera del 5 maggio, a Pavia, in uno scontro tra la polizia e gli studenti dell'università, aveva perso la vita il ventitreenne Muzio Mussi, figlio del deputato radicale milanese Giuseppe Mussi, vicepresidente della Camera. La notizia era giunta a Milano e, presentata dalla stampa in toni tragici, aveva contribuito ad accrescere la tensione. La mobilitazione preventiva delle forze dell'ordine nei confronti degli studenti di Pavia era stata disposta in prima persona dal generale Bava Beccaris, come testimoniano le sue memorie:

> Il colonnello Volpini, comandante della zona, mi disse che nei dintorni di porta Monforte s'erano formati vari assembramenti di persone, le quali volevano penetrare in città e che, da informazio-

ni avute, gli risultava che a questi rivoltosi si era aggiunta molta gente del contado e studenti provenienti da Pavia. Conviene notare che questo movimento da Pavia verso Milano ci era stato ripetutamente segnalato come probabile dalle autorità pavesi. Mi fece inoltre osservare che, da alcune case del viale esterno si sparava contro la truppa, il che lasciava supporre che vi fossero annidati dei rivoltosi.[19]

Anche la cronaca di Valera avrebbe in seguito attestato la presenza degli universitari pavesi e delle pericolose biciclette che il giorno seguente sarebbero state bandite da Bava:

> Intanto che i proiettili imperversavano l'aria, nel casino daziario si diceva che gli studenti di Pavia avevano fatte le fucilate con la truppa schierata lungo i cancelli di porta Venezia. Si parlava di un fuoco disperato. Inseguiti si sarebbero nascosti nel convento e nella chiesa dei frati, da dove vennero sloggiati dalla mitraglia. Poi si sarebbero dispersi per le cascine di Acquabella, lasciando a torno gli avamposti in bicicletta.[20]

Il 9 maggio è anche il giorno dell'assalto al convento dei Cappuccini in via Monforte (ora viale Piave). Pare che le cause siano da attribuirsi a un clamoroso errore maturato nel clima di generale tensione di quelle terribili giornate. Al mattino i militari vedono nei pressi del convento un nutrito gruppo di mendicanti che ricevono dai frati assistenza e un pasto caldo (l'usanza tuttora continua più o meno nella medesima area). Pensando a un assembramento di rivoltosi, li attaccano. I mendicanti si rifugiano nel convento e a questo punto i militari prendono a sparare, arrivando a impiegare cannonate che aprono una breccia nel muro di cinta del convento, dove oggi è posta una targa commemorativa. Frati e mendicanti vengono arrestati e rinchiusi al Castello Sforzesco (approntato come carcere proprio durante i disordini del '98), mentre i sacerdoti vengono reclusi dai Padri Barnabiti per una forma di detenzione che oggi definiremmo di arresti domiciliari. Con questa eccessiva durezza veniva fatta pagare ai poveri frati l'ostilità dell'«Osservatore Cattolico» nei confronti dello Stato liberale. Il giornale di don Albertario era infatti il più ligio osservante della politica del *Non expedit*, tanto che alla morte di Vittorio Emanuele II don Albertario aveva titolato la notizia in questo modo: *Il re è morto, il Papa sta bene!*

I ciclisti rossi

L'appropriazione sociale da parte delle classi popolari e un certo uso politico della bicicletta, manifestatosi in modo spontaneo e tanto temuto dalle autorità durante i moti di Milano, negli anni seguenti crescono progressivamente. Ambedue i fenomeni sono certamente favoriti da una graduale diminuzione del costo dei velocipedi. Si comincia così ad assistere alla nascita di numerosi club ciclistici soprattutto nell'area nordorientale del paese, dove la bicicletta si lega alla causa dei nazionalisti italiani nei territori ancora sotto il dominio austro-ungarico. L'irredentismo trova nelle due ruote un agile strumento per divulgare la propaganda indipendentista nelle province italiane. Il più importante di questi circoli è la Federazione ciclistica trentina, sorta nel 1905 da sodalizi nati precedentemente in Trentino e Friuli-Venezia Giulia. L'inno composto per la costituzione di quell'associazione da C. Nani e F. Gerloni era stato addirittura sequestrato e censurato dalla polizia austro-ungarica per gli espliciti riferimenti alla causa nazionalista:

Dal monte alla valle
Discende la ruota,
Ricurve le spalle
È gaia la nota

Divora la pista
Impavido e fiero
Il baldo ciclista
Divora il sentiero ...

Ritrova i fratelli
Vicini e lontani,
Son forti son belli
Lor stringe le mani

Son tutti Trentini
Per verbo e per sangue
Difendon Latini
La Patria che langue

Concordia li serra
Con nodo tenace
Percorron la terra
Araldi di pace

Negli occhi sfavilla
La fiamma del core,
La Santa scintilla
D'Italico amore

Evviva il ciclista!
Con l'agil destriero
Al pangermanista
Ei chiude il sentiero

Non havvi distanza
Che ruota non varchi
Nel Regno ad oltranza
Discendono carchi,

Ei canta s'espande
E sembra rifatto
Quel core che langue
Al caro contatto

Straniero rapace
Non tocchi sua terra
Che s'ama la pace
Non sfugge la guerra.[21]

Anche i repubblicani, in particolar modo quelli della Romagna, individuano nella bicicletta un efficace strumento di proselitismo e di diffusione delle loro idee politiche. Nel 1902 il nucleo di repubblicani di Forlì lancia un appello in cui si esortano i confratelli ad «approfittare del ciclismo per stringere maggiormente i vincoli di amicizia e di fratellanza tra i compagni di fede e per difendere ovunque l'idea repubblicana».[22] Ben presto, anche in ambito repubblicano, vengono indetti convegni regionali ciclistici (a Cervia nel luglio 1903, nella repubblica di San Marino nell'agosto 1904) e si formano sezioni di ciclisti tra gli affiliati a quell'idea politica.

Dall'impiego spontaneo nelle lotte di fine secolo, attraverso l'irredentismo e l'esperienza dei ciclisti repubblicani, l'idea di un'utilità sociale della bicicletta e di un suo uso politico matura fino a entrare nel dibattito della più grande forza popolare del tempo: i socialisti. Si apre così una polemica sul rapporto tra proletariato e sport, che ricalca sommariamente le divisioni interne al partito.

Da una parte i massimalisti di Mussolini, che deplorano chi «corre, con morbosa dilettazione, ad applaudire al miserevole spettacolo d'incoscienza e di sperpero di energie che offrono tutti quei giovani ciclisti del *Giro d'Italia*» e lo sport «come uno de' tanti tranelli che l'attuale sistema di governo plutocratico e borghese ha teso alla inconsapevole dabbenaggine delle moltitudini»;[23] dall'altra quanti, come i riformisti di Turati, Bonomi e Bissolati, dopo una iniziale opposizione al mezzo in quanto espressione di un'etica del lusso tipica del mondo borghese, iniziano a considerare la bicicletta come strumento di una «nuova democrazia». È il punto centrale espresso da Ivanoe Bonomi, non per caso un anno dopo l'esordio del Giro d'Italia, in un editoriale pubblicato dal giornale del Partito socialista:

> Io ricordo un tempo in cui nelle campagne lombarde ed emiliane ... i contadini andavano scalzi e guardavano con irritazione i primi bicicli che passavano con le alte ruote sulle strade polverose. Grande lusso erano allora quei bicicli. ... Oggi non è più così. La «macchina» s'è democratizzata: costa poco, è a portata di tutte le borse, è diventata lo strumento di una nuova democrazia. Infatti ha livellate le classi: tutti vanno oggi in bicicletta, poveri e ricchi, il fattore che va a sorvegliare il lavoro e il contadino che va a compierlo, l'artigiano e il signore, l'uomo e la donna. Non ci sono più sessi e non ci sono più classi. È il trionfo della bicicletta.[24]

Come è noto, la spaccatura – sulle linee politiche – avrebbe portato all'espulsione dell'area riformista di Bonomi e Bissolati, avvenuta nel congresso straordinario di Reggio Emilia del 1912, e alla costituzione del Partito socialista riformista italiano (PSRI). Tuttavia i leader moderati avrebbero lasciato al loro vecchio partito, tra le altre eredità, anche la bicicletta...

Facezie a parte, sta di fatto che nel secondo decennio del Novecento comincia a crescere in ambito socialista una certa riconsiderazione delle due ruote per i benefici che avrebbero potuto portare alla causa. Abbandonati i pregiudizi nei confronti dello sport, iniziano a costituirsi in Romagna (allargandosi ben presto a moltissime cittadine del Centro e Norditalia) le prime sezioni dei *ciclisti rossi*. La loro interpretazione della pratica sportiva si differenzia programmaticamente da quella borghese, concepita come puro *loisir*. Ecco come sottolinea questo punto l'«Avanti!»:

> Il fine dei «ciclisti rossi» è la propaganda: il loro mezzo è lo sport della bicicletta, se così vuolsi chiamare, contenuto entro limiti umani e dignitosi! I nostri ciclisti non comprendono e non vogliono che l'educazione fisica vada a detrimento dell'educazione intellettuale e morale propria od altrui. Epperò dello sport della bicicletta – e magari domani di altri sport – essi fanno puramente e semplicemente una consuetudine igienica, un passatempo, ed un mezzo adeguato e proporzionato per diffondere e propagandare dappertutto le loro idealità civili, morali, politiche.[25]

Momento culminante di questo processo è la costituzione a Imola, il 10 agosto 1913, della Federazione nazionale dei ciclisti rossi. Nella loro attività di propaganda e proselitismo, regolata da un rigido statuto,[26] i ciclisti rossi sono tenuti a una severa disciplina (in tema di assenze, ubriachezza, litigi ecc.) e a vestire una divisa che prevede un distintivo sociale, l'utilizzo di una maglia rossa o – in alternativa – una fascia dello stesso colore con la scritta nera recante la squadra di provenienza e l'acquisto consigliato di un ciclo Avanti!. Si tratta di biciclette costruite appositamente dalla ditta Ceserani di Caravaggio e vendute ai compagni socialisti a prezzo scontato. Ecco come il quotidiano socialista pubblicizza il proprio mezzo nell'estate del 1913:

> Cooperative! Sodalizi!
> Fornite i vostri Soci del nuovo Ciclo
> «AVANTI!»
> Solido – elegante – a buon mercato
> Da corsa – da viaggio – da donna
> Velocipede popolare creato a favore delle MASSE OPERAIE ORGANIZZATE
> Fratelli Ceserani
> Officine «Alcyon»
> Caravaggio (Bergamo)[27]

In seguito le biciclette Avanti! sarebbero state corredate anche da «pneumatici Carlo Marx»!

Alla crescente popolarità delle due ruote presso l'universo socialista contribuiscono sicuramente le gesta dei primi eroi del pedale e la celebrità che cominciano a riscuotere presso le classi più povere. Come scriverà ancora Ivanoe Bonomi, nel già citato editoriale del 1910, «Galetti, Ganna, Gerbi, Verzi, ecco i nomi che corrono su quelle bocche accese e sorridenti».

II
Parte il Giro

Gerbi, il Diavolo Rosso

Il nuovo secolo inizia, in Italia, con un evento che rappresenta forse il massimo concentrato di drammaticità simbolica per una comunità politica da poco costituitasi: un regicidio. L'assassinio di Umberto I re d'Italia avviene a Monza il 29 luglio 1900 per mano di Gaetano Bresci, un anarchico di ispirazione bakuniniana emigrato in America, dove le leggi locali, tolleranti in tema di estradizione politica, avevano attratto una consistente comunità legata a questa variante dottrinale. Avendo saputo della nomina a senatore a vita del generale Bava Beccaris a opera del re, Bresci, indignato, progetta il regicidio e organizza il proprio ritorno in Italia. Umberto I viene così ucciso con tre colpi di pistola, dopo che ha presenziato al concorso ginnico organizzato dalla società sportiva monzese Forti e Liberi: lo sport, per una via solo apparentemente tangente, interseca molto precocemente gli snodi più alti della politica novecentesca. È solo un'avvisaglia: molto altro accadrà nei cento anni seguenti.

Il nuovo re, Vittorio Emanuele III, non ha certo una corporatura da sportivo: piccolo e con gambe comunque sproporzionatamente corte, soffre semmai i complessi di chi non è stato beneficiato, da nessun punto di vista, del giusto *physique du rôle*. Però – lui o il suo *entourage* – è attento più di quel che si dice a mantenere visibile la Corona presso i sudditi e coglie anche le opportunità propagandistiche insite nella crescita del mondo sportivo. Nel ciclismo, in particolare.

L'interesse della Real Casa per il «cavallo d'acciaio» era tale che la stessa regina Margherita aveva deciso di chiamare alla Villa Reale di Monza il costruttore allora più affermato, Edoardo Bianchi, il quale produceva in serie nell'officina di viale Abruzzi biciclette con ruote di raggio uguale. Il compito di Bianchi non era facile: doveva dare lezioni di equilibrio a sua altezza la regina ma, come prescritto dall'etichetta, senza sfiorarla! «L'ex meccanico dovrà inventare una sorta di cinturone con redini per sorreggere i volteggi della neofita.»[1]

Un segno meno privato e più significativo dell'attenzione regale per il ciclismo, comunque, si era già avuto nel 1897 con l'istituzione della Grande gara ciclistica Coppa del Re, forse la competizione più prestigiosa dell'epoca. Si corre per la prima volta il 6 giugno (verrà disputata fino al 1961) da Milano a Torino e nella gara si danno battaglia, gomito a gomito, 47 partecipanti provenienti da Piemonte, Lombardia, Liguria e perfino da Toscana e Lazio. La spunta Ciceri; due anni dopo è la volta di Zavarro (nel '98 non si disputa) e nel 1902 se l'aggiudica uno dei più forti corridori di sempre: Giovanni Gerbi. Quando al traguardo di Novara vince la quinta edizione della Coppa del Re per distacco, da autentico dominatore, Gerbi è ancora giovanissimo e non ancora professionista. È nato il 4 giugno 1885 a Borgo Trincere, presso Asti, e quindi ha solo diciassette anni. Ma, come scriverà tanti anni dopo un altro illustre astigiano, Paolo Conte, parlando di lui, in questo ciclismo d'epoca ci sono, metaforicamente e fisicamente:

> Uomini grossi come alberi
> Che quando cercherai di convincerli
> Allora lo vedi che sono proprio di legno.[2]

Gerbi è tra questi. Lo chiamano Diavolo Rosso perché indossa sempre una maglia scarlatta, ma soprattutto perché si racconta che nel corso di una gara, nel 1905, cade rovinosamente. Ferito, si ferma in una farmacia a medicarsi, ma si accorge che gli altri corridori lo stanno superando: inforca la bici e, approssimativamente fasciato e sanguinante, si getta all'inseguimento. Vince. Un parroco, vedendolo passare, gli dà con malcelata ammirazione del Diaul, diavolo. Diavolo Rosso.

L'anno successivo, nel settembre 1903, il tragitto della sesta edizione della Coppa del Re è ancora nella stessa zona dell'Italia settentrionale ed è ancora il Diavolo Rosso a compiere l'impresa, arrivando solitario al traguardo di Milano. A questo punto Gerbi è ormai un professionista vero. Si allena meticolosamente, ispeziona i tragitti prima delle gare, controlla preventivamente la condizione delle strade, prova le salite più impegnative, studia accorgimenti tecnici (modifica il sellino per migliorare l'aerodinamica, usa tubolari invece delle gomme piene).[3] Così è il primo italiano al Tour de France nel 1904 e il 12 novembre 1905 si aggiudica il primo Giro di Lombardia, ideato da Armando Cougnet[4] della «Gazzetta dello Sport». Gerbi vincerà in tutto trentadue corse, in un'Italia «valzer di vento e di paglia», dove ancora

la morte contadina
che risale le risaie
e fa il verso delle rane e puntuale
arriva sulle aie bianche.[5]

La morte prospera in simbiosi con la povertà. L'emigrazione viaggia a una media di più di mezzo milione di fuoriusciti all'anno; la questione meridionale, soprattutto agricola, è ai primi posti nell'agenda di Giolitti e dei leader politici; il dibattito sulle riforme sociali si fa scottante.

Quando, dopo la crisi del 1900, Vittorio Emanuele III aveva affidato l'incarico di formare il nuovo governo a Zanardelli (Sinistra liberale), Giovanni Giolitti era stato scelto come ministro degli Interni. Era iniziata così una nuova fase nella vita politica nazionale, che dal nome dello statista piemontese (alla guida del paese per circa un ventennio, con brevi interruzioni) sarebbe stata ribattezzata «Italia giolittiana».

Con Giolitti l'Italia conosce un allargamento della base sociale; l'accesso alla vita politica, infatti, fino ad allora era riservato solo a un'élite. Un misero 2 per cento della popolazione aveva diritto di voto (sulla base del censo) e bisogna considerare che a causa della politica ecclesiastica del *Non expedit* il 50 per cento degli aventi diritto di voto si rifiutava d'esercitare tale prerogativa; perciò solo l'1 per cento della popolazione italiana si recava alle urne.

Ma lo statista piemontese caratterizza la propria linea politica nella direzione di una democratizzazione della base sociale dello Stato italiano. Il seguente aneddoto valga come esempio. Giolitti è convinto che gli industriali paghino troppo poco gli operai e che da questa sperequazione conseguano disordini e conflitti: si mostra quindi tollerante nei confronti degli scioperi a carattere economico. Solitamente durante gli scioperi agrari vengono assoldate dallo Stato manovalanze in sostituzione degli scioperanti, perché la produzione non ne risenta. Tuttavia, in occasione di uno sciopero nelle campagne del Mantovano non viene inviato il solito rinforzo di braccianti e al telegramma del senatore Arrivabene, proprietario terriero che si lamenta del «beneplacito del governo» e di essere costretto in prima persona a rimboccarsi le maniche, Giolitti risponde: «La esorto a continuare a tirare l'aratro così capirà e pagherà meglio i suoi contadini».

Tra il 16 e il 21 settembre 1904 il primo grande sciopero generale dilaga per la penisola: attecchisce specialmente nelle campagne, ma anche nelle miniere e tra i ferrovieri. Non è costume di Giolitti usare il pugno di ferro e, peraltro, ormai non è più così facile farlo, come quando Crispi aveva represso duramente i Fasci siciliani e sciolto nel 1894 il Partito socialista. Alle elezioni del 6 novembre i socialisti quasi raddoppiano i voti. Ma i tempi stanno cambiando: fermare i treni può voler dire paralizzare il paese, e non per nulla – nel 1905 – il nuovo presidente del Consiglio, Fortis (sempre un giolittiano), statalizza le ferrovie con un colpo di mano parlamentare.

La Milano-Sanremo

Del resto le strade ferrate stanno disegnando nel paese un intreccio sempre più fitto e spesso le loro linee incrociano le piste della bicicletta (già «cavalcatura d'acciaio», ma *ubi maior*...). Ecco come «La Gazzetta dello Sport», alla vigilia della prima Milano-Sanremo, prepara i corridori iscritti ad affrontare quelle insidie:

> Uno dei maggiori inconvenienti, e tale da non poter, in nessun modo, essere rimediabile o sminuito nei suoi effetti, è la frequenza dei passaggi a livello. Al corridore quindi, che avrà qualche vantaggio sui concorrenti, converrà forzare perché nel caso che riesca a trovare la via libera metterà, oltre al vantaggio acquistato, una barriera di divisione fra sé ed il gruppo: nel caso opposto, potrà sempre

sfruttare il forzato ritardo in un riposo rigeneratore che gli permetterà di acquistare in energia quello che la «déveine» gli avrà tolto come spazio di percorso.[6]

Non può apparire casuale che i nuovi mezzi di locomozione siano al centro di queste vicende. Nel dicembre del 1906, sulla scia della nascita della Confederazione generale del lavoro[7] e del prevalere dell'ala riformista del sindacato, si stipulano i primi contratti collettivi di lavoro su base territoriale o con aziende specifiche (la Società automobilistica Itala di Torino e la Borsalino fra le prime). Più tardi verrà siglato il primo contratto collettivo nazionale di lavoro, da parte della Federazione vetrai (1908). Ma non bisogna farsi trarre in inganno: nel solo 1907 vengono organizzati 2258 scioperi.

Così non si può evitare di dire che, guardando a quegli anni, è un ciclismo operaio quello che ci si trova di fronte. Siamo appunto nel 1907, 14 aprile: all'Osteria della Conca Fallata di via Chiesa Rossa a Milano, Giovanni Rossignoli – che ancora non sa d'essere destinato al ruolo di capostipite di una dinastia di costruttori di biciclette che attraverserà tutto il secolo – firma insieme ad altri 32 corridori il foglio di partenza della prima edizione della Milano-Sanremo. Il tempo è inclemente e alla faccia della Classicissima di primavera (come verrà poi chiamata) fa freddo e piove a dirotto, ma si parte comunque. Dopo pochi chilometri il gruppo attraversa Pavia, città natale di Rossignoli, e tra il pubblico c'è la madre. Le mamme italiane sono apprensive come nessuno, si sa, e quelle dei ciclisti non fanno eccezione. La signora Rossignoli costringe il figliolo a fermarsi per offrirgli un ombrello, con la pretenziosa speranza che il buon Giovanni continui a pedalare sotto il parapioggia. Ma, come si diceva, «quando cercherai di convincerli / allora lo vedi che sono proprio di legno». Non sappiamo come il corridore pavese sia riuscito a liquidare la propria inopportuna genitrice, se a male parole o con suadenti argomentazioni filiali. Di certo rinuncia alle sue amorevoli cure. Infatti, anche se la gara è vinta dal francese Lucien Petit-Breton, che corre per la Bianchi, Rossignoli si piazza dignitosamente (quindi correndo, si può immaginare, con entrambe le mani occupate a tenere il manubrio). E più che dignitosa è in generale la sua carriera, straordinariamente lunga: appenderà la bicicletta al chiodo solo nel 1927, a quarantacinque anni, portando a termine il suo ultimo Giro d'Italia con la quarantatreesima posizione in classifica finale, lui che era stato presente alla prima edizione della corsa rosa, nel 1909. Eh sì, perché il Giro d'Italia è ormai, e finalmente, alle porte.

> Corridori!
>
> L'ora è prossima, la bellezza incombe. Gli amatori del ciclismo di tutte le nazioni vi ammirano e attendono. Ognuno ha fra di voi il suo favorito, la sua speranza. Come corridori italiani avete il gran compito di difendere i colori della nazione. Come forestieri ed ospiti, troverete fra i nostri compagni avversari degni ma leali e cortesi.
>
> Corridori! Concorrenti tutti!
>
> Più che il premio vi sia d'incitamento l'amore puro per lo sport. In questo amore, in questa passione sana e sincera, voi troverete le forze necessarie per vincere, per trionfare.
>
> Noi seguiremo le sorti della battaglia sereni ma fermi nell'idealità immacolata della giustizia.
>
> Saremo degli amici, dei fratelli, dei confortatori, ma saremo anche dei giudici giusti, imparziali.
>
> Le lotte sostenute pel passato contro i soprusi e le azioni disoneste ne danno affidamento securo.
>
> Ed ora correte, correte, correte: tutta l'Italia vuole vedervi, ammirarvi. Tutti sentono il bisogno di applaudirvi. Il vostro bel gesto di aver saputo osare segna l'inizio di una vittoria. In ognuno di voi c'è un trionfatore.[8]

Con queste parole si apre la prima pagina della «Gazzetta dello Sport» alla vigilia della più grande avventura del ciclismo sportivo italiano.

La storia del Giro d'Italia e del ciclismo agonistico è legata a doppio filo con quella del popolare quotidiano sportivo, nato il 7 aprile 1896 in seguito alla fusione del foglio illustrato «Il Ciclista» (del 1892) e della «Tripletta».[9] Inizialmente è di color verdino. Poi, dal 1899, è il rosa ad annunciare agli appassionati *sportsmen* le iniziative ciclistiche di cui il periodico si fa promotore in misura via via crescente: la Milano-Monza-Lecco-Erba, organizzata sul finire del secolo, il Giro di Lombardia (1905), poi la Milano-Sanremo (1907) e il Giro d'Italia.

L'ideatore è il solito Armando Cougnet, che inizia già nel 1908 a insistere presso il direttore della Rosea, all'epoca Eugenio Costamagna, sulla necessità di organizzare anche in Italia un *tour* sul modello francese. Cougnet ha dalla sua parte molti validi argomenti: primo fra tutti il successo ormai consolidato della Classicissima, al secondo anno vinta dal corridore belga Cyrille Van Hauwaert.

Così, il 7 agosto 1908, il periodico esce con un titolo in prima pagina a sette colonne, che annuncia per l'anno seguente: *Il Giro d'Italia organizzato dalla Gazzetta dello Sport. Km. 2500 - 12-30 maggio 1909.*

Pronti, partenza... Via!

Nei lunghi mesi (quasi un anno) che separano l'annuncio ufficiale dal primo colpo di pedale (12 maggio 1909), «La Gazzetta» si prende cura degli appassionati accompagnandoli con articoli che puntualmente richiamano l'appuntamento, rinnovandogli attorno di continuo la curiosità e l'entusiasmo. Le occasioni per parlare della futura gara sono molteplici. Si sottolinea il «valore di grande avvenimento nazionale che assume la manifestazione ciclistica», informando i lettori delle adesioni all'iniziativa da parte di altre testate, prima fra tutte il «Corriere della Sera»;[10] si rende conto puntualmente del «lavoro di organizzazione per ... accertare nel dettaglio l'itinerario da una tappa all'altra»;[11] si pubblicano «lettere, proposte ed indicazioni» che giungono da «persone che prima manco conoscevamo e che in questa occasione diventano amici nuovi perché spontanei e disinteressati nuovi collaboratori»;[12] si crea *suspense* sull'apertura delle iscrizioni annunciate con largo anticipo («A chi il numero 1?»);[13] si danno informazioni sul regolamento e il sistema di classifica.[14] A due mesi dal grande avvenimento si produce una tabella dell'itinerario, in quel momento previsto in nove tappe (in seguito ridotte a otto). La tabella stabilisce la partenza l'11 maggio, in un momento successivo definitivamente fissata al 13 maggio:

11 Martedì – I Tappa: Milano-Bologna
12 Mercoledì – Riposo
13 Giovedì – II Tappa: Bologna-Chieti
14 Venerdì – Riposo
15 Sabato – id.
16 Domenica – III Tappa: Chieti-Napoli

17 Lunedì – Riposo
18 Martedì – IV Tappa: Napoli-Roma
19 Mercoledì – Riposo
20 Giovedì – V Tappa: Roma-Firenze
21 Venerdì – Riposo
22 Sabato – id.
23 Domenica – VI Tappa: Firenze-Genova
24 Lunedì – Riposo
25 Martedì – VII Tappa: Genova-Nizza
26 Mercoledì – Riposo
27 Giovedì – VIII Tappa: Nizza-Torino
28 Venerdì – Riposo
29 Sabato – id.
30 Domenica – IX Tappa: Torino-Milano.[15]

Certo, è ancora un Giro d'Italia più di nome che di fatto; non si attraversa tutto lo Stivale, non c'è il Sud profondo, non ci sono le montagne, non c'è la provincia (a eccezione di Chieti, che comunque vuol dire Pescara, l'illustre città del poeta vate), ma è già molto.

In occasione della terza edizione della Milano-Sanremo l'attenzione si sposta per qualche giorno sulla Classicissima di primavera, quell'anno vinta da un nuovo asso del pedale, Luigi Ganna:

> I giganti della strada dominati da Ganna. Ganna polverizza il record di Petit-Breton. Emilio Georget secondo. Cuniolo batte in volata Van Hauwaert. Borgarello di Torino primo dei dilettanti. 600.000 persone lungo il percorso. Un'organizzazione che farà epoca.[16]

Anche Ganna, ovviamente, appartiene alla categoria degli «uomini grossi come alberi». Così lo descrive «La Gazzetta»:

> Quest'anima semplice di fanciullo e di primitivo, non ancora per il passato ben consapevole delle virtù poderose che dormivano nel suo corpo rude ed atletico di macchina da lavoro – si è finalmente destata all'appello di un paragone solenne di stirpi, ed ha colpito indomabilmente, selvaggiamente voluto la vittoria per sé e per la propria nazione. ... Luigi Ganna è un esponente dimostrativo della decisa e rigogliosa rinascita del valore italiano.[17]

Ma già qualche giorno dopo si torna a pensare alla corsa *monstre*, in un clima che rapidamente si surriscalda:

Giro d'Italia. Chiusura delle iscrizioni. 166 iscritti! Van Hauwaert vincitore della Bordeaux-Parigi e Romolo Buni, le «diable noir» iscritti! Altri numerosi concorrenti stranieri fra cui Faber e Garrigou.[18]

Il 10 maggio, nel fervore della vigilia, si riferiscono gli ultimi preparativi della grande organizzazione, l'elenco dei vari posti di rifornimento, la lista completa delle ditte che hanno messo in palio dei premi. Il più interessante è il premio Wolber: una «classifica speciale fra coloro che monteranno biciclette munite di pneumatici smontabili». Viene fornita anche una colorita descrizione del punto di ritrovo e di partenza, fissato nell'Albergo Loreto di Milano (sito nell'omonimo piazzale in fondo a corso Buenos Aires):

Se gli azionisti dell'Albergo Loreto avessero pensato di creare una località speciale, adatta alle partenze delle grandi gare ciclistiche, certamente non avrebbero sognato far meglio. Le sale ed il vastissimo salone del Giardino Margherita all'Albergo Loreto sembra creato appositamente. All'Albergo Loreto non solo i corridori troveranno tutti i vantaggi e le comodità pel disbrigo della punzonatura, ma ancora potranno, i non residenti a Milano, alloggiare comodamente, disponendo il noto Hotel del notissimo sportsman Ferrario di oltre trenta eleganti e comode camere da letto.[19]

Il 12, giorno precedente la partenza, l'attesa raggiunge il parossismo:

La grande battaglia tra i giganti della strada. A stanotte la partenza dei concorrenti per la Milano-Padova-Ferrara-Bologna. Dei 166 iscritti quanti si presenteranno allo start? Quanti dei partiti verranno eliminati dai 400 km della prima tappa?[20]

Quel giorno tutto lo spazio della Rosea è occupato dai dettagli sull'imminente partenza.

E infine arriva il fatidico giorno. La punzonatura delle macchine, insieme al ritiro del numero, ha luogo dalle 13 alle 17 all'Albergo Loreto ed è condotta con «massimo zelo e una non indifferente abilità» dai soci entusiasti dell'Unione sportiva milanese e dal signor Alessandro Polloni, della ditta omonima in argenterie e bronzi, il quale è preposto unitamente ad altri suoi collaboratori alle operazioni di punzonatura in acciaio. Si effettua anche la cosiddetta «verifica Wolber»: il concorrente dichiara e dimostra se intende correre con pneumatici smontabili per poter aspirare al premio speciale messo in palio da quell'azienda.

Il controllo per la firma di partenza si svolge dall'una alle due di notte nel salone dell'albergo, l'accesso al quale è consentito ai soli concorrenti e agli addetti dell'organizzazione. Successivamente, alla presenza del commissario regionale dell'UVI (Unione velocipedistica italiana) cav. Cavenaghi, del cav. Carozzi, del geom. Bobbio, avviene la verifica delle licenze.

Sono le 2.30; viene fatto l'appello dei concorrenti... E via!

Alle 2.53 il Giro è partito. Dal rondò di Loreto i 127 corridori in gara (sui 166 iscritti in un primo momento) imboccano lo stradone per Monza finché, dietro l'ultima ruota, la città affievolisce, per poi spegnersi del tutto. Ora, davanti, c'è solo il salto nel buio di un'Italia – a quel tempo – scarsamente illuminata per davvero. E il mistero non risparmia nessuno; nomi illustri o sconosciuti, favoriti o debuttanti. Il primo a fare le spese dell'imprevisto che sta lì, appiattato dietro l'angolo, è il favorito Giovanni Gerbi:

> Poche centinaia di metri: un bimbo avanti, un capitombolo, un piccolo groviglio di uomini e di macchine, poi tutti, uomini e macchine, si rialzeranno incolumi, tranne una macchina – piangente, di dolore e di rabbia, il Campione. Poi, nel chiarore dell'alba nascente, brancolerà un uomo, come sperso, in cerca di un vilissimo cerchio metallico da buttare in faccia alla Sfortuna, passerà un bronzeo volto rigato di lagrime e con la febbre negli occhi, in cerca di un volto amico, di una parola di conforto, di una leva, di un martello, di una fucina. La maglia rossa, usa ai trionfi, sembrò sanguinare di strazio. Ma l'angoscia e il danno devono piegare davanti all'energia indomata dei giorni migliori: l'uomo rialza la fronte, superbo: se l'uomo non è vinto ancora anche la macchina deve rinascere. E rinasce. Dopo più di tre ore la macchia rossa riprende la via, che poteva essere della vittoria e che diventa quella del Calvario.[21]

Quel che è accaduto è che, in località Molinello, 1500 metri dopo la partenza, sei o sette corridori si sono trovati improvvisamente uno addosso all'altro. Anche Gerbi è caduto, ma con conseguenze più gravi degli altri, perché la ruota posteriore della sua macchina si è spezzata. Si è anche ferito una mano ma, si sa, questo conta poco per uomini «che sono proprio di legno». Conta – questo sì – che cinque minuti dopo il via Gerbi deve tornare in albergo a cambiare il cerchio spezzato. Naturalmente non si scoraggia e riparte, ma con un ritardo impossibile da colmare e che sarà un fardello pesantissimo per tutto il resto del Giro. Un altro grande favorito, il francese Petit-Breton, dovrà ritirarsi durante la prima tappa, per una caduta a Peschiera.

Monza, Trezzo, Bergamo, Coccaglio, Brescia, Desenzano, Verona, Montebello, Vicenza, Padova, Monselice, Rovigo, Ferrara, Cento. All'ippodromo Zappoli, traguardo di Bologna, arriva primo un giovane romano, Dario Beni, che – caso curioso – vincerà anche l'ultima tappa, quella dell'arrivo a Milano. Una specie di parentesi. Una cornice che racchiude il quadro di quell'epico Giro.

Il primo Giro d'Italia consegna alla lunga storia del ciclismo, infatti, non le vittorie di Beni, ma il significativo passaggio di testimone fra due campioni o, detto diversamente, fra due epoche che hanno ognuna il volto di un campione. Giovanni Gerbi da Trincere (Asti) passa il testimone a Luigi Ganna da Varese, trionfatore di quella prima edizione.

III

La Grande Guerra

L'epoca eroica dei pionieri

Corsico è un comune alle porte di Milano, lungo il Naviglio Grande che da Abbiategrasso arriva alla darsena di porta Ticinese. Nato come antico borgo ai primi del Duecento, inizia nel Novecento, dopo una storia sostanzialmente agricola e zootecnica, il proprio processo di industrializzazione, che ruota intorno ad alcuni opifici di carta e di vetroceramica. La manodopera bracciantile e salariata del piccolo centro e delle campagne limitrofe viene accolta da queste prime fabbriche e il «proletariato agricolo, presente e organizzato nelle combattive leghe bracciantili, si trasforma in proletariato industriale che dà vita a forti organizzazioni sindacali e politiche».[1]

Presto la tendenza all'associazionismo, che ai principi del secolo caratterizza un po' tutte le dimensioni della vita sociale (culturale, sindacale e politica), si estende anche alla sfera sportiva. Così, nel 1908, nella trattoria di Cesare Bertola in via General Cantore prende vita l'Unione sportiva Corsico, ovvero la prima società sportiva organizzata (ancora oggi attiva, anche se solo in campo calcistico). Vi si radunano sportivi e appassionati di «tiro al piccione e al piattello (praticato dai ceti più abbienti), nuoto, che aveva nel Naviglio la sua naturale palestra, e ciclismo, quel ciclismo pionieristico che allora era, come lo è tuttora, tra gli sport più popolari».[2] Tra i frequentatori del sodalizio c'è uno dei più grandi campioni del ciclismo dell'epoca: Carlo Galetti, vincitore di ben tre Giri d'Italia.

Galetti, nato proprio lì, a due passi dalla trattoria di Bertola, il 26 agosto 1882, è un ragazzo piccolo di statura, con occhi vivacissimi e naso affilato. Sembra che abbia l'argento vivo addosso, come si usa dire, e brucia tutta quell'energia sulle pedivelle. A causa del suo continuo andirivieni in bicicletta lungo l'alzaia che collega il Ticinese a Corsico, Trezzano, Gaggiano, Abbiategrasso, e poi giù a sinistra per l'abbazia di Morimondo fino a Bereguardo, che è già Ticino, Carlo viene subito battezzato lo Scoiattolo dei Navigli. Di professione fa il tipografo e lavora nella stamperia dei fratelli Ernesto e Luigi Azzini, anche loro appassionati di ciclismo. Per la cronaca: gli stessi fratelli Azzini partecipano ai Giri d'Italia del 1909 e del 1910, dove Galetti arriva al secondo e al primo posto. Sono proprio i datori di lavoro a credere fra i primi in Carlo e a prestargli la bicicletta per gli esordi nel ciclismo agonistico. Nel 1901 lo Scoiattolo dei Navigli conosce altri appassionati del pedale, che presto diventano come lui protagonisti della grande epopea: Luigi Ganna, detto Re del Fango, ed Eberardo Pavesi, l'Avvocato. Il sodalizio è talmente stretto che la stampa sportiva, nel 1910, conia per loro un nomignolo: I Tre Moschettieri.

Adelelmo Portioli, odierno concittadino di Galetti, è un appassionato di ciclismo che nel tempo ha sedimentato una tale raccolta d'immagini e stampe relative a quello sport, da diventare uno dei più importanti collezionisti e collaboratori di mostre in Europa. Portioli, memoria storica del ciclismo corsichese (paese che ha consegnato alle due ruote diversi campioni del calibro di Franco Cribiori, Sante Gaiardoni e, in campo femminile, Rossella Galbiati), racconta in un'intervista concessa appositamente per questo volume quale fu il primo singolare frutto delle fatiche ciclistiche di Galetti:

> In primavera i corridori, non solo quelli italiani, si trovavano sulla Riviera ligure per prepararsi alle corse dell'anno. I corridori che si radunavano lì avevano l'abitudine di organizzare delle piccole gare amichevoli, tanto per verificare il loro grado di preparazione. Così, una volta, intervenne l'azienda Carli di Oneglia, che ancora oggi produce olio extravergine di ottima qualità, offrendo in premio per una di quelle competizioni improvvisate una damigiana di olio, che fu vinta, appunto, da Galetti. Questa damigiana, naturalmente vuota, è ancora esposta nel piccolo museo che la ditta Carli ha allestito all'interno dell'azienda.

L'aria della Riviera fa bene a Galetti, che da lì in poi infila un successo dopo l'altro. Vince il Giro di Sicilia nel 1907 e nel 1908. È secondo al Giro d'Italia del 1909, dietro al suo amico Ganna. L'anno successivo, anche se il favorito è il tortonese Giovanni Cuniolo, detto Manina (che ha appena vinto il Giro di Lombardia), Galetti conquista da dominatore la seconda edizione del Giro, che segna il trionfo dei Tre Moschettieri: primo Galetti, secondo Pavesi, terzo Ganna. È primo assoluto anche nel 1911, davanti a Rossignoli (secondo) e Gerbi (terzo) e si ripete nel 1912 con la squadra Atala.

Proprio quell'edizione, anche se in fondo è l'ultima dell'era Galetti, vede consumarsi una sfida particolare tra due grandi campioni: il Diavolo Rosso contro lo Scoiattolo dei Navigli. Quell'anno il Giro si corre infatti, come vedremo in dettaglio, secondo la formula a squadre e Galetti, dopo un tentennamento iniziale, rifiuta di gareggiare per il team di Gerbi (che appunto si chiama Gerbi), scegliendo invece la Atala, che conta sui vecchi amici Ganna e Pavesi. Il campione di Asti non digerisce questo diniego e lancia a Galetti una sfida leggendaria, testa a testa: 1000 lire di posta (Gerbi ne propone 10.000, ma per il tipografo di Corsico sono troppe) su 300 chilometri a cronometro, in pratica il Giro di Lombardia.

Quel giorno piove a dirotto e c'è molto vento. Le strade sono di fango. La moglie di Galetti, Vincenzina, infreddolita nell'abitacolo della vettura Atala, mischia alla pioggia le lacrime di preoccupazione per il suo Carlino e per la sfida sconsiderata. Pavesi, l'Avvocato, fa da gentiluomo e sovrintende alla singolar tenzone. Ebbene, Galetti vince anche quella gara anomala a 25 chilometri orari di media, e con 4' 40" di vantaggio sul Diavolo Rosso. Ma il vento che soffia forte quel giorno sta per girare anche un'altra pagina nell'albo del ciclismo.

A Balsamo, un paesino lombardo allora talmente piccolo che ci vuole il decreto regio del 13 settembre 1928 (nell'ambito del progetto di ridefinizione toponomastica e territoriale fascista) per farne – insieme a Cinisello – uno intero, c'è un ragazzino che in bici è veramente una scheggia. Si chiama Carlo Oriani, ma è conosciuto da tutti come El Pucia, un soprannome che fuma di polenta, poco sugo e tanta fame. Oriani va talmente forte che a un certo punto le stradine di Balsamo non gli bastano più. Allora, alternando il lavoro da manovale in cantiere alla bicicletta, comincia a correre su strade vere: fino ad arrivare al Giro, il primo appunto, quello del Nove. Solo che lì lo chiamano col suo vero nome. Come fa lo speaker dell'Arena di Milano, quando i 49 corridori che hanno tagliato il traguardo alla Cagnola[3] entrano per i festeggiamenti, scortati da uno squadrone di lancieri di Novara: «Classifica generale Primo Giro d'Italia 1909. Vincitore Luigi Ganna, 89h 48' 14", secondo classificato Carlo Galetti, terzo posto Giovanni Rossignoli, quarto Clemente Canepari, quinto classificato Carlo Oriani», detto El Pucia, aggiungiamo noi.

Ma è solo l'inizio. Nella terza edizione del Giro (1911) arriva all'undicesimo posto di una classifica generale che vede davanti a lui solo fuoriclasse di altissimo livello, come Galetti (vincitore), Rossignoli (secondo), Gerbi (terzo), Santhià (quarto), Pavesi (ottavo), i romani Beni e Brizzi (rispettivamente sesto e decimo). Ormai Oriani è entrato nel Gotha del ciclismo professionistico. Tanto che l'anno successivo, nonostante la sua carriera sia in temporaneo *surplace* a causa del reclutamento nella guerra di Libia, riesce ugualmente a spuntare il permesso dai superiori per aggregarsi all'ultimissima ora al Giro del 1912.

Certo, è un po' fuori forma. Nella primavera che precede la quarta edizione, svoltasi dal 19 maggio al 4 giugno, invece di sgambare sulle strade della Riviera come fanno i suoi colleghi in vista delle grandi competizioni, il bersagliere scelto Carlo Oriani è seduto sullo zaino nel corridoio di un treno affollato di truppa. Destinazione Napoli; poi è previsto l'imbarco alla conquista di Tripolitania e Cirenaica. El Pucia non riesce quasi a respirare nel vagone invaso dal fumo di sigarette fatte a mano e dal chiasso dei commilitoni. Quasi tutti sono più giovani di lui. Carlo è nato il 5 novembre 1888 e ha già ventiquattro anni: per lo sport sono tanti e questa ferma proprio non ci voleva.

Accasciato sullo zaino, non conosce nemmeno l'ombra delle motivazioni che spingono il governo a tentare d'impadronirsi di quello «scatolone di sabbia», come lo chiama Salvemini. Forse Giolitti vuole distrarre l'attenzione dell'opinione pubblica dalle accuse di corruzione che hanno coinvolto la sua squadra governativa. Forse l'Italia, in quel momento alleata con Germania e Austria-Ungheria nella Triplice Alleanza, ha bisogno di affermare la sua immagine internazionale (soprattutto davanti agli occhi di Gran Bretagna e Francia, con le quali mantiene relazioni amichevoli), rispolverando la politica coloniale di Francesco Crispi, che si era miseramente sbriciolata ad Adua (1896). Forse a Roma si pensa veramente di creare più occasioni di lavoro per un'agricoltura in crisi, come recita la canzone di propaganda *A Tripoli* (di Arona e Corvetto), scritta appositamente alla vigilia della campagna militare:

Sai dove s'annida più florido il suol
dove sorrida più magico il sol
sul mar che ci lega con l'Africa là
la stella d'Italia ci addita un tesor, ci addita un tesor.

O forse, come dicono i sindacalisti rivoluzionari, il governo vuole soltanto dare lavoro agli industriali, che con le commesse per la guerra fanno grossi affari.

Di tutto questo, appunto, il bersagliere Carlo Oriani non sa proprio niente. Non capisce nemmeno perché, dal momento che si va a combattere «A Tripoli! Tripoli bel suol d'amore», qualcuno quella guerra la chiami italo-turca. In effetti i combattimenti che tra il 28 settembre 1911 e il 18 ottobre 1912 si svolgono in diversi punti del Mediterraneo (in Tripolitania e Cirenaica, che con il Fezzan nel '12 viene chiamata Libia riprendendo l'antico nome latino, sull'isola di Rodi al largo delle coste dell'Anatolia ecc.) una cosa in comune ce l'hanno: riguardano i possedimenti dell'Impero ottomano. Ma perché pestare i calli ai turchi in quel momento molto vicini agli alleati dell'Italia, soprattutto alla Germania?

Più tardi, a cose fatte, Giovanni Giolitti, nelle sue *Memorie*, attribuirà alle circostanze che portarono l'Italia alla guerra coloniale motivazioni alquanto sorprendenti, che vanno dallo slancio umanitario alla necessità paradossale di ristabilire l'amicizia con la stessa Turchia:

> Mentre l'Africa occidentale, da Tunisi al Marocco, e l'Egitto si trovavano sotto l'egida di amministrazioni europee, nella Libia prevalevano ancora condizioni straordinariamente arretrate; basta ricordare che a Bengasi c'era ancora il commercio degli schiavi, che venivano presi con la violenza nel centro d'Africa e venduti su quel mercato. Era impossibile che una simile infamia fosse tollerata alle porte d'Europa.

> Un'altra complicazione derivava dal fatto che la politica turcofila in cui si erano impegnati allora i nostri alleati, soprattutto la Germania, si trovava in contrasto con il trattamento che il governo di Costantinopoli faceva agli interessi italiani; così che San Giuliano, nelle sue comunicazioni coi governi di Berlino e di Vienna, sosteneva la tesi, in apparenza paradossale, che l'unico modo per ristabilire l'amicizia fra noi e la Turchia, e rendere possibile una politica armonica della Triplice Alleanza nell'Impero ottomano, era che noi occupassimo la Tripolitania.[4]

Considerando le posizioni prese in seguito, in occasione della Grande Guerra, non si può escludere, però, che fosse già in atto un lento slittamento del nostro paese nello scacchiere internazionale, capace di portare al cambio di alleanze ratificato con il patto di Londra del 26 aprile 1915, di cui si dirà tra poco.

Di tutto questo Oriani sa solo che gli tocca andare in Libia: e ci va.

Anche il Giro d'Italia, quell'anno per la prima volta, fa i conti con la guerra. La vita socioculturale del paese da qualche tempo è investita da un'energica ventata di nazionalismo. Non a caso, da pochi mesi, è sorta a Firenze l'Associazione nazionalista italiana (1910), che alcuni chiamano *tout court* Partito nazionalista, per definire in modo chiaro la sua contrapposizione al Partito socialista d'ispirazione internazionalista. I fondatori sono Enrico Corradini e Luigi Federzoni che, ricollegandosi in modo acceso al patriottismo e all'irredentismo risorgimentali, si schierano apertamente a favore di una politica estera imperialista ed espansionista.

Insomma, il clima generale è favorevole allo «slancio che distingue il nostro esercito», come scrive «La Gazzetta dello Sport» in un articolo del 17 maggio 1912, che saluta con favore la disponibilità delle forze armate, le quali hanno «assicurato l'intervento di una completa équipe militare e, nelle altre équipes, di qualche valoroso campione attualmente sotto le armi». Il giornale organizzatore del Giro d'Italia arriva addirittura a ritoccare il regolamento alla vigilia della partenza, per favorire la partecipazione di questo piccolo contingente di campioni soldati: un articolo supplementare ovvia all'eventuale possibilità che all'ultimo momento alcuni permessi non vengano accordati causa la mobilitazione di qualche reggimento:

> In base all'art. 22 del regolamento del IV Giro d'Italia, la Gazzetta dello Sport (di fronte al caso di forza maggiore creato dallo stato di guerra in cui si trova la nostra nazione, e che potrebbe non permettere, all'ultimo momento, la partecipazione alle gare di qualche corridore già regolarmente iscritto e munito, a suo tempo, di regolare permesso) stabilisce che le équipes menomate per la ragione su accennata di un componente, possano a tutto sabato 18 completarsi, oppure partire ugualmente con tre soli componenti senza perdere in quest'ultimo caso, il punto di «équipe completa» essendo già le stesse sportivamente molto handicappate di fronte alle squadre avversarie.[5]

La stessa terminologia che il giornale sportivo adotta nella titolazione degli articoli più rilevanti la dice lunga sull'atmosfera che si respira nel paese in quei giorni: *La prima delle battaglie. Domenica 19 maggio Milano-Feltre-Padova* (17 maggio), *I bersaglieri conquistano il comando della categoria incoraggiamento* (20 maggio), *Tregua d'armi* (27 maggio) ecc.

In quell'edizione il Giro sperimenta la ricetta della classifica a squadre. Le compagini sono di quattro ciclisti, di cui almeno tre devono classificarsi. Un regolamento piuttosto complesso induce molti ciclisti (soprattutto stranieri) ad astenersi dal partecipare. Anche la prestigiosa casa ciclistica Maino, in un primo momento iscritta alla manifestazione, dà forfait a pochi giorni dal via. A comunicare la decisione è lo stesso patron, signor Maino, il quale in una lettera alla «Gazzetta» giustifica la decisione con l'impossibilità di due suoi atleti (Torricelli e Ballo) di completare la preparazione a causa di infortuni sopraggiunti all'ultimo momento. Partono soltanto 54 corridori, contro i 127 della prima edizione e i 100 che si presenteranno al via nell'anno successivo (1913).

Le *équipes* (come le chiama «La Gazzetta») che concorrono credibilmente per il titolo sono solo sei; a rimpinguare le fila viene creato uno spazio per quelle dette «di incoraggiamento». A ogni squadra viene imposto un colore per le maglie. Ci sono i grigio blu della Atala (Ganna, Galetti, Micheletto, Pavesi), i rossi della squadra Gerbi (Rossignoli, lo stesso Gerbi, Albini, Bordin), la Bianchi è bianco celeste, la Peugeot verde, la Senior grigio giallo. Vengono poi le *équipes* di incoraggiamento: Goericke (madreperla), Soriani (limone), Soc. Ramella (blu), Favero (nero bianco), Italiana (grigio celeste), Bergami (bianco), Globo (giallo oro) e Stucchi, ovvero l'*équipe* militare (bianco rosso). È bello immaginare questa corrente variopinta, vibrante di raggi e di vento tagliato, che sfreccia per le rudimentali carreggiate di un'Italia che nel '12, utilizzando la convenzione cromatica della memoria, è sostanzialmente color seppia.

Fra le *équipes* d'incoraggiamento c'è dunque quella militare, patrocinata dalla casa ciclistica Stucchi, nella quale risultano iscritti Robotti (12° Bersaglieri), Garda (11° Bersaglieri), Ghislotti (4° Bersaglieri) e Fasoli (6° Bersaglieri). Ma Ghislotti non riesce a ottenere il permesso dai superiori. Così, all'ultimissima ora, senza allenamento, reduce dalle fatiche di Homs, dove partecipa alla battaglia del Mergheb, con un gesto che «La Gazzetta» definisce pura «*cameraderie* verso i compagni» arriva dalla Tripolitania Carlo Oriani. E i cattivi pensieri di quel giorno sul treno imbottito di soldati e di fumo si dissolvono. El Pucia è di nuovo in pista.

È in pista, ma ovviamente fuori forma; e alla sua prima tappa arriva solo quarantanovesimo. Nella classifica generale finale di quel Giro d'Italia un po' anomalo (la formula non verrà più ripresa) la Stucchi arriva seconda nella categoria *équipes* d'incoraggiamento. Comunque, per i valorosi bersaglieri la stampa ha un occhio di riguardo nel corso di tutta la manifestazione. Ecco come «La Gazzetta» commenta l'avvio della corsa:

> Alla partenza e lungo tutto il percorso l'équipe militare e i suoi componenti hanno portato la nota più vivace e più caratteristica. Alla partenza, a dare il saluto e a portare l'augurio ai bravi Robotti, Garda, Oriani e Fasoli, c'erano un ufficiale dei bersaglieri e numerosi soldati animati da sincero entusiasmo. Ai rifornimenti, furono i soldati che si occuparono dei quattro militari in gara, giovando loro in ogni modo, e sopperendo a qualche incertezza da *soigneur* improvvisato con l'amore e con lo slancio. Dovunque poi le eleganti divise bianco-rosse e i fatidici berretti col fiocco rosso alla bersagliera erano fatti segno a speciali applausi.[6]

Ma quell'Italia color seppia è anche un'Italia un po' pasticciona e con la rete stradale ancora tutta *in fieri*. Così, nella tappa che dovrebbe portare la carovana da Pescara a Roma, succede che i corridori sbagliano letteralmente la strada. Anziché imboccare l'antica consolare Salaria (che ancora oggi – anche se leggermente modificata – collega la capitale ad Ascoli Piceno e all'Adriatico), si immettono tutti in gruppo sulla Sabina in direzione di Civita Castellana. Anche Beni e Brizzi, che sono romani, cadono nelle insidie di un tracciato ingannevole e si lanciano là dove la strada sembra allacciare Terni con Roma, dove una folla di quasi ventimila persone attende con trepidazione a Ponte Milvio l'arrivo dei campioni. Poi, dopo alcune ore, anche i tifosi più pazienti sfoltiscono delusi e ignari di quanto accaduto. I concorrenti, intanto, accortisi dell'enorme aumento di percorso causato dall'errore e trovandosi a corto di rifornimento, decidono di comune accordo con la giuria e con i rappresentanti delle case ciclistiche di troncare la tappa. Raggiungono Roma in serata, su un treno messo a disposizione dall'organizzazione.

Ma *Perché si sbagliò percorso?* («La Gazzetta dello Sport», 25 maggio 1912). Questa la dinamica del marchiano errore, così come viene illustrata dal direttore del giornale, visibilmente contrariato con i partner locali del Giro d'Italia:

> A meno di 40 chilometri da Roma, capitale d'Italia, la strada nazionale è stata resa inservibile da una piena di torrente. Recente o lontana, questa piena, non mi interessa. Osservo solamente che nessuna indicazione permette al turista che arriva alle porte di Roma di sapere che in quella località vi sia una strada, o che si proceda ai restauri per riadattarne una preesistente. Come si usa in Francia e nel Belgio, e usa anche la Gazzetta dello Sport nelle sue innumerevoli manifestazioni ciclistiche su strada, autorità e sodalizi dei Comuni e delle borgate situate sul percorso che da Terni conduce a Roma, vennero per tempo preavvisate e invitate a fare le solite segnalazioni coi manifesti, con frecce di indicazione, segnali di passaggio a livello, curve, ecc. ... Orbene, nessuna segnalazione e nessuna indicazione del Touring è stata trovata dai concorrenti sul percorso Terni-Passo Corese. ... I fatti su accennati, nella loro nuda verità, sono quelli che hanno indispettito il pubblico trepido, nell'attesa di un simpatico avvenimento, e sono quelli ancora che ci lasciano attoniti tra un dubbio che non vogliamo rivelare o un errore da parte di cortesi persone che non riusciamo a comprendere.

Il giorno successivo, dopo una riunione tra il comitato organizzatore e i rappresentanti delle case, si prende la seguente decisione: la tappa interrotta Pescara-Roma viene sostituita da una Milano-Milano (che coincide con il classico percorso del Giro di Lombardia) da aggiungersi in coda al programma. Quel Giro d'Italia, per la cronaca, viene vinto con 33 punti dall'Atala di Pavesi, Micheletto e Galetti, rimasti in tre dopo il ritiro di Ganna. Al secondo posto si piazza la Peugeot di Durando, Gremo, Agostoni e Allasia con 23 punti, terzi i rossi di Gerbi a soli 8 punti. Primi nella classifica incoraggiamento sono i madreperla della Goericke.

Carlo Oriani, finita quella stagione (e la guerra) in cui mischia la sabbia del deserto africano con la polvere delle strade italiane, torna a fare il ciclista a tempo pieno. Nell'autunno del '12 corre al Giro di Lombardia, una delle prime classiche, che si disputa ogni mese d'ottobre, già dal 1905, a chiusura della stagione ciclistica internazionale. La Classica delle foglie morte, come viene chiamata, è una gara dura a causa di un profilo altimetrico piuttosto impegnativo, che vede il suo clou nella salita verso la Madonna del Ghisallo, protettrice dei ciclisti e del Pucia, che quell'anno s'aggiudica la vittoria. L'anno successivo l'atleta di Balsamo vince anche il Premio dell'Industria. Ma Oriani non si ferma lì. Quello è l'inizio di una vera volata.

Nel 1913 il Giro lo vince lui, su cicli Maino, dopo una prima tappa poco promettente che lo vede soltanto al nono posto dietro al vincitore Giuseppe Santhià. Davanti a lui si piazzano anche tutti i concorrenti diretti, cioè i soliti Ganna (quarto), Rossignoli (quinto), Pavesi (settimo) e un tale Costante Girardengo di Novi, giovane esordiente che dopo la guerra farà parlare molto di sé. Ma già dalla seconda tappa Carlo comincia una lenta rimonta. Nella Roma-Salerno, la quarta tappa, compie una corsa superba e finisce al secondo posto. Alla quinta giornata è terzo nella classifica generale, dietro Pavesi e Santhià. Dopo la sesta tappa (Bari-Campobasso) è secondo. Poi conquista il primato fra i monti di Ascoli. E non lo molla più. Dagli Appennini alle bande! Le bande del Trotter di Milano dove entra trionfante davanti a centomila spettatori entusiasti: «Bravo Oriani», «Vai Carlo», «Oriani, sei tutti noi!». Tutti gridano; tutti, o quasi. Solo alcuni compaesani di Balsamo, presenti all'arrivo, si guardano in silenzio, con i lucciconi agli occhi. Più tardi al caffè centrale del paese brinderanno fieri per tutta la sera. Alla salute del Pucia. «Te lo dicevo io che quel ragazzo era forte», e giù un calice di rosso. «Va che sembra un treno», e via con un altro brindisi. «Quello lì ci vuole un colpo di pistola per fermarlo!» *In vino veritas*...

I bersaglieri ciclisti

Il 28 giugno 1914 una semiautomatica Browning M 1910 calibro 7,65 × 17 mm, in mano al più giovane componente del commando del gruppo serbo Mlada Bosna (Giovane Bosnia), ferma l'arciduca Francesco Ferdinando d'Austria-Este, erede al trono dell'Impero austro-ungarico, sua moglie Sophie Chotek von Chotkowa, l'Europa intera e anche qualche altro paese del mondo. Arriva la Grande Guerra e per quattro anni niente Giro. E cosa può fare uno come Oriani che il ciclismo ce l'ha nel sangue?

Gli stravaganti artisti futuristi Boccioni, Marinetti, Russolo e Sironi si offrono volontari per il neoistituito Battaglione lombardo volontari ciclisti automobilisti. Lui, più prosaico, si arruola nei bersaglieri ciclisti, che sono comunque una novità di quel primo spicchio di secolo.

Il reparto era nato nel marzo 1898 presso la scuola centrale di tiro a Parma, quando il ministero della Difesa (pressato dalle insistenti relazioni del tenente Luigi Camillo Natali, appassionato di quel nuovo mezzo di locomozione e convinto delle sue potenzialità tattiche) aveva autorizzato la formazione di una prima compagnia sperimentale di fanti piumati in biciclo.

Una rivista americana scrive meravigliata: «In Italia una classe di soldati detta bersaglieri usa velocipedi per consegnare messaggi durante le manovre. Le biciclette hanno lanterne fanali, arma individuale e sacca. I ciclisti nel consegnare messaggi raggiungono una velocità di 12 miglia orarie, circa 22 km/h».

Anche il Touring club italiano intuisce presto le potenzialità di un uso in senso bellico di quel «cavallo di acciaio» e nel marzo del 1911 scrive:

> La bicicletta, questa esile macchina che ha un'apparenza di grazia così delicata, questo giocattolo che suscita una visione di gradevoli e igieniche gite lungo le vie d'Italia, è ormai da contarsi fra gli strumenti più validi dell'offesa e della difesa armata nei conflitti internazionali.

Su proposta del maggiore Giuseppe Cantù, per aumentare la mobilità, viene predisposta nel 1910 una compagnia di ciclisti per ogni reggimento di bersaglieri. E i bersaglieri, si sa, sono abituati a far sentire la loro voce; la voce delle fanfare che cadenza le esercitazioni e i vari momenti della vita di caserma, come il rancio, il riordino della camerata, il riposo... Fortunatamente la tromba si presta a essere suonata anche con una sola mano, soprattutto se con l'altra bisogna tenere ben saldo il manubrio di una bicicletta e a tracolla si porta un fucile. Così, durante le sfilate e per le uscite di addestramento, in testa al reparto e perfino davanti al comandante di plotone si prende l'abitudine di piazzare uno squillante trombettiere. Poi arrivano addirittura delle formazioni di «fanfare ciclisti», che hanno il compito d'annunciare alle contrade italiane l'arrivo di un plotone o di una compagnia di ciclisti con le piume al vento.

Dalla voce della tromba a quella umana il passo è breve! Sfruttando la predisposizione musicale dei capifanfara, in pochissimo tempo i bersaglieri ciclisti cominciano a dotarsi di propri inni. Il primo nasce nel 1912 dal talento letterario del capitano Giuseppe Fasoli, del 9° reggimento bersaglieri di Palermo e dall'estro melodico di Antonio Zanon, capofanfara:

Passano, scivolano, volan per via;
e l'aria sibila tagliata via.

La polve copreli, pure li ho visti:
son baldi e giovani, sono ciclisti.

Sui campi ondeggiano piumetti neri:
han scuri gli abiti, son Bersaglieri!

Lontana scopresi Cavalleria,
rapida muovesi, sbarra la via.

Dal colle subito s'ascende in vetta:
a dosso portano la bicicletta.

Ma la composizione più famosa, anche per via dell'appropriazione indebita operata dal fascismo (che la trasformerà nel notissimo inno *All'armi*), è quella dell'11 dicembre 1914, opera del capitano Camillo Liberanome, comandante di una compagnia dell'8° battaglione ciclisti, allora di stanza a Verona:

All'armi, all'armi,
all'armi bersaglieri!

Noi siamo dell'Italia i bersaglieri
siamo i ciclisti, i falchi della guerra

qual folgore piombiam tremendi e fieri
e del nemico siam, l'incubo e il terror.

Rapidi come il vento andiam ognora,
ostacoli per noi non ha la terra.
La nostra ruota gira alla vittoria,
e forti abbiam le gambe e saldo il cuore.

Silente vola, la bicicletta,
passa la gola, i monti e la città,
laggiù è la gloria, essa ci aspetta,
con la vittoria che ci arriderà.

Del bersagliere, la baionetta,
l'orde straniere in fuga volge ognor,
ciclisti siamo, andiamo in fretta,
che i primi siamo, sul campo dell'onor!
Ciclisti siamo, andiamo in fretta,
che i primi siamo, sul campo dell'onor!

All'armi, all'armi, all'armi bersaglieri
tremendi e fieri, urrà!

Quando arriva la guerra, la Bianchi costruisce la bellezza di 60.000 biciclette per l'esercito. Le migliori hanno il cambio e sono destinate agli ufficiali. Le altre, da truppa, sono in grado di trasportare mitragliatrici divise in tre pezzi di 14 kg l'uno.

Così El Pucia si arruola nei bersaglieri ciclisti, addetto al trasporto delle armi leggere con la bici. Quella sarà la sua ultima squadra dopo la Stucchi, la Bianchi e la Maino. Il bersagliere scelto Oriani Carlo muore infatti il 3 novembre 1917, a ventinove anni, nell'ospedale militare di Caserta, dove era stato trasportato per una grave polmonite contratta attraversando il Piave a nuoto, durante la tragica disfatta di Caporetto del 24 ottobre.

Lo storico Mario Isnenghi, in un saggio che tratta con un taglio molto originale *Le guerre degli italiani*, si concentra sul proclama del 4 novembre 1918 diramato da Diaz per annunciare la fine delle ostilità, e ne rileva l'importanza dal punto di vista «normativo». «Si trattava infatti di imporre il sigillo sulle parole – *scripta manent* – dettando una lettura della situazione e dei fatti, che, di per sé, non parlavano a tutti in maniera evidente ed univoca. Di fronte agli italiani e agli austro-ungarici, agli alleati e agli avversari, ai popoli e agli Stati, occorreva sancire solennemente di chi fosse la vittoria.»[7] Non sembra un caso che, a partire da lì, ci si trovi a rilevare come parecchi «figli della guerra», nati nel periodo dell'armistizio, siano stati battezzati Firmato, ritenuto il nome del generale vittorioso da una «innocenza popolare che potrebbe anche leggersi come forma di patriottismo a grado zero; ignoranza e buona volontà, estraneità sociale e passione da catecumeni della Patria».[8] Sta di fatto che il giorno 4 novembre 1918, a seguito delle trattative d'armistizio svoltesi a villa Giusti (nei pressi di Padova), mentre le truppe nemiche – pur se in ritirata – si trovano ancora al di qua delle Alpi, cioè in territorio italiano, viene ratificato quanto segue:

> La guerra contro l'Austria-Ungheria che, sotto l'alta guida di S.M. il Re – Duce Supremo – l'Esercito Italiano, inferiore per numero e per mezzi, iniziò il 24 maggio 1915 e con fede incrollabile e tenace valore condusse, ininterrotta ed asprissima per 41 mesi, è vinta. ... I resti di quello che fu uno dei più grandi eserciti del mondo risalgono in disordine e senza speranza le valli, che avevano disceso con orgogliosa sicurezza.
>
> Firmato: Diaz.[9]

Resta solo da aggiungere che l'immagine tracciata dalle ultime parole è potente, e fin elegante, in uno dei rarissimi casi nei quali la voce ufficiale della politica riesce ad abbandonare le vesti dimesse del linguaggio burocratico o della retorica vuota di bellezza. Sono parole – non c'è che dire – che escono miracolosamente ben riuscite dalla penna del generale vittorioso (e non a caso si sospettano influenze letterarie) ed evocano con straordinaria potenza – senza neppure descriverli – i luoghi sofferti della vittoria.

I luoghi cari ai destini della patria

Il Giro d'Italia, come tutte le corse ciclistiche, è in fondo una questione di geografia. Ma quando nasce, nel 1909, non si può dire che abbia ancora ben presente com'è fatta l'Italia che deve percorrere. Ci vorranno dieci anni – e per l'appunto una terribile guerra, di fronte alla quale il Giro si ferma, in attesa che i propri confini si precisino – perché le cose si chiariscano.

Come tutte le creature nella loro prima infanzia, ancora indefinite negli orientamenti, anche il Giro «bambino» degli anni precedenti il 1915 sembra andare tentoni, sperimentando incerto una direzione e l'altra. Nel 1910 parte da Milano verso nordest e nella prima tappa raggiunge Udine; nel 1911 prende il via da Roma, verso Firenze; nel 1912 torna a partire da Milano, ma si tiene in pianura, alla volta di Padova; nel '13 mira a sud, da Milano a Genova, ma poi si rivela un Giro che non «fa il giro», perché non torna al punto di partenza e termina a Torino; nel '14 prova il punto cardinale mancante e si dirige a ovest, verso Cuneo. È un Giro debitore, per certi versi, di un'Italia da cartolina, come nel 1911, quando fa tappa a Pompei, Sulmona, Oneglia e Mondovì.

Lo si percepisce con chiarezza negli articoli con cui «La Gazzetta dello Sport» illustra l'itinerario alla vigilia di queste prime edizioni attraverso una serie di percorsi conoscitivi. Ecco per esempio come, il 9 maggio 1910, viene descritta ai lettori Mondovì:

> Città graziosa divisa in quattro borgate. Mondovì-Piazza, adagiata sulla cima quasi in attesa di sognatori e studiosi. Mondovì-Breo, aggrovigliamento pittoresco di case e fabbriche numerose nelle quali ferve l'industria ed il lavoro. Mondovì-Carassone, sdraiato sui fianchi dello sprone altissimo, silenziosa come un borgo medioevale. Mondovì-Pian della Valle, quieta e serena nella sua accolta di buoni agricoltori. Non lontano dalla città, in una piccola valle solitaria, s'erge un miracolo, il Santuario di Vicoforte. Maestose fontane intorno al monumento meraviglioso, le antiche leggende della Vergine Maria.

O, ancora, Teramo, arrivo della terza tappa della stessa seconda edizione del Giro:

> Quando si lascia la bellissima spiaggia di Giulianova e la strada si interna sulle verdi colline ... quasi per incanto, ci si trova in località assai elevate e, a tratti, il pallido Adriatico appare costellato di paranze colorite che a vespero sembrano accendersi come fiamme agli ultimi raggi del sole ... Teramo appare adagiata sui colli, sonnecchiante nel dolce torpore primaverile, mentre gigantesco ed ammantato di nevi indugianti sulle cime si delinea sul cielo azzurro il Gran Sasso d'Italia.

Il Giro degli esordi può permettersi addirittura di saltare una tappa montana, nel '12, quando, come visto, per un errore si annulla la tappa Pescara-Roma, che avrebbe scollinato l'Appennino, per sostituirla con il classico Giro di Lombardia. Eppure, proprio le montagne, anche se più a settentrione, saranno di lì a poco il teatro privilegiato della storia nostrana.

L'Italia dell'inizio del XX secolo è d'altra parte un paese, per così dire, a geografia sommaria e ancora per molti aspetti variabile. È variabile perché lo Stato unitario si è costituito da pochi decenni e consolidato nell'arco di un paio di generazioni soltanto. Nelle aule delle scuole torinesi ottocentesche le cartine geografiche appese alle pareti sono state sostituite, per aggiornarle, a ritmi frenetici. L'unione con la Lombardia, l'Emilia, la Romagna, la Toscana... poi il Regno delle Due Sicilie, poi il Veneto, poi Roma. Per non dire delle contradditorie avventure coloniali: ancora tra 1911 e 1912 il controllo italiano va a estendersi al di là del Mediterraneo, alla Libia.

La conoscenza che gli italiani hanno del territorio nazionale è in quel tempo, per l'appunto, anche più che sommaria. In primo luogo perché l'analfabetismo rimane altissimo, nonostante le ripetute riforme scolastiche (1849, 1877, 1904, 1911), e la scolarizzazione obbligatoria – quando produce effetti, giacché viene evasa da percentuali di popolazione davvero impressionanti – si arresta a livello primario e dunque minimo. In secondo luogo perché gli italiani, per la stragrande maggioranza dediti all'agricoltura, vivono una vita rigorosamente stanziale, che si svolge pressoché integralmente all'interno di uno spazio estremamente ridotto: in sostanza (con l'eccezione molto contenuta di parte dei ceti più abbienti) non si muovono praticamente mai dalla località d'origine e tantomeno viaggiano. Per concludere hanno, se va bene, una conoscenza fumosa, incerta e imprecisa del proprio paese, limitata ai racconti distorti di qualche forestiero, ai balbettanti resoconti scolastici dei figli, alle immagini percepite di qualche piazza o monumento.

Certo, aveva detto Massimo d'Azeglio, dopo aver fatto l'Italia bisognava fare gli italiani, ma non solo: ai primi del Novecento era ormai indispensabile costruire pure un solido e consapevole rapporto reciproco fra il suolo patrio e i suoi abitanti.

Non parliamo poi delle zone montane, meno frequentate, meno attraenti, meno celebrate. Difficile immaginarsi con quale grado di attendibilità un mezzadro siculo o un manovale marchigiano potessero pensare nel 1909 a un villaggio alpino.

Eppure, proprio all'arco alpino appartengono le sacre terre irredente, quelle per cui la diplomazia sta facendo strisciare da anni i suoi tentacoli, i protagonisti della politica si stanno accapigliando, gli oratori si sgolano, i giornalisti consumano fiumi d'inchiostro. Il ritmato ritornello «Ma con gran pena le reca giù», che avrebbe consentito in seguito a milioni di scolari di memorizzare l'ostica successione, da ovest a est, di Alpi Marittime, Cozie, Graie, Pennine, Lepontine, Retiche, Carniche, Giulie, avrebbe dovuto fermarsi allora a «Ma con gran pena»: frase monca, eppure quanto mai eloquente se ne venisse colto il valore profetico. Grande, immensa pena verrà agli italiani dalle avventure che dovranno vivere di lì a poco sul versante orientale delle Alpi.

Nell'aprile del 1915, infatti, l'Italia aderisce con il patto di Londra alla Triplice Intesa, impegnandosi a entrare nella Prima guerra mondiale, esplosa quasi un anno prima, a fianco di Inghilterra, Francia e Russia. Si tratta di un voltafaccia bello e buono, per quanto in qualche misura annunciato: fino al giorno prima il regno era vincolato dai trattati della Triplice Alleanza agli imperi tedesco e austriaco, che ora deve invece combattere.[10]

Anche i confini della geografia politica italiana appaiono quanto mai variabili. Né le cose vanno diversamente per quella speciale geografia «ipotetica» messa in gioco dalla diplomazia. Il patto di Londra è voluto, discusso e siglato da tre sole persone: Sua Maestà Vittorio Emanuele III, il ministro degli Esteri Sidney Sonnino e il presidente del Consiglio Antonio Salandra.[11] Il Parlamento è chiuso e non esiste la possibilità di un vero dibattito politico in proposito: i contenuti esatti del patto sono e resteranno segreti, addirittura fino al 1920. Quasi un milione di italiani perdono la vita nel conflitto senza sapere che in caso di vittoria avrebbero portato all'interno dei «sacri confini patrii» non solo gli attuali Trentino-Alto Adige e Venezia Giulia, ma anche l'Istria, parte della Dalmazia e molte isole adriatiche.

Insomma, l'unica cosa certa in questa geografia sfuggente è che decine e decine di migliaia di giovani italiani sono costretti dalla leva militare a lasciare le proprie case e il proprio microcosmo esistenziale, per partire verso luoghi fin lì sconosciuti, con i quali familiarizzano anche troppo. Raccolti nei centri di reclutamento, vengono smistati verso il fronte di una guerra di posizione che l'inchioda per settimane in prima linea, in luoghi destinati a divenire tristemente famosi da pressoché ignoti che erano:[12] Adamello, Corno di Cavento, Monte Grappa, Monte Nero, Monte San Michele, Monte Querceto, Monte Santo...

La tradotta che parte da Novara
e va diretta al Montesanto,
e va diretta al Montesanto,
il cimitero della gioventù.

Così cantano i contadini strappati alla loro terra dalla coscrizione obbligatoria che li scaraventa in un conflitto del quale, sterminato esercito fatto di tanti Pucia, non sanno darsi ragione, se non interpretandolo come una fatalità ineluttabile. Così cantano, e nel farlo registrano proprio il transito che compiono attraverso l'intero arco nordico. Ma, una volta giunti a destinazione, fotografano e trasmettono immediatamente pure le inumane condizioni che la «guerra bianca» comporta, già estremamente disagevole per la vita di trincea che ovunque impone, ma qui combattuta spesso sopra i 2000 metri e a temperature rigidissime.

Sulle montagne fa molto freddo
ed i miei piedi si son gelati,
ed i miei piedi si son gelati
e all'ospedale mi tocca andar.
Appena giunto all'ospedale
il professore mi ha visitato:
O figlio mio, sei rovinato
ed i tuoi piedi li dobbiam tagliar.

I feriti, i mutilati, i soldati in licenza raccontano gli orrori che vivono e i luoghi che glieli infliggono. La corrispondenza inviata a casa diffonde tra la popolazione civile con toni a un tempo angosciosi e mitici la conoscenza della geografia di guerra: è per la prima volta nella storia una guerra totale quella che si sta combattendo, capace di mobilitare l'intera società e di riflettersi in mille modi su di essa. Le canzoni nate in quel contesto, non per nulla, conficcano nella memoria collettiva radici tanto profonde da farle sopravvivere ben oltre il secondo dopoguerra, quando, in tempi finalmente tornati di pace, le gite in montagna sarebbero state ancora accompagnate da cori come: «Quando saremo fora fora / de la Valsugana, / anderem a trovar la mamma, / a veder come la sta. / La mamma la sta bene, / il papà l'è ammalato. / Il mio bel partì soldato, / chi sa quando ritornerà». Né gli italiani avrebbero dimenticato per decenni che «sul ponte di Bassano» ci si dà, oltre alla mano, anche «un basin d'amor», o che il sottofondo della vita di trincea per chi viene lasciato «venti giorni sull'Ortigara / senza il cambio per dismontà» fa «ta pum, ta pum». Si celebrano in musica, in sostanza, luoghi che diventano della memoria: *Bombardano Cortina, Monte Canino, Monte Cauriol, La canzone del Grappa, Monte Pasubio, Monte Nero, Oh Gorizia tu sia maledetta...*

Non si fatica a comprenderlo. Nella guerra alpina di trincea la bicicletta, almeno in senso strettamente bellico, conta poco o nulla. E le nove battaglie dell'Isonzo combattute tra il 1915 e il 1916 portano a spostamenti della linea del fronte risibili rispetto all'esorbitante numero di vittime che provocano. Né, in fondo, produce maggior effetto, sempre nel '16, la *Strafexpedition* austriaca, prima arrestata sull'altopiano di Asiago e poi faticosamente ricacciata indietro. È una guerra paradossalmente senza spazio, questa che doveva essere di movimento (come ci si aspettava basandosi sul precedente del conflitto franco-prussiano del 1870) ed è divenuta quasi subito di logoramento.

Eppure le colonne celeri dei bersaglieri ciclisti, al suono del loro inno, riescono a risultare comunque decisive: a Udine, per esempio, o a Pordenone, a Grado. E infine a Vittorio Veneto, quando nel 1918 la controffensiva italiana che vendica la disfatta di Caporetto dell'anno precedente torna a offrire spazi e tempi per il movimento e la velocità.

La controspinta viene dal Piave, su cui si è attestata l'estrema difesa italiana, il fiume che «mormorava / calmo e placido al passaggio / dei primi fanti il 24 maggio» di tre anni prima e che era riuscito a difendere il paese dall'occupazione nemica al grido di «Non passa lo straniero!». Il rovesciamento delle sorti belliche è dunque reso ancora una volta mitico dal canto:

Il Piave comandò: «Indietro va', straniero!»
Indietreggiò il nemico
fino a Trieste, fino a Trento
E la vittoria sciolse l'ali al vento!

La vittoria scioglie le ali al vento, certo, ma non consente ancora di venire a capo dell'incerta geografia italiana. È una vittoria, infatti, che si scopre presto – con i trattati di pace del '19 – «mutilata», come tanti tra i soldati che hanno contribuito a procurarla. Molte delle acquisizioni territoriali previste dal patto di Londra non vanno in porto. I soli punti davvero fermi sono proprio quelli celebrati dalla *Canzone del Piave*: Trento e Trieste.

Non deve apparire un caso, ovviamente: quando nel 1919 il Giro d'Italia torna a muoversi, non ci sono dubbi sulla direzione da prendere. I corridori iscritti lasciano Milano e puntano subito su Trento. Due giorni dopo muovono alla volta di Trieste. Il ciclismo celebra i «luoghi cari ai destini della Patria».[13] A tagliare il traguardo per primo, in entrambi i casi, è un italiano, lo stesso che conserva il primato fino all'ultimo: Costante Girardengo. Nella classifica finale infligge 51' 56" di distacco al secondo, Gaetano Belloni. Terzo si classifica il belga Marcel Buysse, unico straniero tra i primi dieci. Non è una situazione inusuale, ma anche nel ciclismo dell'immediato dopoguerra l'Italia appare davvero vittoriosa!

IV
Il Ventennio

Arditi, campioni e banditi

Gli SVA sono apparecchi biposto da ricognizione e bombardamento fabbricati negli stabilimenti Ansaldo a cominciare dal 1916.[1] Dalla fase finale della Grande Guerra in poi questi biplani sono protagonisti di diverse imprese; la più celebre è il volo su Vienna, che Gabriele D'Annunzio compie il 9 agosto 1918. In quella spedizione, puramente dimostrativa, il poeta soldato lancia 40.000 volantini con un testo da lui stesso redatto e altri 350.000 con un messaggio di Ugo Ojetti tradotto in tedesco. L'azione di D'Annunzio, sostanzialmente, vuole dimostrare la vulnerabilità delle linee nemiche e invita i viennesi alla resa:

> Sul vento di vittoria che si leva dai fiumi della libertà, non siamo venuti se non per la gioia dell'arditezza, non siamo venuti se non per la prova di quel che potremo osare e fare quando vorremo, nell'ora che sceglieremo. Il rombo della giovane ala italiana non somiglia a quello del bronzo funebre, nel cielo mattutino. Tuttavia la lieta audacia sospende fra Santo Stefano e il Graben una sentenza non revocabile, o Viennesi. Viva l'Italia!

Un anno dopo il «modernissimo» velivolo è ancora al centro di gesta leggendarie, ma questa volta a compierle non è D'Annunzio.

> Anche io ho fatto una piccola beffa a Sua Indecenza Nitti (*Grida di: «Abbasso Nitti! Abbasso Cagoja!»*). Sono partito da Novi Ligure sopra uno SVA insieme ad un magnifico pilota. Abbiamo attraversato l'Adriatico e siamo discesi a Fiume. D'Annunzio ci ha accolti

> molto festosamente, perché ha bisogno di aviatori e di apparecchi (*Applausi e grida di: «Viva Fiume»*). ...
>
> Se ora diciamo che la monarchia è assolutamente inferiore al suo compito, non lo diciamo certo in base ai sacri trattati. Noi giudichiamo dai fatti ... quando la monarchia chiama al Quirinale Giovanni Giolitti (*Grida assordanti di: «Abbasso Giolitti»*); quando la monarchia mantiene al potere quello che ormai passa bollato col marchio di infamia trovato a Fiume; quando essa scioglie la Camera e tollera che Nitti pronunci un discorso in cui si fa un chiaro appello alle forze bolsceviche della Nazione ... allora io vi dico chiaramente che il problema monarchico, che ieri non esisteva per noi in linea pregiudiziale, si pone oggi in tutti i suoi termini.

A pronunciare questo discorso, dalle risonanze irriguardose verso le istituzioni, è il leader di un movimento politico nato da soli sei mesi: Benito Amilcare Andrea Mussolini.[2] Il tono è sprezzante soprattutto nei confronti di Nitti, primo presidente del Consiglio dei ministri del regno d'Italia nel dopoguerra, verso cui non si risparmiano epiteti offensivi («Cagoja») per la sua posizione nei confronti dell'ennesima avventura dannunziana, l'occupazione di Fiume.[3]

Siamo a Firenze, il 9 ottobre 1919, al Teatro Nazionale di via Cimatori, per la prima adunata nazionale dei Fasci italiani di combattimento. L'organizzazione, fondata a Milano da Mussolini il 23 marzo 1919, conta ancora pochi iscritti; alla riunione sono presenti 56 Fasci in rappresentanza di 17.000 aderenti, che si concentrano soprattutto nelle città del Nord. Il più applaudito in assemblea è il futurista Marinetti, che auspica lo «svaticanamento di Roma»; ma quando prende la parola il fondatore del movimento, allora si levano vere ovazioni.

Mussolini è dotato di una sapiente retorica e dopo aver rotto gli ultimi legami ideologici con l'originaria matrice socialista è diventato il paladino di una politica che propone un superamento dei tradizionali antagonismi di classe, in nome di una società produttivistico-capitalistica che possa soddisfare le aspirazioni economiche di tutti i gruppi sociali. Nella visione politica del movimento, composto da un tessuto sociale eterogeneo, si mescolano istanze populiste e fermenti di acceso nazionalismo, che trovano un fertile terreno nell'irredentismo degli arditi.

Il paese si trova alla vigilia delle elezioni politiche (16 novembre 1919) e l'obiettivo politico di Mussolini è sostanzialmente la caduta del governo Nitti, per giungere a una svolta in grado di garantire al neonato movimento maggiori spazi di manovra in ambito politico istituzionale.

Nonostante l'esito deludente di quelle elezioni e grazie alla capacità del fascismo di caratterizzarsi come forza organizzata in funzione antisocialista e antisindacale, in un clima generale surriscaldato da aspre lotte operaie e contadine, nel corso del cosiddetto Biennio rosso (1919-20), Mussolini riesce a ottenere crescenti favori da industriali, agrari e ceti medi. Pochi e significativi i passaggi di una *escalation* che consegna il paese in mano al fascismo: congresso del 9 novembre 1921, nel quale il movimento si trasforma in partito; marcia su Roma del 28 ottobre 1922, che forza Vittorio Emanuele III ad affidare a Mussolini l'incarico di formare un nuovo governo; fiducia al nuovo governo di coalizione che comprende liberali, cattolici ed esponenti moderati del Partito fascista... Il resto, dalla crisi Matteotti in poi, è la storia di un potere politico progressivamente gestito in modo esclusivo dal Partito nazionale fascista. E il capopopolo che abbiamo visto attaccare la monarchia diventa «Sua Eccellenza Benito Mussolini».

Ma torniamo a quell'adunata di Firenze. Mussolini, si è detto, inizia il suo discorso additando ai segretari dei Fasci la traiettoria della sua fugace adesione all'impresa di D'Annunzio: «Sono partito da Novi Ligure ... abbiamo attraversato l'Adriatico e siamo discesi a Fiume». Ma cosa ci faceva a Novi un romagnolo purosangue (nato a Dovia di Predappio, Forlì), direttore di un giornale milanese («Il Popolo d'Italia»), con lo studio in via Paolo da Cannobio 35, proprio dietro piazza del Duomo, aspirante a entrare stabilmente nei giochi di palazzo a Roma? Certo, un agitatore politico è sempre in movimento, soprattutto alla vigilia delle elezioni. E Novi nel primo dopoguerra «è il più importante scalo ferroviario d'Italia. È già la città della ferrovia e delle ferriere, delle filande e dei moti operai, dei cortei social-comunisti, delle zuffe tra rossi e fascisti». Ma non si può davvero escludere che, in una cittadina descritta come «una grande famiglia di ventimila abitanti più l'entità variabile della guarnigione militare»,[4] il futuro Duce abbia incontrato (o magari ci sia andato per conoscere di persona) un altro mattatore come lui, in quel fatidico 1919: Costante Girardengo.

«L'omino di Novi», che viene battezzato da Emilio Colombo, direttore della «Gazzetta», il Campionissimo (appellativo attribuito più tardi anche a Fausto Coppi), aveva letteralmente trionfato nel primo Giro d'Italia dopo la guerra, mantenendosi in prima posizione dalla prima tappa (Milano-Trento, 21 maggio) all'ultima (Torino-Milano, 8 giugno). Aveva vinto il Giro del Piemonte e il Giro dell'Emilia. Soprattutto aveva conquistato il primo posto in una gara con un particolare significato per il nazionalismo dell'epoca, la Roma-Trento-Trieste. *Dulcis in fundo*, il Giro di Lombardia, a chiusura di una strepitosa stagione.

Sono passati diversi anni dal Giro del 1914, l'ultimo prima della guerra, vinto da quel bolognese che poi non si era più sentito. Come si chiamava? Calzolari... Calzolari Alfonso. Ora sono venuti fuori un sacco di nomi nuovi e di nuovi talenti. Ma Costante Girardengo è un'altra storia,

Una storia d'altri tempi, di prima del motore
Quando si correva per rabbia o per amore
Ma fra rabbia ed amore il distacco già cresce
E chi sarà il campione già si capisce.

Questa bella canzone, che si deve alla sensibilità di Luigi Grechi – all'anagrafe Luigi De Gregori – e del fratello Francesco, che l'ha saputa valorizzare da par suo,[5] non ha soltanto il merito di gettare un ponte tra passato e presente, per ricordarci che di quegli umilissimi «esercizi di ammirazione» di ieri («Vai! Ché sei solo!») ci sarebbe un gran bisogno anche oggi («Vai Girardengo, vai grande campione! / Nessuno ti segue su quello stradone»). Il brano fa molto di più. Fruga nei fondali del nostro passato per illuminare una vicenda in cui, se la protagonista è sempre una bicicletta, gli interpreti principali sono due. Due compaesani quasi coetanei, due direzioni possibili di una «antica miseria»: uno lo conosciamo già, è Girardengo; l'altro è Sante Decimo Pollastro, nato il 14 agosto 1899 nella zona del Borgo delle Lavandaie (U Burgu de Lavere), che a Novi Ligure chiamano anche Borgo Diritto per distinguerlo dal Borgo Storto di via Casteldragone.

Negli anni del grande successo di Girardengo, Sante è una primula rossa braccata dalla polizia di diversi paesi. Ha cominciato presto la sua carriera di ribelle. Nel quartiere lo chiamano Rangugnin (attaccabrighe): bravate, qualche furto, scorribande con le altre teste calde... Quando arriva la guerra, diserta, secondo la migliore tradizione anarchica che al Borgo raccoglie parecchi consensi. Svaligia vagoni ferroviari e qualche villa di ricchi. Una sera del gennaio 1922 nel domino del suo destino cade la prima tessera e poi, di seguito, tutte le altre: Sante diventa il nemico pubblico numero uno dei carabinieri.

Il fascismo sta per conquistare anche Novi Ligure. Tre giovani in camicia nera, con aria spavalda, stazionano sul marciapiede fuori dal Bar Centrale. Sante esce dal locale e loro lo guardano storto, sanno che al Borgo gira aria di sovversione. Pollastro ha in bocca una caramella al rabarbaro che credeva al rum. La sputa ai piedi dei tre bulli, esclamando: «È amara, boia!». Questi, per tutta risposta: «Ehi tu, sei per caso un rosso?». Sante non s'intimidisce: parole, spinte, vola uno schiaffo, poi cazzotti e legnate. Loro sono in tre e lo massacrano di botte. Quella sera per Sante comincia sul serio una vita controcorrente. Una catena di omicidi, tutti compiuti ai danni di guardie e carabinieri. «Dovevo pur difendermi» ripeterà spesso. La catena s'interrompe solo nel 1927, quando lo arrestano a Parigi.[6]

Il 2 agosto 1922, a pochi mesi dalla fatidica sera della caramella al rabarbaro, duecento camicie nere, dopo avere divelto con una bomba il cancello di legno di piazza delle Poste, invadono gli spazi dentro i quali sono asserragliati gli antifascisti. Si svolge una violenta battaglia a colpi di arma da fuoco. Vengono distrutte la Camera del Lavoro, la Cooperativa proletaria e il circolo dei ferrovieri. Anche a Novi arriva la rivoluzione fascista e questo finisce per marcare in modo più deciso le strade di Sante e del Campionissimo. Quella di Pollastro, ribelle, amico degli anarchici, ricercato e bandito; quella di Girardengo, che vuole stare tranquillo, pensare solo al ciclismo e alla sua carriera di campione.

Una ragazza al Giro

Nel 1924, pochissimi giorni prima dello spietato assassinio di Matteotti[7] e della «secessione dell'Aventino» (la sdegnata reazione dei deputati democratici che, ritirandosi dai lavori del Parlamento, invece di porre un freno agli intollerabili metodi messi in atto dal fascismo, finiscono per spalancare definitivamente le porte all'ascesa del regime), al traguardo di Milano si conclude un'edizione storica del Giro d'Italia. Storica non tanto in senso sportivo (è un Giro privo di campioni, a causa di un contrasto tra «La Gazzetta dello Sport» e le case ciclistiche che boicottano la gara; partecipano solo corridori «isolati» e vince tale Giuseppe Enrici di Ciriè), quanto dal punto di vista sociale. Alla prestigiosa *randonnée* (dodicesima edizione, in dodici tappe, dal 10 maggio al 1° giugno) partecipa per la prima (e unica) volta una donna: Alfonsina Morini coniugata, per ironia della sorte, in Strada, di Castelfranco Emilia, un paesino tra Modena e Reggio. Alfonsina viene da una famiglia di contadini e abita in un casolare che non ha nemmeno la luce elettrica.

> Bella ragazza che vai in bicicletta
> uscendo presto di casa
> senza cappello e senza parabrezza
> per il tuo Giro d'Italia
> oh, pedala, pedala, pedala.[8]

Gli organizzatori vivono con un certo imbarazzo questa partecipazione inconsueta. Per diversi giorni, anche dopo l'inizio dell'avventura, la Rosea addirittura passa sotto silenzio l'iscrizione della coraggiosa Alfonsina. Si tratta di un imbarazzo comprensibile visto che, come scrive il cronista sportivo Beppe Conti, «l'atletica femminile venne inserita ai Giochi olimpici soltanto nel '28 a Los Angeles, ma a Ondina Valla proibirono quella trasferta perché sarebbe stata l'unica donna sul piroscafo per gli Stati Uniti».[9]

Soltanto dopo la tappa Genova-Firenze «La Gazzetta dello Sport», visto che oramai la ragazza è stata scoperta dal pubblico e piace molto, decide di dare all'evento il rilievo che merita. Così Silvio Zambaldi scrive nell'articolo *Note d'un profano*, di mercoledì 14 maggio 1924, pubblicato in prima pagina:

> Ricevimento a Palazzo Vecchio. Nientemeno! Firenze ha voluto compiere nel modo più solenne la sua espansiva ospitalità. Era curioso vedere raccolti nel magnifico e glorioso salone dei Cinquecento ... i partecipanti al Giro d'Italia. ... Accolta da un applauso – ormai agli applausi si è abituata e come fa presto una donna – giunse anche Alfonsina Strada che pur, senza troppo commuoversi, accolse un bel mazzo di rose galantemente offertole, con un vermouth, una tartina,

e non so quanti dolci, dall'on. Capanni. In sole due tappe la popolarità di questa donnina si è fatta più grande di quella di tutti i campioni assenti messi insieme. Lungo tutto il percorso della Genova-Firenze non si è sentito che chiedere: «C'è Alfonsina?», «Viene?», «Passa?», «Arriva?». A mortificazione dei valorosi che si contendono la vittoria finale, è proprio così. È inutile, tira più un capello di donna che cento pedalate di Girardengo e di Brunero. Che costoro non abbiano voluto correre nell'odierna prova intuendo questo pericolo? ... Alfonsina non contende la palma a nessuno, vuol solo dimostrare che anche il sesso debole può compiere quello che compie il sesso forte. Che sia un'avanguardista del femminismo che dà prova della sua capacità di reclamare più forte il diritto al voto amministrativo e politico?

Alfonsina corre in modo dignitoso e non è mai ultima, fino alla tappa di Perugia. È una tappa infernale, flagellata da freddo e pioggia. La ragazza cade diverse volte, si ferisce un ginocchio, rompe la bicicletta e a Perugia arriva fuori tempo massimo.

Il regolamento parla chiaro: deve essere esclusa dal Giro. A questo punto interviene Emilio Colombo, decidendo che lei continuerà la corsa come «fuori classe». «La Gazzetta» le paga le spese d'albergo e il massaggiatore, i tifosi dell'Aquila fanno anche una colletta per lei, raccogliendo la ragguardevole somma di 500 lire. Alfonsina Strada riesce a concludere il suo Giro arrivando a Milano a pezzi, ma giustamente soddisfatta. Tuttavia, il gesto di quella «avanguardista del femminismo» rimane isolato. Il giornalista sportivo Zambaldi può dormire sonni tranquilli. Prima che venga concesso alle donne il diritto al voto bisogna aspettare il 2 giugno 1946.

Il Giro del 1925 segna un altro importante passaggio di testimone nella storia del grande ciclismo su strada. È l'inizio dell'era Binda. Alfredo Binda arriva, in realtà, alla chetichella. «La Gazzetta dello Sport», come per tradizione, nei giorni che precedono il via aggiorna quotidianamente la lista degli iscritti al Giro, che quell'anno si corre dal 16 maggio al 7 giugno. L'elenco si allunga ogni giorno che passa. Ebbene, solo l'11 maggio compare il nome di Binda Alfredo da Cittiglio, al numero 78 della lista.

Certo, nell'ambiente già si parla di lui; gli addetti ai lavori sanno riconoscere subito chi ha stoffa ed è destinato a grandi risultati. Infatti «La Gazzetta», due giorni prima dell'inizio della corsa ne traccia questo promettente profilo:

La squadra di Legnano si è arricchita quest'anno di due giovani atouts, ai quali la corsa guarda con la più viva curiosità. Sono Binda e Dinale. La carta distingue i due bianco-oliva, nel senso che Binda sembra già un «asso». Binda è un magnifico routier: discretamente veloce, resistente, accorto, deciso e fortissimo in salita. Nell'ora che urge, se rilievi si possono fare a maggiore dimostrazione del valore del nuovo acquisto della Legnano, questi si riferiscono alla considerazione in cui Eberardo Pavesi tiene Binda e alla preoccupazione dei più anziani assi per la preparazione e per le prove di conferma di questo nuovo atleta fresco da anni di energie, ricco di qualità e smanioso di successi.

Girardengo (vittorioso per la seconda volta nel '23) non comincia male, anzi. Alla seconda tappa arriva primo sul traguardo di Arenzano, battendo in volata proprio Binda e Brunero dopo un convulso finale di gara. Ma il giorno successivo, quello dedicato al riposo, profeticamente «La Gazzetta dello Sport» pubblica una grande e bella fotografia al centro della prima pagina. Compaiono Costante e Alfredo e sotto di loro campeggia una didascalia: «L'astro e la stella». Per tutta la competizione Binda e il «vecchio» Girardengo ingaggiano un appassionante testa a testa, quasi sempre risolto negli sprint finali. Costante riesce ad aggiudicarsi ben sei tappe, Binda solo una, la Napoli-Bari. Tuttavia la sua fredda determinazione e la sua lucidità (doti per cui inizialmente non risulta granché simpatico al pubblico) gli consentono, una volta passato in testa nella classifica generale, di rimanervi sino alla fine.

L'arrivo è previsto a Milano al velodromo Sempione. Novità: l'ultimo chilometro si corre in pista. Ma non c'è niente da fare. Binda Alfredo, il nuovo asso, mantiene il vantaggio e vince il tredicesimo Giro d'Italia sui colossi che dominavano da un decennio. La seconda posizione è di Girardengo Costante, la terza di Brunero Giovanni e al quarto posto si classifica Belloni Gaetano di Pizzighettone.

Dopo quel 1925 Alfredo Binda vince il Giro anche nel 1927, nel 1928, nel 1929, e nel '30 gli organizzatori sono costretti a convincerlo a suon di quattrini a non partecipare. Motivazione: manifesta superiorità. Lui accetta il gruzzolo e poi torna a vincere nel 1933 nel Giro che inaugura un nuovo appassionante dualismo tra lui e Learco Guerra, formidabile passista che conquista il primo posto l'anno seguente e che il giornalista Valdo Cottarelli definisce «la locomotiva umana».

Mussolini è talmente interessato al ciclismo e allo sport in generale da stabilire, nel '25, che il presidente del Coni (Comitato olimpico nazionale italiano, nato nel 1914) venga nominato su proposta della segreteria generale del partito. Guarda caso, la scelta cade su Lando Ferretti, già da qualche tempo capo ufficio stampa di Mussolini.

Nel '26, sul periodico «Il regime fascista», compare un articolo dal titolo *Perché lo sport deve essere controllato dal Partito*, che esprime in modo chiaro il modo in cui il fascismo intende interpretare lo sport:

> Porre lo sport italiano sotto il controllo del PNF ... non ha assolutamente il carattere di costrizione da esercitare né sulle Federazioni, né sugli atleti, ma poiché ormai tutta o quasi la gioventù italiana è fascista, era logico che fosse sentito il bisogno ... di inquadrare anche il mondo sportivo all'ombra del Littorio. Bisogna non dimenticare che lo sport non cura solo lo sviluppo fisico della razza, ma è suscettibile di fenomeni morali e politici e legato a interessi economici che devono essere seguiti e vigilati.

L'obiettivo è la costruzione di un'unità sociale di cospicuo valore: il «dopolavorista sportivo», un dilettante che, uscito dall'officina o dall'ufficio, si dedichi alla cura del corpo e agli esercizi ginnici, non tanto per partecipare a gare o incontri, quanto per diventare un camerata forte e buono. Un uomo tutto d'un pezzo.

Più uomini, più sani e più forti, dunque; è anche uno dei punti nodali toccati dal Duce nel celebre discorso dell'Ascensione, pronunciato alla Camera dei deputati il 26 maggio 1927:

> Qualcuno, in altri tempi, ha affermato che lo Stato non doveva preoccuparsi della salute fisica del popolo. Anche qui doveva valere il manchesteriano «lascia fare, lascia correre». Questa è una teoria suicida. È evidente che, in uno Stato bene ordinato, la cura della salute fisica del popolo deve essere al primo posto.[10]

Campioni come Costante Girardengo e poi Alfredo Binda, Learco Guerra, Gino Bartali, autentici beniamini del pubblico durante il Ventennio, diventano allora un modello, una vera manna per il regime fascista, che comincia a mitizzare e strumentalizzare il mondo dello sport.

Lo sport come costruzione dell'idealtipo del «dopolavorista sportivo» diventa anche un messaggio massicciamente veicolato dalle canzonette, in quanto utile alle linee politiche del regime. Così, con il fascismo, nasce la consuetudine di comporre canzoni ufficiali per il Giro d'Italia. Le sigle – diremmo oggi – del 1934 sono *Vinci la tappa* (Micheletti-Bolza):

Il girino senza posa
Sgroppa, sgroppa, pedalare
Se ne parte all'alba rosa
Rosea maglia conquistare

e *Passa il «girino»* (De Malago-Bolza), cantate dal tenore Riccardo Turma:

Ha dato il via il maggio delle rose
Mai furono le strade più festose
Son le cento città un sol giardino
E attendono il passaggio del «girino»
Al dardeggiare della bicicletta
Dardeggian gli occhi della giovinetta.

L'edizione del 1935, invece, si svolge al suono delle note di *Corri corri* (Giuliani-Lao Schor) e di *Passa il giro* (Buzzacchi-Frati), interpretate da Aldo Masseglia con accompagnamento dell'orchestra diretta dal maestro Mariotti:

Partono i girini sorridenti
Garretti sciolti maglie iridescenti
Passa la gioconda carovana
Tra una gran folla che festosa acclama
In tutti i cuori è un sogno ed un sospiro.

Ma il brano più fortunato sul Giro d'Italia è scritto dal campione degli autori dell'epoca, Cesare Andrea Bixio, insieme al suo fido paroliere Bixio Cherubini. Dal fortunato sodalizio fra Bixio cognome e Bixio nome nascono diverse canzoni che sono rimaste nella storia della musica leggera italiana: basti ricordare *Miniera*, *Tango delle capinere*, *Violino tzigano*, *Mamma*. Fra i numerosi successi della coppia c'è anche *La canzone del girino* (1935), interpretata da un altro beniamino del pubblico italiano dell'epoca, il popolarissimo Gabrè. Compare nel testo la maglia rosa, introdotta nel Giro a partire dal 1931 per distinguere tra i corridori il primo in classifica:

Fanciulle che sognate a primavera
schiudete al primo sole ogni balcon
discendono dai monti alla riviera
col volo delle rondini i campion.
È un turbine d'ebbrezza
di maglie e di color
ma quella rosa brilla in ogni cuor.

E girala indovino la ruota del girino
somiglia un po' alla ruota del destino.
Dimentica la bionda dimentica la bruna
ognuno corre incontro alla fortuna!
E la fortuna grida corri e vai
che primo sul traguardo arriverai dai dai dai!
La meta è faticosa per te sarà radiosa
se vincere saprai la maglia rosa.

La ruota del girino corre e vola
la giostra è bella, chi la vincerà
solo al destino è l'ultima parola
forse un ignoto o una celebrità.
Sarà una maglia gialla, turchina rossa o blu
ma la speranza è rosa e nulla più!

Il fascismo dedica notevole attenzione al ciclismo e alle sue capacità propagandistiche. Al punto da impegnarsi a organizzare ben due edizioni dei mondiali, nel 1932 a Roma e nel 1939 a Milano, per le gare su pista (nel nuovo velodromo Vigorelli), e a Varese, per la corsa su strada. Tutto il Varesotto è pronto a celebrare i campioni del tempo, così come il regime è pronto a magnificare i fasti del proprio infallibile Duce: tutti sono pronti a scrivere – come si legge in una pubblicazione dell'epoca, a firma del giornalista Renzo Bidone – «il peana della immancabile vittoria azzurra». Ma ben altri e assai più drammatici bidoni si profilano all'orizzonte dei vanagloriosi proclami italiani. Ben altre e assai più vacue aspirazioni di vittoria stanno per svaporare in acri disillusioni.

I mondiali di Varese sono previsti esattamente per il 2 e 3 settembre 1939. Non si terranno mai. Hitler ignora ben altri impegni precedentemente assunti quando, nella notte tra il 31 agosto e il 1° settembre, dà ordine di sferrare il micidiale attacco alla Polonia. Non pneumatici di bici da corsa, ma cingolati di carri armati sono destinati a mordere la polvere delle strade di tutta Europa da quel giorno e per oltre cinque anni.

Nel frattempo l'Italia si è avvicinata pericolosamente alla Germania nazista. Succede con la guerra d'Etiopia (1935-36). In quell'occasione subisce le ritorsioni della Società delle Nazioni – mossa in questo caso dall'Inghilterra –, che a Ginevra ha difeso il diritto del paese africano a rimanere indipendente. Sono le famose sanzioni cui il regime reagisce con una sicumera dettata anche dall'inefficacia delle misure ritorsive, perché il divieto di esportare merci in Italia esclude le materie prime e perché molti paesi non ne tengono conto. «Sanzionami questo, amica tenace, lo so che ti piace, ma non te ne do»: così canta Rodolfo De Angelis, un popolarissimo artista del teatro di rivista. Va sottolineato che, per rendere più esplicito il senso della canzone, al momento di eseguire il ritornello De Angelis è solito portare le mani con veemenza all'altezza del pube. Comicità poco raffinata, forse, ma il pubblico si diverte un mondo.

L'invasione dell'Etiopia è uno snodo fondamentale, perché rompe il delicato equilibrio politico. Infatti, benché l'Europa sia ormai di fatto divisa fra sistemi autoritari e governi democratici, sul piano internazionale non si sono ancora stabilite alleanze in base alla tipologia dei regimi. L'Italia, nonostante la dittatura mussoliniana, fa ancora parte a tutti gli effetti del dispositivo garante degli accordi di Versailles.[11] Tant'è vero che alla conferenza di Stresa (aprile 1935) è pronta, insieme a Inghilterra e Francia, a condannare i progetti di riarmo hitleriano e a frenare le ambizioni di annessione dell'Austria alla Germania. Ma è proprio l'invasione etiopica da parte dell'Italia, con le conseguenti reazioni sul piano internazionale, a provocare in buona parte la scelta di campo mussoliniana in favore della Germania.

In quei mesi le cose cambiano alla velocità della luce e gli italiani imparano ad aspettarsi di tutto. La guerra d'Africa e il «ritorno delle insegne dell'Impero sui colli fatali di Roma», la vicenda dolorosa della Spagna (addirittura a Guadalajara si deve combattere tra fratelli, chi di qua e chi di là)... E poi c'è la questione degli ebrei: italiani, sì, ma ebrei, dice il fascismo. Qualcuno – e giustamente – non capisce fino in fondo dove stia il problema.

Le cose stanno cambiando profondamente anche nel piccolo mondo del ciclismo. L'era dei vecchi pionieri si allontana come un bastimento arrugginito. Chi rimane sulla riva, saluta in modo nostalgico, ma poi dev'essere capace di seguirli, questi cambiamenti. Con la passione di sempre. Come quella di Girardengo, per esempio, che a un certo punto, dopo avere vinto tanto, sale sull'ammiraglia, scopre nuovi talenti (tra cui Learco Guerra), diventa commissario tecnico della Nazionale e apre infine una fabbrica di biciclette che porta il suo nome: così Girardengo non smette di girare per le strade d'Italia.

La sua storia – come quella di molti altri della sua classe – sembra dirci che i veri campioni non muoiono mai. Stanchi (quello forse sì), si addormentano un giorno e poi dormono troppo. Ma la loro è una vita che non finisce mai del tutto.

L'ha capito bene Dino Buzzati, che già nel 1949, seguendo il Giro d'Italia per il «Corriere della Sera», dopo una tappa in cui Gino Bartali esce sconfitto e sembra già nella parabola declinante della carriera, scrive:

> Starebbe così bene a questo punto un capitolo sul grande campione avanti nell'età, il quale finalmente cede, cominciando la discesa che non ha rimedio. Sarebbe così patetico, conforme ai gusti del nostro animo, che prima esulta per il vittorioso e subito dopo si commuove per il dramma del vinto. ... Ma ci troviamo di fronte a uno strano essere, duro, testardo, in certo senso poco umano, scarsamente simile a noi, che non conosce gli abbattimenti d'animo, né il deprimente influsso delle circostanze avverse. Una ruvida e spinosa fortezza dentro alla quale non ci sono scoraggiamenti. Non piangete dunque per il campione sconfitto, è prematuro. Non compiangetelo, non fatene un eroe crepuscolare, non mandategli messaggi di conforto. Non ne ha bisogno. E se qualcuno di voi, soffrendo le mortificazioni dell'età, pensa di trovare in Bartali il conforto di un riscontro si disilluda. Il signor Gino Bartali non è vecchio, né scoraggiato, né triste. Ed è troppo sicuro di sé, per mendicare scuse. Stamane uno gli ha chiesto: «Mi dica, ieri lei ha forato due o tre volte?». Lui ha risposto: «Forato? Noi non si fora mai».[12]

Noi non si fora mai! Che sagoma... Prepariamoci: arriva Gino Bartali!

V
Tra guerra e Liberazione

È arrivato Bartali!

Piove. È quasi estate e in quella stagione la pioggia non è mai leggera. Il pomeriggio di lunedì 15 giugno 1936 è fissata la riunione al velodromo Pontecchi per la Targa Chiari, un'importante competizione ciclistica organizzata dalla Federazione di Firenze. Si presentano 68 corridori, dei 90 iscritti, che si conoscono quasi tutti tra loro. La gara è riservata alle rappresentanze ciclistiche delle province toscane, ma in pratica i partecipanti sono quasi tutti di Firenze o dei borghi vicini, come Ponte a Ema (a soli tre chilometri), dove c'è la Società Aquila, che vanta iscritti con nomi importanti.

Si conoscono quasi tutti perché da qualche tempo si danno battaglia nel campionato regionale. Tutti gli occhi sono puntati su un giovane molto promettente, che abita in via Chiantigiana 78 a Ponte a Ema, frazione di Bagno a Ripoli. È nato il 20 ottobre 1916, non ha ancora vent'anni, ma chi lo conosce sa che è destinato a grandi cose nel ciclismo. Ha un fisico vigoroso, adatto alle salite di quei colli, e si è già messo in luce vincendo molte corse fra gli allievi della zona e in seguito anche gare più importanti. L'anno precedente, il 1° luglio, ha staccato tutti a Osteria Nuova; poi ha vinto a Prato, a Castelnuovo Sabbioni (con dieci minuti di vantaggio), a Pistoia, a San Sepolcro e a Sinalunga.

Le promesse della Toscana ciclistica prendono il via. Fuori dal velodromo s'imbocca la strada delle Cascine e inizia una gara combattutissima lungo tutto il percorso. Nella parte finale, sulla salita di San Giovanni, a guidare la corsa è un gruppo di otto corridori. Una leggera china, poi il pontemese si stacca dal gruppo e imbocca la salita di San Donato in Collina tutto solo. A un certo punto il cambio non regge alle sue pedalate troppo vigorose. Il ciclista continua sotto la pioggia con i rapporti sbagliati e viene raggiunto dal suo amico Corsini e da Simoni. A testa bassa sul manubrio, come fanno i professionisti per opporre meno resistenza all'aria, ingaggia un gomito a gomito da brivido con gli altri due nella discesa verso Firenze. Testa bassa e rapidissime occhiate davanti e di lato. Giù sul manubrio e uno sguardo fulmineo alla strada bagnata. Giù sul manubrio a testa bassa e uno sguardo di sottecchi verso Corsini e Simoni, mentre il palmer sottile schizza un ventaglio d'acqua. Giù ancora sul manubrio e di nuovo un occhio alla strada verso...

Una grande e fulminea sagoma nera! Una Balilla gli piomba addosso nei pressi della curva di Osteria Nuova. Lo centra in pieno. Le automobili del seguito portano subito i primi soccorsi, ma mentre Corsini e Simoni riescono a riprendere, per lui si capisce subito che è un incidente grave. Si va di corsa all'ospedale di Santa Maria Nuova. Il giovane corridore perde molto sangue e ha diverse fratture. Giunto in clinica viene sottoposto a un'immediata trasfusione e, siccome fra le persone che fuori aspettano notizie c'è anche qualche cronista locale, il medico di turno affigge il seguente referto: «G.B., di anni venti, residente a Ponte a Ema, ha riportato ferite multiple alla testa, alla fronte, alla regione deltoidea sinistra, fratture alla clavicola sinistra, escoriazioni in varie parti del corpo, colpito da choc traumatico. Prognosi riservata».

Poco più tardi, mentre si sta tentando una rischiosa operazione, giungono in ospedale il fratello maggiore, di ritorno da Genova, e il commissario di zona della FCI (Federazione ciclistica italiana), Vasco Magrini. Il ferito sembra in ripresa; ma alle 21 il chirurgo che ha operato consiglia di portarlo a casa. Trasportato a Ponte a Ema, alle 4 del mattino si spegne Giulio Bartali.

Gino, suo fratello, il campione che solo sette giorni prima ha vinto il Giro d'Italia, è schiantato dal dolore: adorava quel ragazzo che lo seguiva nelle sue prove «ogni volta che gli era possibile, confuso tra il pubblico, stipato dietro le transenne che delimitavano lo stretto viale finale» e che ai primi successi del campione aveva detto: «Voglio fare il corridore ciclista io pure!».[1]

«La Gazzetta dello Sport» del 17 giugno in terza pagina pubblica un toccante necrologio: «Era una promessa che non avrebbe mancato per la serietà e il puntiglio e la grande passione che lo animava. Un tragico destino ha stroncato la giovane e gagliarda esistenza ed oggi la sua famiglia e la grande famiglia degli sportivi italiani ne piange la scomparsa. A Gino Bartali e alla sua famiglia straziata dal dolore rivolgiamo, sicuri interpreti di tutti gli sportivi italiani, le più sentite condoglianze».

Ma l'affetto di tutti non basta in quel momento così drammatico a far dimenticare al campione la scomparsa del fratello, che riteneva addirittura più forte di lui. Gino non vuole più correre; per mesi sparisce letteralmente dalla circolazione. Poi si verrà a sapere che si è ritirato in un convento, dove matura una fede fortissima.

Il Bartali ciclista, in quell'estate del '36 corre sicuramente la sua gara più dura, tutta in salita, contro il Bartali uomo, distrutto dal dolore, e contro il ricordo di un fratello che lo tallona a ruota.

I suoi «preparatori atletici» in quel difficile periodo sono la sua ragazza (che alterna il lavoro di commessa in un negozio di stoffe alle visite a Gino), Eberardo Pavesi (suo direttore sportivo) e i pochissimi amici che sanno dove si trova. Ma Bartali è nel profondo del proprio essere un grande scalatore! Torna alle corse con la promessa interiore di vincere anche per Giulio. Torna e la sua carriera sarà la più lunga e vittoriosa del ciclismo italiano, tanto da farlo passare alla storia sportiva come l'Intramontabile.

Quanta strada nei miei sandali
quanta ne avrà fatta Bartali
quel naso triste come una salita
quegli occhi allegri da italiano in gita.[2]

Le sue doti di *grimpeur* si erano manifestate subito al debutto nel grande ciclismo. Nel giro del '35 era arrivato solo settimo, ma aveva vinto il Gran Premio della Montagna e la prima cronometro in salita (la cronoscalata Rieti-Terminillo). In seguito c'era stata la vittoria assoluta nel '36. Quando torna alle corse dopo il lutto, è ancora vittorioso nel Giro del '37 (affrontando le Dolomiti, con i durissimi passi Rolle e Costalunga, per la prima volta inseriti nel percorso) e trionfa al Tour de France nel '38, sulle «micidiali rampe del Col d'Izoard», come dirà il cinegiornale.

Bartali diventa il volto del ciclismo nazionale in un'Italia che, in quel finale di decennio, è irrigidita dalle linee politiche adottate dal fascismo. Quelli di Gino sono «traguardi autarchici» con premi ridotti e partecipazione riservata quasi esclusivamente ad atleti italiani.

Il regime, alla seconda metà degli anni Trenta, aveva inaugurato, come si è visto, una politica rigida tanto all'estero quanto all'interno. A furor di popolo erano state divelte antiche cancellate, depredate campane dalle chiese, portati alla fusione targhe e monumenti di bronzo... Così titolava «La Domenica del Corriere» dell'8 dicembre 1935: *Oro e ferro alla Patria. Mentre gli italiani d'ogni ceto offrono oro alla patria, i piccoli recano alle scuole ferro e altri metalli, rinunciando anche alle care biciclette.*

Arrivano l'invasione dell'Abissinia (com'era chiamata ancora l'Etiopia), con la determinazione a trasformare l'Italia in un impero, l'autarchia e le leggi razziali. La comunità ebraica in Italia in quel momento è costituita da circa 50.000 persone, perlopiù residenti a Roma (concentrate nel quartiere del Portico d'Ottavia) e nelle città del Centro e del Nord. Nella società italiana queste famiglie sono ben integrate e il loro atteggiamento nei confronti del fascismo rispecchia il comportamento e le scelte del resto della popolazione. Fin dall'inizio della vicenda littoria, fra gli ebrei, c'è chi si oppone, come i tre professori universitari (Giorgio Errera, Giorgio Levi della Vida e Vito Volterra) schierati fra i dodici che non vogliono giurare fedeltà al regime o come Ludovico Mortara, che si dimette da presidente della Corte suprema, o ancora come i socialisti Treves e Modigliani. Ma c'è anche qualche israelita che sovvenziona il movimento, come alcuni industriali lombardi, che per paura del comunismo sostengono Mussolini. Insomma, ci sono personalità dell'ebraismo italiano attivamente schierate sia fra gli antifascisti sia a favore del regime, e qualcuno occupa anche posti di rilievo.

Tuttavia, serpeggiando un certo antisemitismo, il regime aveva preso a manifestare un'ansia di controllo sulle comunità ebraiche. Questo nuovo orientamento aveva conosciuto un momento normativo nel 1930 con la legge Falco, che obbligava le piccole comunità israelitiche italiane – anche di tradizione secolare, come quelle di Pesaro, Senigallia, Urbino, Cento, Lugo – a unirsi a quelle dei centri più grandi.

Con la decisa ventata antiebraica proveniente dalla Germania e dall'Europa dell'Est, fra il '37 e il '38, anche il regime italiano (sempre più vicino a quello hitleriano) comincia a sviluppare una sistematica campagna razzista attraverso editoria e stampa.[3] Vengono organizzati censimenti per verificare l'esatta entità della presenza ebraica in Italia[4] e si tenta di formulare una definizione giuridica di «ebreo». Tutto questo lavorio è funzionale alla preparazione del terreno per accogliere le leggi razziali, che sono già nell'agenda di Mussolini. «I dati furono continuamente aggiornati anche negli anni successivi, cosicché al momento dell'occupazione nazista tutti gli ebrei erano schedati, atto che si rivelerà fondamentale nel 1943 per l'individuazione, l'arresto e l'avvio ai campi di sterminio.»[5]

Tra il 5 settembre 1938 e il 29 giugno 1939 vengono emanati numerosi decreti legge che mettono gli ebrei al bando della vita sociale. In linea di massima il nuovo quadro legislativo li esclude da tutti gli uffici pubblici, limita la loro attività professionale nei più diversi campi, li estromette dalla vita culturale del paese, impedisce loro di possedere aziende importanti per la difesa nazionale o con un numero elevato di dipendenti, inibisce la proprietà di terreni o beni immobili superiore a limiti stabiliti, vieta di tenere a servizio domestici non ebrei, isola i bambini in scuole elementari speciali, proibisce i matrimoni misti, impone agli ebrei giunti in Italia dopo il 1918 di abbandonare il paese entro sei mesi.

Gli effetti della legislazione non tardano a farsi sentire. Improvvisi voltafaccia nei confronti di colleghi, vicini di casa e amici ebrei, scritte antisemite sulle saracinesche dei negozi, delazioni e molti altri miserrimi fenomeni di questo genere cominciano ad appesantire il clima e a rendere l'aria irrespirabile per gli appartenenti alla comunità ebraica.

Con l'arrivo della guerra la situazione si aggrava ulteriormente. La propaganda antisemita appunta all'«internazionale giudaica» le responsabilità del conflitto internazionale. Viene deciso l'isolamento di tutti gli ebrei stranieri e di quelli italiani ritenuti pericolosi nelle contingenze belliche. Si approntano diversi campi d'internamento e alcuni ebrei vengono inviati in località isolate, in una sorta di confino forzato.

E il ciclismo cosa c'entra con tutto questo?

Sono seduto in cima a un paracarro
e sto pensando agli affari miei
tra una moto e l'altra c'è un silenzio
che descriverti non saprei.[6]

La stradina di terra battuta si snoda dolcemente fra i vigneti dei colli che separano la Toscana dall'Umbria. Una bella bicicletta da corsa, una Legnano rossa e verde, lascia una nuvola di polvere dietro di sé, tanto densa che quando si dirada il ciclista è già un puntino lontano e i filari di vite intorno sono tutti bianchi. Firenze è alle spalle – più o meno – cento chilometri. L'uomo che pedala lo sa bene, perché ha già fatto quel tragitto più di trenta volte. Ci pensa un po'... Anzi con questa sono trentotto!

«Dietro la curva si scende, poi c'è Terontola» pensa. È abituato a fermarsi in quella stazione, perché sta a metà del suo collaudato percorso Firenze-Assisi, duecento chilometri su stradine secondarie tra le colline. Quando fa quella sosta, di solito, gli si raccoglie un capannello intorno. Gli avventori escono dall'osteria, i militari italiani e i soldati tedeschi, curiosi, fanno domande di ogni tipo, qualcuno va a cercare un pezzo di carta e una matita, ma non torna mai in tempo. La sosta è brevissima e la Legnano rossa e verde riprende presto a seminare polvere.

Finché a un certo punto, appena fuori Assisi, la stradina serpeggia ai piedi di un poggio, poi si raddrizza e a rettifilo entra in una fresca galleria di chiome d'albero. Il punto luminoso in fondo a quel verde fitto è color pietra: il monastero di San Quirico, delle Clarisse.

L'uomo, passando il dorso della mano sulle folte sopracciglia bianche di polvere, scende dalla bicicletta. L'appoggia al muro e sbircia attraverso le fessure della ruota degli innocenti.

«Ehilà, suor Alfonsina, suor Eleonora... che, oggi siamo di festa?»

Poi dall'interno si sente crescere un indistinto brusio, come uno sciame d'api che si avvicina: «...elle ...ali ...arrivato...»; poi sempre più vicino: «Sorelle! È arrivato Bartali!».

Gino Bartali, cattolico fervente, devoto di santa Teresa del Bambin Gesù e militante di Azione cattolica, durante la guerra entra in contatto tramite monsignor Elia Dalla Costa con l'organizzazione Delasem, che assiste i profughi ebrei. Fra il settembre del

1943 e il giugno seguente, appunto per almeno quaranta volte, il campione esce di casa in tenuta da allenamento, passa dal duomo di Firenze, dove preleva dalla cassetta delle elemosine fotografie di ebrei e documenti da falsificare. Nasconde tutto nella canna, nelle impugnature e sotto il sellino della sua Legnano rossa e verde e parte per il monastero di San Quirico.

All'arrivo consegna i documenti alla madre superiora, la quale gira il materiale a una tipografia posta esattamente dietro il luogo di clausura. Lo stampatore falsifica i documenti, che vengono fatti pervenire a cittadini ebrei che in questo modo ottengono le identità necessarie per raggiungere l'Abruzzo, oltre la Linea Gustav, dove l'Italia è già liberata.

Si calcola che questa rete sia riuscita a proteggere l'esistenza di almeno ottocento ebrei.[7]

Il 25 aprile 2006, nel cortile d'onore del Quirinale, il presidente della Repubblica Carlo Azeglio Ciampi, con l'intervento del ministro della Difesa, ha celebrato il sessantunesimo anniversario della Liberazione. Nel corso della solenne cerimonia il capo dello Stato ha consegnato quindici medaglie d'oro a persone che si sono distinte per il loro impegno durante la lotta di Liberazione. Sul palco d'onore, dove erano presenti le alte cariche dello Stato, sono saliti anche la vedova di Gino Bartali, Adriana, e il figlio Andrea.

Consegnando l'onorificenza all'ex commessa del negozio di stoffe, da sempre compagna di Gino, il capo dello Stato ha detto: «Signora, suo marito è stato un grande uomo!».

Surrogati di guerra

«Combattenti di terra, di mare e dell'aria!» Il 10 giugno 1940, alle 18, milioni di italiani ascoltano alla radio una voce ormai familiare, che con tono roboante inizia un discorso destinato a diventare tristemente famoso. Appena ventiquattr'ore prima le orecchie di tutti erano tese al sorprendente risultato finale della ventottesima edizione del Giro d'Italia. Ha trionfato un giovane alla sua prima partecipazione: si chiama Fausto Coppi e ha tenuto la testa della classifica nelle ultime dieci tappe, da quando s'è aggiudicato l'undicesima, tra Firenze e Modena. Ventenne, ex garzone di salumeria di Castellania, sopra la piana di Novi Ligure, è stato scoperto da Cavanna, il massaggiatore cieco amico di Girardengo. Alla Legnano, capitanata da Bartali, si accorgono subito che il ragazzo ha della stoffa e ci sono le premesse per l'esplosione di una sfolgorante carriera.

Ma il futuro Campionissimo ha poco tempo per festeggiare, perché esplode ben altro.

Il giorno 10, infatti, anche Coppi dev'essersi attaccato a un apparecchio radiofonico: «Combattenti di terra, di mare e dell'aria! Camicie nere della rivoluzione e delle legioni! Uomini e donne d'Italia, dell'impero e del regno d'Albania! Ascoltate! Un'ora segnata dal destino batte nel cielo della nostra patria: l'ora delle decisioni irrevocabili». È il Duce del fascismo che parla e l'ora è quella d'entrare in guerra. «Vincere!» esclama Mussolini. «E vinceremo!» gli risponde in coro un popolo assai poco capace di comprendere a cosa sta andando incontro.

Coppi è sorpreso: vincere, ha già vinto. Non si aspetta di doverci riprovare così presto.

Il Giro è appena terminato, ma non sa di essere finito per lunghi anni: la guerra porta infatti alla sospensione. Se ne riparlerà solo nel 1946.

Ora è tempo di altre biciclette: quelle, per esempio, con le quali i bersaglieri ciclisti superano di lì a pochi giorni i velleitari sbarramenti anticarro al confine con la Francia che, prostrata, sta già trattando l'armistizio con la Germania della potentissima Wehrmacht. La foto di quel momento,[8] se si prescinde dalla sua intrinseca tragicità, fa quasi sorridere e, non fosse per le piume ondeggianti sulle teste dei pedalatori, farebbe pensare a qualche gruppo di gregari impegnati in una faticosa tappa di montagna; invece segnala un approccio assolutamente inadeguato, fin dall'inizio, al conflitto in corso. È vero che le truppe cicliste si ritagliano comunque un certo ruolo nelle operazioni belliche, soprattutto per spostamenti ridotti, per movimenti nelle seconde linee, per missioni esplorative da svolgersi in silenzio e senza allarmare il nemico; è vero che anche i tedeschi se ne avvalgono nelle prime fasi della guerra, in Polonia e in Norvegia. Ma l'evidenza è solare: la bicicletta non fa per questa guerra nata «sotto il segno della velocità».

Pochi sono capaci d'intuirlo per tempo: certo non i francesi.[9] Tantomeno gli italiani, che si accodano al *Blitzkrieg* germanico, ma convinti sotto sotto di dover ripetere la guerra di posizione del 1915-18. E con gli armamenti del 1915-18 l'affrontano. La preparazione strategico-logistica al conflitto è assolutamente inadeguata e l'equipaggiamento non è neppur lontanamente all'altezza della situazione. Lo si sarebbe dovuto capire subito, quando soli quattro giorni di conflitto assai poco guerreggiato sulle montagne francesi portano negli ospedali delle retrovie ben duemila congelati.[10] D'accordo: la catena alpina non è la Riviera ligure, ma è pur sempre estate, e per quanto il clima possa essere inclemente...

I bersaglieri ciclisti sono dunque costretti ad abituarsi subito al freddo: così non ci si può stupire più di tanto nel ritrovare il 3° battaglione in Russia a spingere sui pedali in direzione della prima linea attestata sul Don. A Stalino (Doneck) entrano addirittura per primi, battendo «in volata» i corpi motorizzati sotto l'insegna della croce uncinata. Ma nella neve alta e nelle temperature polari della terribile ritirata dell'inverno 1943 le biciclette non possono salvare nessuna delle oltre 75.000 vittime di quell'impresa folle.

Sono pagine oscure della nostra storia, queste, che non lasciano spazio a niente di roseo, figuriamoci a una corsa ciclistica. Si è detto, per l'appunto, che il Giro viene sospeso. Ma non è del tutto vero. Gli italiani devono già fare a meno di molti generi di conforto: si può toglier loro del tutto anche il nutrimento ciclistico?

No: occorre un surrogato. Ed ecco, allora, il Giro d'Italia di Guerra, organizzato nel 1942 e nel 1943 con regole *ad hoc*, perché è davvero impensabile riuscire a pianificare una corsa a tappe tra un'emergenza e un bombardamento: si costruisce una classifica a punti, sulla base dei piazzamenti conseguiti dai corridori in una serie di classiche, come la Milano-Sanremo, il Giro di Toscana, quello del Piemonte, quello di Lombardia. Nel 1942 otto corse: dopo l'ultima, che è il Giro di Lombardia, la maglia rosa va a Gino Bartali, con due punti di vantaggio su Pierino Favalli e sette su Adolfo Leoni. Insomma, non è proprio il Giro, ma è pur sempre qualcosa.

Sono tempi di surrogati, d'altra parte. L'autarchia, pomposamente proclamata da Mussolini il 23 marzo 1936, in seguito alle sanzioni, e di necessità rafforzata dopo l'entrata in conflitto, non porta nella realtà al risultato promesso dal Duce nel suo discorso: «realizzare nel più breve termine possibile il massimo possibile di autonomia nella vita economica della Nazione». O forse tutto sta a intendersi su cosa significhi l'ambigua espressione «il massimo possibile».

Fatto sta che gli italiani devono fare i conti con la carenza o addirittura l'indisponibilità di generi primari, a cominciare dagli alimentari: dalla carne al riso, dal caffè allo zucchero. E frutta, verdure, uova col contagocce. Il pane, alimento sovrano nella dieta povera di allora, viene razionato in un secondo tempo, nell'ottobre del 1941: solo 200 grammi a testa.[11] Il sistema di razionamento, già avviato nel '36, s'inasprisce immediatamente dopo lo scoppio della guerra. Teoricamente, pur nella sua ispirazione autoritaria e centralizzatrice, può anche avere delle giustificazioni egualitarie: i produttori consegnano il frutto del loro lavoro agli ammassi obbligatori e si vedono corrispondere un prezzo fisso, valido ovunque e per tutti. La Federazione dei Consorzi agrari provvede a distribuire la merce fra i commercianti al dettaglio, cui si rivolgono i cittadini per ricevere quanto stabilito da apposite tessere, sulla base della composizione delle famiglie. Gli italiani, ossessionati dai bollini che i negozianti sono tenuti a ritagliare da tali documenti per comprovare l'avvenuta vendita e ricevere in seguito nuova merce, in misura dei clienti serviti, lo chiamano «sistema delle tessere»: «le tessere della fame», nel linguaggio quotidiano.

Che è come dire che il sistema non funziona. Tra corruzione, sfiducia, speculazione e congenita diffidenza italiana per le direttive scese dall'alto, gran parte dei prodotti sfugge alle maglie del razionamento e alimenta, soprattutto nei centri cittadini dove più difficoltoso è l'approvvigionamento, il mercato nero. Non c'è orto di guerra che tenga: tra il cemento e l'asfalto la frutta e la verdura non crescono quanto basta e bisogna andarle a cercare in campagna. Naturalmente evitando quanto più possibile di viaggiare con i mezzi pubblici, sui quali più alto è il rischio di un controllo da parte della polizia annonaria. Ed ecco tornare in scena la bicicletta.

Un fruttivendolo milanese, costretto a integrare le forniture statali a singhiozzo per far sopravvivere la propria attività e i propri famigliari, salta in sella prima dell'alba e, seguito dal figlioletto che arranca su una bici da adulto (unica misura allora esistente) adattata con brutali tagli di seghetto, si dirige alla volta delle cascine fuori le mura o addirittura della Brianza, per procurarsi verze, cavolfiori, crauti, patate, mele. Le mele sono pericolose: profumano, e un'ispezione le scova immediatamente. E difatti il percorso del ritorno dev'essere assai accorto: solo le due ruote permettono di aggirare per strade minori i dazi e le vie pattugliate dalla polizia. Per non dire poi che si parte pedalando e ovviamente, dato il carico da trasportare, si torna quasi sempre a piedi, spingendo la fidata e versatile bicicletta.

I ricordi dei superstiti di quel tempo sono affollati di episodi di questo minimo eroismo di sopravvivenza quotidiana, che tanto spesso si muove su due ruote. Si devono offrire preziosi, metalli e gomma in sacrificio alla patria e si finisce per restare privi di tutto ciò che si getta, con gesto ostentato ma quasi sempre a malincuore, nel crogiuolo di fusione della guerra, alimentato dal combustibile riservato alle corazzate, ai bombardieri, alle autoblindo. Le moto e le auto, già poco frequenti nell'Italia prebellica, scompaiono dalle strade. Circolano macchine alimentate da gassogeni: nome altisonante per quelle che la *vox populi*, dissacrante com'è nel nostro paese, battezza con più realismo «auto a carbonella». Sul tetto delle vetture si installano singolari bruciatori di carbone ligneo, all'interno dei quali getti di vapore d'acqua producono il gas carburante pompato al motore. Ma per quanto nel 1936, in piena sindrome autarchica, alcuni prototipi avessero partecipato addirittura alla Mille Miglia, la loro efficacia risulta discutibile: il potere calorifico del gassogeno è circa un settimo di quello di un normale motore a benzina. Meglio, alla fin fine, la forza di propulsione muscolare.

I taxi sono spesso sostituiti da tricicli con spartani posti a sedere per i passeggeri. Proliferano cicli, tricicli, carretti a pedali. Ma anche nella produzione e nella manutenzione ciclistica fanno la loro comparsa vari surrogati. Si fanno suole delle scarpe col cartone, per i soldati impegnati nella campagna di Russia, figuriamoci se si spreca il cuoio per confezionare le selle delle bici; i tamponi di gomma dei freni sono sostituiti con effimeri tappi di sughero intagliati; un copertone – a trovarlo – costa più dello stipendio mensile medio di un operaio e si prova a rivestire i cerchioni con vecchi sifoni attorcigliati o a imbottire gli pneumatici con stracci o fogli di giornale pressati, per farne delle gomme piene. Perché le biciclette non ci si può permettere di fermarle. Rimangono il mezzo di spostamento universalmente diffuso per i civili, primi fra tutti i bambini e le donne. Il fenomeno è a tal punto rilevante per chi l'ha vissuto, che neppure il grande storico Marc Bloch si sottrae all'urgenza di registrarlo in presa diretta.[12] Nella memoria collettiva italiana della Seconda guerra mondiale resteranno impresse, in particolare, le immagini degli sfollati che fuggono dalle città bombardate trasportando con l'unico ausilio delle due ruote intere case e famiglie verso le più sicure campagne: è un'esperienza, a partire soprattutto dal 1943, che accomuna tutta la penisola, da Napoli a Torino, da Milano a Palermo.[13]

Perché, almeno questa volta, il Duce l'ha vista giusta. È il 2 dicembre 1942 e tutti si aspettano che il preannunciato discorso del capo del governo e comandante delle forze armate apra spiragli di ottimismo per il futuro: magari lasci intravedere la fine di quella guerra sempre più crudele e sempre meno condivisa. E invece Mussolini, con slancio realistico, anche se assai poco benefico per il suo prestigio, invita la popolazione ad abbandonare le città proprio per sfuggire in campagna ai bombardamenti imminenti.[14]

Il 1943, appunto, è un anno durissimo, che vede l'intensificazione dei raid aerei quasi ovunque, in specie su Roma e Milano, a preparare e sostenere lo sbarco alleato in Sicilia.[15] C'è poco da fare: un'Italia divisa in due a quel modo non si attraversa neppure in bicicletta. Il Giro d'Italia di Guerra del '43, perciò, parte regolarmente ma s'interrompe dopo quattro sole gare. In quel momento è al comando Glauco Servadei, eccezionale velocista, che si porta a casa inaspettatamente la vittoria (mentre Bartali, specialista di grandi performance alla distanza, è ancora e solo al terzo posto). Un surrogato di campione? Forse, meglio, un corridore al pieno della maturità sportiva, che si vede troncata la carriera allo stesso modo in cui la Linea Gustav prima e la Linea Gotica poi troncano l'unità territoriale e politica del paese. Sono fratture che si faticano a risanare, una volta generatesi.

Solo i grandissimi ci riusciranno. E tra gli italiani non ce ne saranno molti. Uno, in ogni caso, è Gino Bartali, che già nell'ottobre del '45 tornerà a vincere il Giro delle Quattro Province e il Giro della Campania. Esentato, per sua fortuna, dal servizio militare attivo, per via di un cuore che lo fa grande negli sforzi prolungati sui pedali ma lo esclude dai parametri validi per l'arruolamento (32 battiti al minuto), si vede assegnare l'incarico di centralinista e, proprio dal 1943, passa alla Milizia della Strada, in qualità di staffetta in bicicletta.[16] Gode comunque di speciali permessi per gli allenamenti, come Fausto Coppi.

Giusto: e Coppi, latitante dalle classifiche del Giro di Guerra, che fine ha fatto? L'abbiamo lasciato in bilico tra ambizione sportiva e dovere patriottico, ma comunque convinto che lo aspettino vittorie sicure: e invece perde. In tutti i sensi: da ciclista, perché non può correre, e da soldato. Infatti viene regolarmente arruolato, caporale nel 38° reggimento della divisione Ravenna, con sede a Tortona. Fino a quel punto può allenarsi. Ma poi viene spedito in Tunisia, poco prima che il fronte si sbricioli, e cade prigioniero a Capo Bon. Molti tifosi, in quei drammatici frangenti, trepidano per la sua sorte. Si perdono le sue tracce. «La Gazzetta» arriva a dar notizia che è sano e salvo in America, dove avrebbe anche ripreso a correre su pista: si pubblica persino un indirizzo cui scrivergli oltreoceano,[17] ma è tutto falso. Coppi si trova in realtà nel campo di prigionia di Megez el Bab e poi è mandato nel centro di raccolta di Blida, in Algeria, da dove torna solo nel '45 al seguito delle truppe alleate.[18]

Ma non bastano tre anni d'inattività a tagliare le gambe al Campionissimo. Prima corre gare minori, sotto la Linea Gotica, per la Società sportiva Lazio. Poi la Bianchi gli offre una maglia e di nuovo la prospettiva delle grandi corse: il Giro, si può star certi, ripartirà.

Chissà cosa avrà pensato Fausto quando, scampato all'immane massacro, è risalito per la prima volta in sella e ha guardato la strada davanti a sé? Le guerre hanno solo questo di bello: lasciano ai sopravvissuti un gusto del futuro che chi ha la fortuna di vivere in tempo di pace non potrà mai assaporare appieno. Fausto deve aver pensato – come molti altri suoi coetanei, non necessariamente ciclisti – che la strada davanti era lunga. Ma era bello averne così tanta da fare. Era già quella una vittoria.

Ciclostorie partigiane

Motorizzata, corazzata, accelerata al di là d'ogni immaginazione, la Seconda guerra mondiale si nutre di moto, auto, aerei, di acciaio, motori e carburante. Vuole per sé un continuo sacrificio, oltre che di sangue, di velocità.

Non sorprende che chi cerca vie di salvezza a quel massacro con azione dirette a contrastarlo, faccia proprio ben altro genere di dinamismo e si rivolga alla fidata compagna bicicletta. Bicicletta che in quella guerra orrenda merita perciò non solo decorazioni al valor civile per i servizi resi alla popolazione nella vita di ogni giorno. La più importante onorificenza militare gliela appunta con mano ferma la Resistenza, consapevole di quanto sia stato decisivo l'apporto dei partigiani ciclisti. È significativo che, proprio come aveva fatto il generale Bava Beccaris, i nazifascisti tentino di proibire durante la loro dominazione sul territorio italiano, in funzione antipartigiana, l'uso della bicicletta.

Una drammatica rappresentazione dello stridente circuito nazisti-partigiani-biciclette è resa da Mario De Micheli in un passaggio del suo romanzo *7ª Gap*:

> Ed ecco venire giù per la via Emilia due giovani Gap, Boccaccio e Silvano. I tedeschi li vedono: due altre biciclette pensano. Aspettano che i giovani siano a pochi passi e li fermano. I Gap scendono. «Dare bicicletta», dicono i tedeschi. Non c'è verso, i due cocciuti figli della Germania vogliono le biciclette ad ogni costo. Uno afferra il manubrio di quella di Boccaccio, l'altro il manubrio di quella di Silvano. Ma i due gappisti protestano, tengono le biciclette e non le lasciano. I tedeschi tirano da una parte, i Gap dall'altra. La gente sta a guardare. Nelle mani dei giovani sono apparse due pistole. Subito si odono alcune detonazioni. I tedeschi lasciano andare i manubri e piombano a terra. «Morte al tedesco» gridano Boccaccio e Silvano e saltando in sella si allontanano velocemente.[19]

Il divieto però, in città come Milano o Torino, avrebbe significato il blocco della produzione, perché la maggior parte degli operai usava le due ruote per recarsi al lavoro: così persino i nazisti, solitamente spietati e irremovibili nelle loro decisioni, devono fare marcia indietro. L'avevano vista giusta, però. Pedinamenti, fughe, attentati, attacchi, sabotaggi: tutto si realizza muovendosi in bicicletta.

Giovanni Pesce, detto Ivaldi o Visone, comandante dei GAP, medaglia d'oro al valor militare, racconta:

> Senza la bicicletta non sarebbe stato pensabile compiere le operazioni che ho portato a termine. Ma dovevi saperla utilizzare; bisognava essere accorti. Lasciarla ad esempio, ed era la regola più opportu-

na, cento, centocinquanta metri prima del bersaglio per poi poterla riprendere in sicurezza quando dovevi battere in ritirata. La bicicletta era più utile per fuggire che per giungere a destinazione.

Un partigiano non doveva solo preoccuparsi, come può invece suggerire una certa immagine banalizzata dalla fantasia popolare, di tenere ben oliato il mitra:

> Controllavo i freni e le gomme ogni giorno perché ogni giorno la usavo e doveva essere funzionante.[20]

In un'altra testimonianza Pesce rievoca con rigore documentario uno dei momenti più significativi dell'esperienza militare gappista: l'eliminazione dell'ingegner Cesarini, soprannominato il Boia della Caproni, avvenuta a Milano il 12 marzo 1945. La Caproni era diventata dal '43 fabbrica «protetta», come si diceva delle aziende militarizzate. Ai posti di responsabilità dello stabilimento, che produceva armamenti per la Germania, erano stati collocati quadri dirigenti che rispondevano direttamente al comando tedesco. Nell'ambito della sua attività di collaborazione con i nazifascisti Cesarini, capo dell'ufficio personale, si era macchiato di atti particolarmente odiosi agli occhi della Resistenza. Nell'ottobre '43, in particolare, aveva fatto arrestare l'ingegner Giovanni Cervi, esponente di Giustizia e Libertà, fucilato poi all'Arena di Milano. Aveva fatto incarcerare a San Vittore, e quindi fucilare, diversi operai che avevano protestato, scioperando, contro lo smantellamento progressivo della fabbrica; si era inoltre reso responsabile della deportazione in Germania di centinaia di lavoratori.

Il comandante gappista ricorda la dinamica dell'azione, mettendo in luce tutta la drammaticità dell'episodio:

> La giornata era molto fredda, il cielo grigio cupo. Mi misi in movimento per tempo, infilai alcune stradine laterali sino a che sbucai in viale Campania. Camminavo lentamente e mi guardavo sempre attorno. All'angolo di via Giuriati mi fermai un attimo. Tutto era tranquillo. Il compagno, come d'accordo, mi stava aspettando in corso XXII Marzo con la bicicletta. Raggiunta piazza Grandi, tornai sui miei passi alla fermata del tram in via Mugello. Un gruppo di operai stava andando al lavoro. In maggioranza erano della Caproni. Erano scoccate le 7.50, un'ora che non dimenticherò mai. Cesarini era in ritardo di qualche minuto. All'improvviso apparve sullo sfondo, camminava com'era di solito, fra le guardie con la

testa retta, appariva più alto di quanto in realtà non fosse. Gli andai incontro lentamente, lo fissai, gli dissi a due metri qualcosa del tipo «ora avrai finito di fare deportare lavoratori in Germania» e feci fuoco con entrambe le rivoltelle. Si accasciò come un fuscello seguito dalle guardie, colpite in successione. La gente che era attorno fuggì. Io presi la bicicletta e volai via. «Hanno ucciso Cesarini, hanno ucciso Cesarini», sentii sussurrare da chi aveva percepito quanto era accaduto. Qualcuno applaudì o così mi sembrò, un applauso contenuto ma eterno come un senso di liberazione per la fine di un incubo.[21]

E non si deve pensare solo alle azioni più eclatanti. L'indispensabile rete informativa è in larghissima parte assicurata da staffette su due ruote: perlopiù, ancora una volta, le donne (immortalate negli aspetti più tragici ed eroici di questo ruolo nel romanzo *L'Agnese va a morire*, di Renata Viganò, pubblicato nel 1949) o i meno sospettabili ragazzini; e poi i preti e naturalmente i ciclisti. Famosissimi come Gino Bartali, di cui s'è detto, o meno noti come Renato Morandi, detto Carletto, comandante della 52ª brigata d'assalto Garibaldi e protagonista di un episodio denso di valore simbolico.

Diventato campione italiano di velocità nel 1942, a soli diciannove anni, fa appena in tempo ad aggiudicarsi anche il titolo europeo al Vigorelli di Milano e poi si defila sulle montagne. Ma prima si prende anche un'altra grande soddisfazione. È il 25 luglio 1943: si diffonde la notizia che il re ha accettato le dimissioni di Mussolini; il governo è in mano a Vittorio Emanuele III e a Badoglio. Il fascismo sembra finito. Morandi, indossata la sua maglia tricolore (in quel momento quanto mai significativa), trascina la città di Varese in un festeggiamento tutto particolare su due ruote:

Fu un'idea fulminea e originale che ebbe buon successo. Decisi infatti di organizzare un corteo di ciclisti, compagni operai, studenti, impiegati e con loro, indossando le insegne di campione d'Italia, il che era ben azzeccato dato il momento particolarissimo, attraversai la città, partendo dal negozio di cicli dell'Augusto Zanzi di via Verratti, un po' la nostra università dell'antifascismo, puntando verso la periferia della valle Olona dove sorgevano le grandi fabbriche conciarie, luoghi di vero e proprio sfruttamento, sino al lago, ai rioni di Giubiano e di Masnago, alla Questura, alla Prefettura, alla piazza Impero, il cuore di Varese ... Il nostro gruppo ciclistico fu riconosciuto e applaudito a lungo. Eravamo tutti felici essendo riusciti a manifestare la nostra gioia per un evento che in quel momento parve decisivo ma che poi dimostrò i suoi limiti.[22]

I festeggiamenti di Morandi si rivelano infatti prematuri. Ci vogliono in realtà altri due anni perché l'ombra nazifascista venga definitivamente dissipata dal sole della Liberazione.

L'Italia del dopoguerra si trova allora al traguardo di quella folle corsa di morte, come un corridore dopato: sulla carta vincitrice, ma nella realtà sconfitta, prostrata, umiliata. Con una sola certezza: le mani ben strette al manubrio, i piedi – come sempre – a spingere sui pedali. Sudore, fatica... Ricostruzione.

VI
La ricostruzione

La guerra è finita

Nei giorni immediatamente successivi alla Liberazione in Italia circola una contagiosa euforia. Una colorita descrizione del clima di quei giorni è tratteggiata da Gian Franco Venè, autore di alcuni libri che hanno come oggetto la quotidianità in particolari passaggi della storia italiana nel Novecento:

> Non c'era età che impedisse di ballare nei cortili, nelle piazzette, tra le aiuole, davanti ai caffè, tra i tavolacci delle osterie, dovunque ci fosse un grammofono a manovella o un suonatore di fisarmonica. Dall'entrata in guerra fino all'arrivo degli Alleati – quindi per tre anni al Sud e cinque al Nord – il ballo pubblico e i festini in casa erano stati proibiti con severità «in segno di rispetto verso i combattenti»; ma dalla sera stessa della ritirata tedesca, per mesi e mesi, ogni contrada diventò una balera gratuita, aperta a tutti, risonante di ogni tipo di musica, dall'operetta al jazz. Si vedevano mamme insegnare i passi ai figlioli giovanotti, ragazzini o bambini, bambini che rincorrevano e facevano a nascondino dietro le gonne svolazzanti e i pantaloni larghi di stoffa militare, comari che danzavano tra loro e, quel che faceva più impressione in un'epoca in cui l'omosessualità era nota soltanto a chi segretissimamente la praticava, coppie di uomini allacciate tra risa e battimani.[1]

Anche lo storico Sandro Portelli, pur in un quadro di sofisticata riflessione sulle dimensioni contraddittorie di ricordo e oblio nella memoria della guerra, ha avuto modo di sottolineare il ruolo della musica e del ballo nel passaggio repentino dalla disperazione all'eccesso e all'euforia che caratterizzano la fine del conflitto. Concentrandosi sulla situazione di Roma, Portelli rileva come la Liberazione «prima ancora che un fatto politico sia un fatto fisico, sensuale, una liberazione dei sensi» e mette in luce lo scarto determinato dalla fine della guerra utilizzando metafore conoscitive quali i colori, i sapori e, appunto, la musica e il ballo.[2] Secondo una prassi storiografica che utilizza le fonti orali sistematicamente e con consapevolezza metodologica, lo storico romano riprende racconti di persone comuni. Questa, per esempio, la testimonianza di un operaio delle acciaierie ternane, suonatore di balera:

> Dopo la guerra, semo impaciti tutti, no? Tutti a balla', tutti a rotonde, invece da fa' li fabbricati, semo impaciti tutti. Ero impacito anch'io, perché annavo a sona'... Donne, bardasce – un macello. E allora, dico, qui andamo a arfini' a puzzo 'n'andra vòrda: perché era, dopo la liberazione, è stato un trauma, insomma, ci semo visti proprio... embe', oh: finalmente![3]

Lo stridente contrasto fra le devastazioni del paesaggio postbellico e il clima di esuberante vitalità è ricordato così da un altro narratore ternano: «Magari proprio là in mezzo alle macerie, dove si trovavano cadaveri, ci fu il boom della musica, del ballo».[4]

L'entusiasmo per il ballo, appunto, collegato al senso di libertà ritrovata, contagia tutte le grandi città, penetrando nelle più disparate manifestazioni che contrassegnano l'immediato dopoguerra. Milano, per esempio, il 14 luglio 1945 festeggia una data che non appartiene alla tradizione e alla storia del popolo italiano, l'anniversario della presa della Bastiglia. La festa francese viene declinata nell'accezione milanese come Festa della Fraternità, per sottolineare la fraternità dei rapporti italo-francesi, ma soprattutto per celebrare il ritorno della pace e della fratellanza fra tutti i popoli. La festa è una sorta di «notte bianca», che si svolge dalle ore 21 del sabato fino al mattino di domenica. Punto focale è il parco Sempione sfarzosamente illuminato, ma da lì la sagra si irradia coinvolgendo tutta la città. In Galleria rimbomba l'eco degli strumenti dell'Orchestra Enzo Ceragioli, con Luciano Tajoli che intona le note delle canzoni più in voga in quel momento. Sul selciato davanti ai caffè del centro si balla il *boogie-woogie* arrivato insieme agli americani e ribattezzato dai milanesi «bughi bughi». Si balla in piazza Risorgimento, in piazza Santa Maria del Suffragio, in piazza Libia, dove un'orchestra campeggia al centro, mentre in un angolo una giostra fa la gioia dei più piccoli. Al parco Ravizza, circondate da una gran folla assiepata intorno alla pedana di legno, si succedono per tutta la notte instancabili coppie di ballerini. In piazza Martiri, ora piazza Napoli, la Casa del Popolo Solari-Giambellino è decorata a festa. L'euforia si propaga fino agli angoli estremi della periferia, dove si balla sul margine dei prati e all'ombra delle alte murate degli stabilimenti.

Anche Torino è contagiata dall'entusiastica febbre di musica e ballo che dilaga in Italia. Fra le testimonianze di cui disponiamo c'è quella di Roberto D.:

> E poi allora ballavano tutti. Le macerie, diciamo così, i bombardamenti che hanno buttato giù molte cose, davanti a noi era tutto una maceria, era tutto una rottura, completamente un isolato. Si vedeva addirittura le case dell'altro isolato dall'altra parte ... Su certi posti che poi erano diventati, o li avevano fatti diventare piani, per esempio in via Po, in via Montebello dietro alla Rai, addirittura organizzavano delle serate danzanti, talmente era la contentezza di ritornare ad avere nessuno che ti diceva niente, nessuno che ti diceva: «Rientra una certa ora la sera». E di là sono cominciati poi a nascere questi locali diciamo danzanti. Direi però che i primi locali danzanti che sono nati, che io ricordi bene, chiamiamoli popolari, sono nati nei circoli, specialmente nei circoli comunisti, dove noi abbiamo imparato a ballare.[5]

Insomma, l'Italia del dopoguerra riparte e – dopo il *surplace* – riparte anche la corsa rosa.

Il primo Giro d'Italia dopo la guerra, nel 1946, lo vince il solito Gino Bartali, ormai trentaduenne. In quell'edizione, dal 15 giugno al 7 luglio, esplode la rivalità con Coppi. Infatti, Gino «il pio», come è stato soprannominato per la sua fede pubblicamente manifestata, conclude vittoriosamente davanti a Coppi, distanziato di soli 47", Ortelli (terzo a 15') e... Malabrocca, ultimo in classifica, a oltre 4h 9'. Ma di questa simpatica «maglia nera» narreremo le gesta più avanti. Per ora non serve ricorrere a lui per capire che tra i due campioni e gli altri si apre un abisso.

Nasce una dicotomia Bartali/Coppi che sembra riflettere un gioco di sdoppiamenti ben più pregnante, che gli italiani hanno cominciato a conoscere solo da pochi giorni. Il 2 giugno, infatti, si svolgono le elezioni per l'Assemblea costituente. Sono le prime consultazioni politiche libere, dopo venticinque anni, e le prime alle quali possono votare tutti, anche le donne. I cittadini, mediante referendum, decidono inoltre se mantenere sul trono i Savoia o fare dell'Italia una repubblica. Meno di un mese prima, il 9 maggio, Vittorio Emanuele III, in un ultimo disperato tentativo di salvare la monarchia, ha abdicato in favore del figlio Umberto II. La prospettiva di un nuovo re non è tuttavia sufficiente a cancellare la memoria della compromissione della monarchia con il fascismo. Così, con 12.717.923 voti (54,2 per cento) contro 10.719.284 (45,8 per cento) l'Italia opta per la repubblica. Il referendum rivela quanto sia drammatica e netta la spaccatura tra Nord e Sud. Mentre il Centro e il Nord si esprimono decisamente per la repubblica, il Sud è altrettanto compatto nell'appoggio alla monarchia.

Il Giro della rinascita, con i suoi 3039 km (partenza da porta Magenta, a Milano, dopo punzonatura al Vigorelli, e traguardo finale di nuovo a Milano), avrebbe così anche il compito di ricucire il tessuto del paese. E invece si ripropone lo schizofrenico esercizio: monarchia o repubblica? De Gasperi o Togliatti? Coppi o Bartali? Comunque la ventinovesima edizione si deve far largo fra non pochi problemi. Oltre che fra le macerie, presenti ancora nell'80 per cento delle città, i corridori devono «attraversare» pure la spinosa situazione politica di Trieste.

Ciò che sta succedendo al confine orientale, in luoghi privi di pace fin dai tempi dell'unificazione, è spiegato sinteticamente da un passaggio del bel romanzo *54*:

> Trieste era occupata dai tedeschi nel '43, da Tito nel '45 e dagli angloamericani poco dopo. Le grandi potenze non volevano che i popoli della Venezia Giulia, d'Istria e di Dalmazia scegliessero liberamente il proprio destino, italiani tra italiani. Trieste era diventata un limbo, chiamato con sprezzo del ridicolo «Territorio libero». Né di qua né di là, né carne né pesce, la città e i territori a nord assegnati al governo militare alleato e denominati zona A; a sud dei confini comunali la zona B, amministrata dalla Jugoslavia. L'umiliante imposizione era sancita dal cosiddetto trattato di pace del '47. Ma la pace di chi? Le strade di Trieste erano pattugliate dalla polizia civile del GMA, il nucleo mobile era soprannominato la Quinta colonna di Tito per la violenza con cui reprimeva le manifestazioni degli italiani. Quanto alla zona B, Tito usava il pugno di ferro per cancellare ogni traccia d'identità italica.[6]

La dodicesima tappa, che prevede l'arrivo a Trieste, vede giungere a destinazione parecchi ciclisti a bordo di un camion e viene invalidata. La carovana del giro, infatti, all'uscita di una curva nei pressi di Pieris, nel Goriziano, ha trovato la strada sbarrata da massi, mattoni e filo spinato. È un'imboscata; da dietro una siepe volano pietre, insulti e colpi di pistola.[7]

Ma non è ancora tempo per Gino di snocciolare il suo celebre slogan: «Gli è tutto sbagliato, gli è tutto da rifare!». Il Giro è comunque valido e la vittoria è sua.

Gli è tutto da rifare!

L'anno dopo vince Coppi. Un segno chiaro di come andranno le faccende ciclistiche di lì in poi...

Di quel giro del 1947, in particolare, ci restano pagine semplici e bellissime di un reporter d'eccezione: Vasco Pratolini che, sul «Nuovo Corriere» di Firenze, racconta un'Italia che per certi versi stentiamo a riconoscere e per altri ritroviamo anche troppo facilmente:

> Che vigilia ragazzi! Oggi, alla punzonatura, la folla sostava da ore sotto il sole e nell'attesa saccheggiava le bancarelle ... di ciliegie, di nespole, di fichi secchi, disposte lungo la facciata della «Gazzetta». [Milano, 23 maggio]

> Tutto intorno c'erano le risaie. E le ragazze con i cappelloni di paglia entravano dentro il quadro ... La prima tappa del Giro lascia due fiumi alle spalle: il Ticino e il Po. Il Ticino l'abbiamo attraversato su un ponte di fortuna. [Torino, 24 maggio]

> Natura da paradiso, strade da girone infernale ... Abbiamo scoperto paesi che si ignorava con sulle soglie trogloditi che ci offrivano acqua per puro istinto. [Reggio Emilia, 26 maggio]

> Sul dislivello 210-313 di Ferentino un gelataio ambulante con il suo triciclo ha guidato il gruppo per tutta la salita. [Napoli, 1° giugno]

> Il Giro d'Italia serve come una delle tante distrazioni, ma l'eco del quale arriva appena ai quartieri distrutti dalle bombe e tuttora abitati. [Napoli, 2 giugno]

> Tre uomini andavano cercando Coppi di qua e di là, frammezzo alla marea, smarriti ma dignitosi, con un fascio di garofani rossi in-

fiocchettato. Erano i rappresentanti del PCI di Foggia, che a nome dei compagni volevano rendere omaggio a Fausto che ha fama di *simpatizzante*. [Foggia, 4 giugno]

Siamo entrati nel Veneto cattolicissimo e Gino Bartali può darsi si lasci andare a concedere quegli autografi finora costantemente rifiutati. Ora, gli applausi scroscianti, che la macchina de «L'Unità» si pigliava da sola, dovrà dividerli con la Lancia Artena del «Popolo» democristiano. Il Giro, con il suo passaggio, consente un censimento inconfutabile delle opinioni politiche degli italiani, molto più valido di quello espresso con il referendum e le elezioni, perché spontaneo e senza remore di voto. [Padova, 9 giugno]

Il '47 è il momento in cui, completata l'opera di riassetto istituzionale con il concorso di tutte le forze della coalizione antifascista, riprende un'accesa dialettica tra le formazioni politiche.

L'anno è attraversato da dure agitazioni sindacali e da lotte contro speculazione, disoccupazione e carovita. La più tragica di queste manifestazioni ha luogo il 1° maggio in Sicilia, quando i fuorilegge guidati da Salvatore Giuliano (già a capo di un esercito clandestino per l'indipendenza dell'isola) sparano contro una folla di contadini riuniti per ascoltare un comizio sindacale durante la festa dei Lavoratori (a Portella della Ginestra). I mandanti della strage, nella quale si contano undici morti e decine di feriti, non saranno mai identificati: tuttavia le responsabilità si appuntano da subito sul potentato agrario dell'isola che, intimorito dall'avanzata delle sinistre alle recenti elezioni per il Parlamento regionale, si sarebbe servito della manovalanza mafiosa per frenare le rivendicazioni contadine.

La dissoluzione dello spirito di unità nazionale maturata nel corso di quell'anno burrascoso (anche dal punto di vista economico, a causa della svalutazione del dollaro) prende avvio già in gennaio, con il viaggio a Washington di Alcide De Gasperi. Dai colloqui americani il presidente del Consiglio italiano torna con una serie di informazioni sulla politica che gli Stati Uniti hanno intenzione di avviare nei confronti dell'Europa: dura contrapposizione al mondo comunista e – per contro – aiuti economici ai paesi amici. Si tratta di linee programmatiche che l'esponente democristiano intende assecondare scrupolosamente, anche in conseguenza dei segnali scaturiti dalla tornata elettorale del novembre precedente. Le elezioni amministrative, infatti, sono state un campanello d'allarme per il suo partito, che ha perso parecchi consensi, confluiti specialmente verso l'Uomo qualunque, movimento che attacca la DC proprio per la sua alleanza governativa con i comunisti.

La decisione esplicita di De Gasperi di schierare il proprio partito dalla parte del blocco occidentale contraddice lo spirito di conciliazione con socialisti e comunisti. Si apre una crisi politica che attraverso pochi e significativi passaggi (scissione di palazzo Barberini, con uscita di Saragat dal PSIUP e costituzione del PSLI, estromissione delle sinistre dal governo e crisi in maggio, varo a luglio di una nuova compagine costituita da soli democristiani con presenza di tecnici di area liberale e appoggio esterno da parte di monarchici e «qualunquisti», elezioni nell'aprile dell'anno successivo) delinea un nuovo quadro nella storia italiana del dopoguerra. In questo senso il '47 può essere considerato a tutti gli effetti l'anno d'incubazione di una nuova e lunga stagione di governo dominata da un blocco di centro (costituito da Democrazia cristiana, socialdemocratici, liberali e repubblicani) e denominata, appunto, centrismo.

In quel clima di tensioni e faticose prime esperienze di democrazia, gli italiani hanno desiderio di una cosa, prima di tutto: di spensieratezza. Il «Canzoniere della radio»,[8] una pubblicazione che riporta i testi delle canzoni più in voga del momento, trasmesse dalla radio, nel fascicolo del 1° luglio 1947 presenta il brano *Sulla bici... bicicletta* (Ravasini-Larici), colonna sonora dell'ultima edizione della corsa rosa. Il testo, proposto ai lettori come «La canzone del Giro d'Italia», consegna un quadro sicuramente improbabile del paese, quando racconta di un'Italia che «sorride in mezzo ai fior / e ci invita sotto il cielo azzurro e il sol!»; tuttavia è emblematico di una tenace aspirazione alla spensieratezza e soprattutto rivela una sfrenata volontà di evasione. Poco importa la direzione: l'importante è partire o, meglio, ripartire.

Tutta Italia ci sorride in mezzo ai fior
E ci invita sotto il cielo azzurro e il sol!
Ogni cuor comincia a palpitar
Le gambe han già voglia di pedalar!
Anche noi – che si farà?
Pronti oplà – si partirà!

Sulla bici bici bici bicicletta
Com'è bello passeggiar,
girare per l'Italia,
per paesi e per città!

Sulla bici bici bici bicicletta
Me ne vo di qua e di là!...
Ed intanto in fretta in fretta,
questo cuore batterà.

Ma non bisogna farsi trarre in inganno: non possono essere tutti rose e fiori e sotto il cielo azzurro non ci sono solo baci e biciclette. Ci sono anche macerie di case distrutte e... *Topolino amaranto*. Uno sguardo all'indietro, specie se lucido e geniale come quello di Paolo Conte, può cogliere con valore addirittura storiografico la dicotomia lacerante fra condizioni reali e stato d'animo degli italiani nel dopoguerra, che le canzoni di allora non sanno rendere, stilizzandola in un pezzo diventato meritatamente famoso:

Bionda non guardar dal finestrino
che c'è un paesaggio che non va.
È appena finito il temporale
sei case su dieci son andate giù.
Meglio che tu apri la capotte
e con i tuoi occhioni guardi in su.
Beviti 'sto cielo azzurro e alto
che sembra di smalto e corre con noi.[9]

Sulla bici... bicicletta, comunque, porta fortuna a Fausto Coppi, che – come detto – vince davanti a Bartali. In svantaggio, a soli quattro giorni dal termine, di oltre 2' rispetto al toscanaccio in testa alla classifica, Coppi n ella strepitosa tappa Pieve di Cadore-Trento riesce ad annullare il distacco e a superare l'avversario di 1' 43". Dopo 3843 chilometri per Bartali stavolta veramente «gli è tutto da rifare»: la maglia rosa è persa senza rimedio. Malabrocca, invece, a proprio modo comincia a conquistare, insieme alla maglia nera, una certa popolarità. Il «campione al contrario» è cinquantesimo e ultimo a 5h 52' da Coppi.

Va detto, a onor del vero, che dietro prestazioni così scadenti si cela una strategia quasi scientifica. Il primato di «maglia nera», infatti, era stato ufficializzato dagli organizzatori del Giro fin dall'anno precedente, quando era stata messa in palio per l'ultimo classificato una borsa assolutamente non trascurabile: 60.000 lire e diversi premi.

> I fiaschi, i formaggi, le bottiglie d'olio, i salami, le pecore, i maiali, le gomme per auto, pure gli assegni vanno a cumularsi in un montepremi invidiabile che ripaga di tanti stratagemmi e astuzie necessarie per lasciar correre avanti, a sua insaputa, l'avversario.[10]

Il diretto concorrente del Luisin Malabrocca – in questa gara dove vince chi va più piano – è Sante Carollo. I due ingaggiano una battaglia senza esclusione di colpi:

> Nel 1949, in mezzo alle Dolomiti in cima ad una salita stroncagambe, di quelle che spesso decidono le corse, lo stesso Malabrocca scende di bicicletta, si siede ad un bar e di lì ascolta la radiocronaca del finale di tappa che si svolge allo stadio di Bolzano. Poco prima il legittimo proprietario l'ha fatto sloggiare dal vascone dove s'era nascosto, lui e la bicicletta, per lasciar passare avanti il rivale Sante Carollo. Che alla fine, però, riuscirà ad aggiudicarsi quel Giro alla rovescia, a quasi 10 ore dal vincitore Coppi.[11]

L'attentato a Togliatti

Il 1948 è un anno chiave della nostra storia, per tanti motivi. Il 18 aprile si tengono le elezioni che mettono definitivamente il paese nelle mani della Democrazia cristiana. La grande delusione provocata dalla sconfitta elettorale del Fronte popolare e dal varo del nuovo governo è descritta dal canto *Vi ricordate quel diciotto aprile*, composto su una linea melodica tradizionalmente utilizzata dai cantastorie. Adottato dalle mondine in lotta, diventa popolarissimo:

> Vi ricordate quel diciotto aprile
> D'aver votato democristiani
> Senza pensare all'indomani
> A rovinare la gioventù.
>
> O care madri dell'Italia
> E che ben presto vi pentirete
> I vostri figli ancor vedrete
> Abbandonare lor casolar.

Ma cosa fa quel Mario Scelba
Con la sua celere questura?
Ma i comunisti non han paura
Difenderemo la libertà.

Scritto da Luigi Bellotti, un salariato agricolo militante del PCI, a Tornaco, presso Novara, il canto s'appoggia a una melodia di cui non si conosce l'autore, ma che ricorda molto da vicino quella di *Monte Nero dove sei?*, una canzone della Prima guerra mondiale, e quella della *Tradotta che parte da Novara*. Il testo comincia con la strofa: «O contadini e operai / abbiam perso le elezioni / è stata colpa dei traditori / che han tradito la libertà». Con il generico termine «traditori» si fa riferimento alla posizione di Saragat e dei suoi elettori, rei di non aver aderito al Fronte popolare e quindi di aver sottratto voti decisivi alle sinistre.

Questo contrasto fra centrismo e sinistre è destinato in breve a raggiungere picchi di tensione pericolosissimi per la salute della neonata, ancora malcerta e macilenta repubblica italiana.

Altrove, invece, sono giorni di gloria. La Francia vincitrice, vendicatasi delle umiliazioni nazifasciste, festeggia con inusitato entusiasmo e rinnovato orgoglio il 14 luglio, anniversario della rivoluzionaria presa della Bastiglia: «Allons enfants de la patrie, / le jour de gloire est arrivé!».

Sono, queste, epocali parole in musica, che paiono attagliarsi con sorprendente coerenza al momentaneo andamento del Tour de France, sintetizzato (per noi impietosamente) da Guido Giardini sulla «Gazzetta dello Sport»:

> È andata male, anzi malissimo. Mentre Bobet dato ieri sera per spacciato risorgeva miracolosamente e andava a dominare il campo sull'aspra salita di Turini, i nostri Bartali e Ronconi, in giornata nera, perdevano terreno inesorabilmente.

Louison Bobet, *enfant* in maglia gialla figlio della *patrie* francese, ha avuto il suo *jour de gloire*. E altri ancora, tutti ne sono sicuri, lo aspettano, fino al trionfo finale. Ma per ora deve pazientare: anche il Tour rispetta la festa nazionale e fa sosta per ventiquattr'ore a Cannes. Ventiquattr'ore in cui *les italiens* provano a rimettere insieme i cocci. In classifica generale Bartali è distanziato di 21' 28" dal leader della corsa. Troppi, tutti ne sono convinti, per uno che fra poco compirà trentaquattro anni. A un «vecchio», per quanto campione egli sia, non si può chiedere di ribaltare una situazione così compromessa.

Nell'ozio forzato di quel 14 luglio Bartali inganna il tempo nella hall dell'Hotel Carlton, dove alloggia. Vede i giornalisti italiani indaffarati intorno ai bagagli. Sono in partenza. Credendosi punto nell'orgoglio, Bartali li fronteggia: se ne vanno forse perché credono sia ormai tutto finito? Per uno come Bartali non è *mai* tutto finito. Potrà essere «tutto da rifare», ma tutto finito prima del tempo, quello no. «Ma come, non sai niente?! In Italia sta succedendo la rivoluzione!» rispondono i giornalisti... La rivoluzione? Sì, la rivoluzione.

Bartali, in effetti, ignora che

Alle ore undici del quattordici luglio
dalla Camera usciva Togliatti,
quattro colpi gli furono sparati
da uno studente vile e senza cuor.

L'onorevole, a terra colpito,
soccorso venne immediatamente,
grida e lutto ovunque si sente,
corron subito deputati e dottor.

L'assassino è stato arrestato
dai carabinieri di Montecitorio
e davanti all'interrogatorio
ha confessato dicendo così:

«Già da tempo io meditavo
di riuscire a questo delitto,
appartengo a nessun partito,
è uno scopo mio personal».

Rita Montagnana, che è al Senato,
coi dottori e tutto il personale,
han condotto il marito all'ospedale
sottoposto alla operazion.

L'onorato chirurgo Valdoni,
con i ferri che sa adoperare,
ha saputo la pallottola levare
e la vita potergli serbar (salva).

Il gesto insano, brutale e crudele
al deputato dei lavoratori,
protestino contro gli attentatori
della pace e della libertà.

L'onorevole Togliatti auguriamo
che ben presto ritorni al suo posto,
a difendere il paese nostro,
l'interesse di noi lavorator.

Il testo di questa canzone, composta dal cantastorie militante Marino Piazza (il cui titolo originale – da un foglio volante a stampa – è *Il criminale attentato al tenace difensore del popolo lavoratore*), fornisce una cronaca fedele dell'avvenimento. Fedele, ma non troppo... Infatti va rilevato «un piccolo falso storico, dovuto sicuramente al perbenismo che contraddistingueva nell'Italia di allora anche la sinistra: non fu Rita Montagnana, moglie di Togliatti, ad accompagnare il marito all'ospedale, bensì Nilde Jotti, fino alla morte compagna del segretario del PCI».[12] E poi sarà forse «senza cuor» chi attenta alla vita di un suo simile, ma non pare del tutto appropriato l'aggettivo «vile» per chi dichiara d'essere stato consapevolmente pronto a subire l'arresto e persino a morire, in conseguenza del proprio gesto: il piano dell'attentatore, effettivamente, non contempla strategie di fuga. Probabilmente non un individuo vile, dunque, ma sicuramente impreparato e ingenuo, giacché acquista al mercato nero, per 4500 lire, una Smith & Wesson residuato di guerra, ma poi la carica con cinque proiettili di piombo morbido, che attirano la sua attenzione per il basso costo, solo 175 lire. Si tratta però di pallottole buone per ferire, poco o nulla adatte a uccidere. Errore grave, dal suo punto di vista, e foriero di conseguenze.

L'approssimativo feritore di Togliatti si chiama Antonio Pallante, originario dei dintorni di Avellino, ha venticinque anni ed è arrivato a Roma pochi giorni prima da Catania, dove studia con scarso impegno giurisprudenza. È stato vicino al movimento separatista siciliano e fino al '47 iscritto al PLI: adesso s'è impegnato con il Blocco nazionale liberal-qualunquista. Nella valigia gli trovano una copia di *Mein Kampf* di Hitler. Difende la memoria degli «italiani del Nord» (vale a dire i repubblichini) uccisi dai rossi. È convinto che far fuori il capo dei «traditori della Patria», come lui li chiama, salverà l'Italia. Chissà.

Quel che è certo è che in seguito all'attentato l'Italia è scossa da uno sciopero spontaneo di eccezionale vigore, che non si trasforma in insurrezione solo per la diversa scelta operata dai dirigenti nazionali del PCI e della CGIL.[13] Una versione istituzionale dei fatti si trae dalle cronache parlamentari della movimentata seduta del giorno successivo all'attentato. Seduta pomeridiana di giovedì 15 luglio 1948, presiede Giovanni Gronchi:

SCELBA, ministro dell'Interno. (*Segni di attenzione*) Onorevoli colleghi, l'attentato contro l'onorevole Togliatti ha provocato in Italia fatti ed avvenimenti su cui è opportuno che il Parlamento sia pienamente informato. Noi non intendiamo minimizzare i fatti, né accentuarne la gravità. Il Parlamento e il paese devono sapere tutta la verità. Manifestazioni di protesta contro il delitto si sono avute in tutte le città d'Italia e tutti gli italiani sono stati unanimi nel deplorare questo esecrando attentato, e noi abbiamo la certezza, almeno la speranza, che tutti gli italiani siano unanimi nel riconoscere che la vita umana è sacra, la vita di tutti! Che tutti gli italiani siano unanimi nel riconoscere che il regime democratico – un regime di libertà – non può durare a lungo se persistono manifestazioni di violenza! Noi democratici cristiani e noi partiti democratici della coalizione governativa siamo stati sempre vittime delle violenze ... (*Rumori all'estrema sinistra*).

(*Una voce all'estrema sinistra*) Queste sono menzogne, onorevole Scelba! Sono provocazioni! (*Rumori – Commenti*).

ANGELUCCI MARIO. Non vogliamo essere insultati neanche dal ministro Scelba! È lui responsabile ... (*Proteste al centro*).

LIZZADRI. Ci parli di Pian della Ginestra!

PRESIDENTE. Onorevole Lizzadri, lei è un vecchio parlamentare e sa che gli onorevoli interroganti hanno diritto di replicare. Onorevole ministro, la prego di proseguire.

SCELBA, ministro dell'Interno. Ripeto, noi democratici cristiani ... (*Rumori a sinistra*).

ANGELUCCI MARIO. Mussolini parlava così! Lasci parlare così l'onorevole Cappi, ma lei parli a nome del governo! (*Proteste al centro*).

SCELBA, ministro dell'Interno. Quando diciamo che siamo stati ... (*Interruzioni all'estrema sinistra. Scambio di apostrofi tra la sinistra e l'estrema sinistra*) ... È per questo, onorevoli colleghi: che noi deprechiamo dal più profondo del nostro essere e con assoluta convinzione tutte le violenze, da qualsiasi parte esse vengano. (*Vivissimi rumori all'estrema sinistra – Interruzioni – Commenti*).

Scelba comincia dunque col rendere conto della situazione di Genova, dove sono avvenuti «i fatti più rilevanti» e prosegue in ordine alfabetico con l'elenco puntiglioso dei disordini avvenuti a Bari (Barletta, Foggia, Gravina), Bologna, Cagliari, Cremona, Ferrara, Firenze (Certaldo, Pontassieve, Prato), Forlì, La Spezia, Livorno (e Piombino), Mantova (e Suzzara), Milano (Desio, Nova Milanese), Napoli (Barra, Castellammare di Stabia, San Giovanni a Teduccio), Oneglia, Pesaro e Urbino, Pescara, Pisa (e San Miniato), Pistoia, Reggio Emilia, Rieti, Savona, Siena (Colle di Val d'Elsa e Poggibonsi), Taranto, Torino, Varese, Venezia, per concludere prendendo in esame la situazione specifica di Abbadia San Salvatore, dove non si è ancora risolta la situazione più grave.[14] Praticamente tutta l'Italia è attraversata da disordini e violenze.

Sembra di essere sull'orlo di una guerra civile. E a quel punto, davvero, l'allarme dei giornalisti nella hall del Carlton pare avere qualche fondamento.

Ma in Francia, a centinaia di chilometri di distanza e alla vigilia della tappa più impegnativa del Tour, non dev'essere stato facile rendersi conto di come stavano effettivamente le cose. Così la clamorosa telefonata serale dev'essere arrivata inaspettata.

Piace pensarlo, il «vecchio» Gino, impegnato in una partita a carte con qualche fedele gregario: una situazione plausibile, perché distensiva (non conviene caricare troppo la tensione nervosa in certi momenti: e pare anche questo un ammonimento utile più per la storia politica che per lo sport). Deve aver voltato la testa piano, guardando l'interlocutore di sotto in su, mentre la mano di giocata si chiude a ventaglio e viene poggiata coperta sul tavolo. Mai arrivare inavvisati alle spalle di un buon giocatore di scopone, neppure per annunciare una telefonata importante e urgente. Neppure se è del presidente del Consiglio. Bartali si sarà poggiato allo schienale della sedia per un attimo, come a valutare l'affidabilità della cosa. «Scusate un attimo», avrà detto poi: puoi mica rischiare di lasciare all'altro capo del filo Alcide De Gasperi e poi spiegargli che avevi la primiera in pugno. In pugno: la mano, usa a stringere i freni nella sincope della discesa, sta stringendo ora nella tasca il foglio del telegramma pervenuto in mattinata proprio da Roma:

> Ricevo ora il saluto che avete voluto inviarmi da Lourdes. Desidero che il mio grazie vivissimo vi raggiunga alla vigilia della tap-

pa delle Alpi e vi rechi anche il mio incitamento ed il mio augurio più fulgido. Firmato: Alcide De Gasperi.

Può anche trattarsi di un mero messaggio di circostanza inviato al cattolicissimo campione dal cattolicissimo capo del governo. Ma di qui a un colpo di telefono diretto... E poi, al momento dell'invio del telegramma, Pallante non aveva ancora sparato a Togliatti. Qualcuno deve aver saputo del messaggio recapitato a Gino: chi sarà quel bischero che, alla vigilia della salita all'Izoard, ha tanta energia da buttare e voglia di scherzare da architettare una burla del genere? Mah... e solleva la cornetta. «Buonasera, sono Alcide De Gasperi.» Non è una presa in giro. È proprio lui.

In un'intervista rilasciata il 10 aprile 1988 a Fiamma Nirenstein, giornalista di «Epoca», è lo stesso Bartali a rivelare il contenuto di quella telefonata:

Mi disse: «Pensi di poter vincere il Tour?». Io gli risposi che la tappa del giorno dopo sì, pensavo di vincerla. Il Tour non era sicuro, mancava una settimana. Allora De Gasperi mi disse che era meglio se vincevo, ché in Italia c'era una gran confusione. Io non pensavo di poter avere un'influenza su quello che stava succedendo, ero solo preoccupato. Comunque decisi di mettercela tutta, anche se c'era il problema di calibrare gli sforzi della squadra. Perché se Togliatti non moriva, si doveva restare in ballo. In ogni caso stabilii delle postazioni telefoniche che mi tenessero informato.[15]

Quelli sono tempi in cui non si usano troppi riguardi, neppure per i campioni. Se c'è da partire presto, presto ci si sveglia. I 74 corridori ancora in gara vedono l'alba, per raggiungere in tempo (i migliori, questo almeno sì, ben massaggiati) il lungomare di Cannes, dove la gente comincia ad accalcarsi ancora col buio per poter assistere alla partenza di una tappa massacrante. Si va a Briançon, la cittadina in posizione strategica nel dipartimento delle Alte Alpi, che dagli inizi del Settecento è una vera e propria roccaforte del sistema difensivo francese verso l'Italia: dovrà arrendersi proprio oggi a un italiano? Non sia mai.

Tira un vento pungente dal mare, nonostante sia luglio: brutto segno. Che tempo farà in cima all'Allos, al Vars e, peggio che peggio, ai 2300 metri dell'Izoard? Chi conosce la montagna sa che le vette non rispettano la scansione umana delle stagioni. Estate o non estate, può capitare di gelare: letteralmente. Ne sanno qualcosa i combattenti italiani, di cui s'è detto, ricoverati proprio per forme di congelamento nel tentativo di «pugnalare alle spalle», nel giugno 1940, i cugini d'oltralpe.

Maurice Chevalier, padrino dell'avvio in Costa Azzurra, ha un bello stringersi nella giacchetta attillata. Saluta con incoraggianti sorrisi Bobet, che con la sua fiammante maglia gialla ha gli occhi ammirati di tutti i francesi idealmente puntati addosso, ma si vede che è frettoloso perché ha freddo: si calca bene in testa la paglietta e dà il via appena può.

Corrono i minuti e scorrono i chilometri. Bobet resta indietro e davanti resta solo Gino Bartali. Sempre più solo. Finché, solo, affronta «le micidiali rampe dell'Izoard». Gli italiani lo seguono con gli occhi dell'immaginazione che solo le notizie radiofoniche sanno aprire. Sono consapevoli che il «vecchio campione»non può temere quella vetta: l'ha già domata, e con lei il Tour intero, qualche anno prima. Ma questa volta il clima è quanto di peggio possa riservare il mese di luglio sulle Alpi.

Chissà cosa pensa Bartali, dando la scalata alla montagna in piedi sui pedali: chissà se pensa alla rivoluzione imminente, agli avversari che lo inseguono, alle suore che pregano per lui, al presidente del Consiglio che starà provando a spiegare a Truman che il contenimento dei comunisti in Italia dipende dai polpacci di un ciclista ultratrentenne. Sì, e quello, con la sua bomba atomica pronta a esplodere sotto la pressione di un solo suo dito, cosa vuoi che capisca? No, forse Bartali pensa semplicemente che gli si stanno congelando i piedi. Prosegue il suo racconto alla Nirenstein:

> Scelba andò alla Camera e disse che ad Abbadia San Salvatore avevano ammazzato un carabiniere. Mentre mi cominciavo ad arrampicare sull'Izoard alla Camera si tiravano le seggiole. La folla in Italia era tutta in piazza. Io mi arrampicavo come un pazzo. Faceva un freddo così tremendo che per vedere se avevo ancora i piedi me li dovevo guardare. Staccai Bobet, disperato, di 19 minuti, Robic di 25. Ormai mi mancavano solo 66 secondi per arrivare alla maglia gialla. Il giorno dopo nella tappa tremenda di Briançon-Aix-les-Bains l'avrei presa per non mollarla più. La notizia della mia vittoria la portò alla Camera un deputato comunista, m'hanno detto, mentre si scazzottavano: «Fermi tutti,» disse «Bartali ha vinto! Un'impresa pazzesca, straordinaria». E tutti si fermarono. Dopo, mentre Togliatti migliorava, si fermò tutta l'Italia, e smise di darsele.[16]

Non si può avercela con uno che si è fatto in bicicletta 276 chilometri di salite recuperando 20' di distacco, se non conserva ricordi assolutamente precisi della giornata. Soprattutto relativamente ad avvenimenti parlamentari cui non era presente. Le cose, infatti, non andarono esattamente così, ma in fondo importa poco, perché – lo abbiamo visto – disponiamo di altre e più affidabili fonti. Importa invece che forse mai come in quel momento (mai prima e mai dopo) il ciclismo entra nella storia e nella politica italiana con tanta forza e con tanta evidenza. I corridori italiani, invece di fare la storia, rifanno un Tour tutto «sbagliato»; i cittadini italiani, invece di discutere di politica, si mettono a discutere di corridori, fughe, distacchi e forature: e di un'impresa epica che – si dirà – riesce a gettare acqua sul fuoco della rivoluzione.

Certo non è tutto e solo merito di Bartali e della vittoria al Tour. Togliatti, dopo due giorni, è ormai fuori pericolo e il pericolo della rivoluzione si va allontanando da sé.

Lo stesso leader del PCI riceve in ospedale una *troupe* del cinegiornale che registra il messaggio rivolto con un fil di voce, dal capezzale, a «tutti i compagni»: «Le mie forze non sono ancora molto grandi però sono fuori pericolo e assicuro tutti i compagni che a suo tempo saprò essere di nuovo al mio posto di lavoro».

Togliatti, ritornato alla Camera il 30 settembre successivo, viene accolto da un «Bentornato» di Gronchi a nome di tutti i parlamentari; a questo caldo saluto il capo dei comunisti risponde con l'augurio di «un costume di tolleranza per le ideologie e le fedi diverse».

L'atteggiamento conciliante è il proseguimento di una posizione assunta immediatamente dopo l'attentato, quando nell'infermeria di Montecitorio Togliatti si rivolge a Mauro Scoccimarro con queste parole: «State calmi, state calmi, non perdete la testa», e più tardi a Longo dicendo: «Mi raccomando non fate sciocchezze». In effetti va detto che, nonostante l'attentato provochi un «grande sussulto rivoluzionario»[17] (con lo sciopero generale spontaneo, i disordini immediatamente dilagati nel paese e alcuni indiscutibili tentativi insurrezionali messi in atto in quelle ore), tutto il gruppo dirigente comunista è compatto intorno al suo leader nello svolgere «un identico ruolo: bloccare ogni possibile passaggio a una insurrezione vera e propria».[18]

Persino il «compagno Botte», ossia il battagliero Pietro Secchia, responsabile della commissione centrale organizzativa (l'apparato politico-militare del PCI creato e sviluppato durante la Resistenza), in seguito avrebbe rievocato in questo modo il delicato momento politico:

> L'insurrezione sarebbe stata una pazzia. Non esito ad affermare che io anzi in tale occasione esercitai una influenza decisiva perché si tenessero i nervi a posto. Non sono tre colpi di rivoltella e nemmeno la ferita, mortale o no, di Togliatti o di un altro dirigente che può di colpo rendere matura la situazione per l'insurrezione vittoriosa. ... Le condizioni che mancavano alle 10 non potevano essersi create alle ore 12 soltanto perché Togliatti giaceva in un ospedale.

Così si riduce il peso della vittoria di Bartali nella riappacificazione di un paese sull'orlo della rivoluzione. Del resto, come osserva Giovanni Gozzini in un saggio che analizza la complessità del quadro politico italiano in quel difficile passaggio storico,[19] è solo la memorialistica di parte democristiana ad alimentare il mito di Bartali, mentre quella comunista esprime piuttosto un giudizio unanime e sprezzante sull'argomento: «Quello che si dice del giro di Francia, di Bartali, son tutte bischerate di questi giornalisti che non hanno mai saputo scrivere la storia d'Italia».[20]

Così, se anche fra le tante imprese del campione non possiamo annoverare quella d'aver sventato, *tout court* e con le sue sole forze, una rivoluzione, rimane bello pensare che per un giorno il vecchio Gino con la sua Legnano rossa e verde riuscì davvero a mettere d'accordo tutti: un'impresa non da poco.

VII
Il miracolo a due ruote

Il centrismo di Coppi

Le armi che sparano nel baraccone del tiro a segno mettono ancora qualche brivido ai padri di famiglia che vanno a spasso per la fiera in quella calda domenica estiva. Solo da poco hanno smesso di maneggiare quelle vere. La voce metallica di un imbonitore si alza sull'allegria dei bambini: «Oggi mi voglio rovinare!».

All'ombra di un faggio, in un angolo defilato della piazza, il cantastorie Lorenzo De Antiquis, di Savignano sul Rubicone, apre una vecchia valigia ed estrae i ferri del mestiere. È un artista di razza; sua madre Lucia si esibiva nei mercati e nelle fiere romagnole già prima del fascismo e suo padre era un suonatore di tromba. Lui ormai ha trentanove anni, in quell'estate del '48, e sta divulgando di piazza in piazza il suo ultimo prodotto. Imbraccia una vecchia fisarmonica e declama: «Signore e signori, gentilissimo pubblico della Romagna, son qui per presentarvi la mia ultima composizione. Dal titolo...». Poi, nel tradizionale stile dei cantastorie, indica un tabellone alle sue spalle e prosegue: «*I partiti... e gli arrivati della grande corsa*, canzone stampata su foglio volante, acquistabile dopo l'esecuzione presso il sottoscritto medesimo». Agli astanti assembrati sotto la pedana improvvisata, non sfugge il doppio senso della parola «partiti». Si tratta di un pubblico mediamente politicizzato, in larga parte orientato a sinistra e dotato di sufficiente autoironia; così insieme a qualche risatina comincia a farsi strada anche un certo interesse. Due accordi di fisarmonica, una pausa degna del miglior retore e De Antiquis attacca:

La corsa ebbe luogo il 18 aprile. Otto squadre partecipavano a questa corsa. Sentite come si è svolta la corsa e come è stato l'ordine di arrivo.

Il 18 aprile è stato (paraponziponzipà)
dei partiti il campionato (paraponziponzipà)
della gran competizione
or sentite la canzone,
daghela ben biondina
daghela ben biondà.

Al secondo «daghela ben biondina», inutile dirlo, il ghiaccio è rotto e tutti i presenti già rispondono in coro.

La Democrazia cristiana (paraponziponzipà)
allungata la sottana
con un passo assai gagliardo
giunta prima al traguardo.
daghela ben biondina ...

Anche il Fronte popolare
dalle Alpi fino al mare
ha seguito metro a metro
ma è rimasto un poco indietro.

E l'Unione socialista
con il sole controvista
giunge terza, caso strano
e sembrava fuori mano.

E nel Blocco nazionale
a Giannini è andata male
e urlava: «Quei fregnoni
mi hanno rotto i copertoni».

Distanziato era Pacciardi
che cercava Garibaldi:
al traguardo l'ha trovato
da un pezzetto era arrivato.

Monarchia e isolati
sono giunti distaccati
una cosa è senza fallo
Umberto resta in Portogallo.

Salutiam tutti i campioni
che hanno corso alle elezioni
tutti i classificati
Senatori e Deputati.

A questo punto il cantastorie smette di suonare, impugna un rametto che funge da bacchetta, lo punta verso il cartello alle sue spalle ed esclama:

E adesso, per la storia, eccovi l'ordine di arrivo dei concorrenti arrivati a questa grande corsa per il Gran Premio Italia. Ordine di arrivo:

1. Alcide De Gasperi, su Democrazia cristiana, gomme USA, che conquista 306 seggi alla velocità elettorale di n. 12.751.841 voti.
2. Palmiro Togliatti, su Fronte popolare, gomme URSS, che conquista 183 seggi, alla velocità elettorale di n. 8.025.990 voti.
3. Giuseppe Saragat, su Unità socialista, gomme USA, che conquista 33 seggi, alla velocità elettorale di n. 1.806.528 voti.
4. Francesco Saverio Nitti, su Blocco nazionale, gomme Pirelli.
5. Covelli, su Monarchia, gomme piene.
6. Pacciardi, su Partito repubblicano italiano, gomme sgonfie.
7. Almirante, su Movimento sociale italiano, gomme autarchiche.

Sono i risultati che preparano il paese alla prima legislatura repubblicana, guidata da De Gasperi alla testa di un blocco di centro costituito da Democrazia cristiana, socialdemocratici, liberali e repubblicani. Durante il periodo che va dal 1948 al 1953, passato alla storia politica italiana – appunto – con il nome di centrismo, si realizzano alcune importanti riforme economico-sociali e si registra un notevole progresso economico. La riforma agraria, l'istituzione della Cassa per il Mezzogiorno, la riforma tributaria (legge Vanoni), il piano per la casa (legge Fanfani), conferiscono più solidità al paese e gli imprimono un'accelerazione tale che nel '54, a conclusione della parabola, la produzione industriale risulta doppia rispetto al '38 (cioè alla vigilia della guerra) e il reddito medio pro capite più alto del 25 per cento.

A parte la capacità d'illustrare in modo inappuntabile il quadro politico uscito dalla tornata elettorale, la canzone di De Antiquis è un pretesto per considerare come davvero il ciclismo di quegli anni sia un fenomeno così vicino al sentimento popolare da riuscire a stemperare, entro le sue coordinate di massa, le asperità di un acceso confronto politico-sociale. La guerra fredda[1] è cominciata da un pezzo e in quel conflitto dai caratteri così insoliti, l'Italia, per la sua posizione strategica nel Mediterraneo, diventa un campo di battaglia politico molto importante.

> Qui gli americani hanno compiuto una scelta difensiva, imperniata sulla Chiesa e sui dollari: contro l'offensiva comunista il Vaticano e il benessere sembrano infatti baluardi ben più solidi della vecchia classe dirigente liberale. In ogni angolo del paese si erige così una piccola cortina di ferro, cellula contro parrocchia, che a volte divide persino le famiglie. O stai con l'America o stai con la Russia.[2]

Il paese si divide in due. Se dal Vaticano giunge l'indicazione politica di «stare con Cristo o contro Cristo», da Botteghe Oscure (sede del PCI) Pietro Secchia auspica «una cellula per ogni campanile».

La contrapposizione tra due messaggi universalistici (Chiesa e comunismo) assume il volto politico di De Gasperi e Togliatti, quello letterario e poi cinematografico di Don Camillo e Peppone (personaggi creati da Giovannino Guareschi sul suo settimanale «Candido») e infine quello sportivo di Bartali e Coppi.

In un'Italia in cui, «dopo la compressione dell'era fascista, è come se il piacere della democrazia coinvolgesse la popolazione in forme estreme e globali cui niente riesce a sottrarsi»,[3] l'animosità finisce inevitabilmente per annettere al territorio della politica anche la passione per uno sport in quel momento straordinariamente a contatto con l'anima nazionale.

Bartali è tutto fuoco e volontà, Coppi più «scientifico», un passista che impara a dosare gli sforzi con tabelle e allenamenti programmati e si fa assistere da un medico.

Le inconfutabili differenze caratteriali e di temperamento sportivo dei due fuoriclasse finiscono così per essere estese dal popolo ciclista a due opposte appartenenze politiche. Bartali e Coppi diventano, loro malgrado, democristiano il primo e socialcomunista (o comunque laico) il secondo. Tuttavia, se Bartali è il beniamino del papa, se è citato pubblicamente come esempio da imitare in occasione della celebrazione in San Pietro del venticinquesimo anno dalla fondazione dell'Azione cattolica, cui è effettivamente iscritto, se è devoto mariano e corre all'insegna del primato di una causa, il suo alter ego, Coppi, non mostra mai simpatie di sinistra. È un laico burbero e laconico, che non sventola bandiere e giunge a rendere pubblica una relazione adulterina. In qualche modo è l'altra faccia di quel periodo di grandi trasformazioni. Una faccia che concede poco o niente alla spensieratezza e all'allegria che gli italiani vanno cercando.

Occhi miti e naso
che divide il vento
occhi neri e seri
guardano il pavé.[4]

Non ha la faccia da campione, il suo volto casomai si accorda più a una certa sensibilità neorealistica, che in quel periodo nutre larga parte della produzione cinematografica e narrativa: una sensibilità tesa a rappresentare la cruda realtà e i problemi collettivi nell'Italia del dopoguerra, al fine di prospettarne o invocarne una soluzione positiva. Coppi, così come i personaggi del neorealismo, ha la faccia di uno che

Viene su dalla fatica
e dalle strade bianche
La fatica muta e bianca
che non cambia mai.[5]

Dentro i suoi occhi neri e seri si mischiano, in un solo acuto puntino luminoso, l'autoconsapevolezza di solide capacità atletiche e la profonda tristezza di dolorose vicende personali.

Il Giro del Piemonte è una delle classiche del nostro ciclismo. Dalla sua prima edizione nel 1906, vinta dal Diavolo Rosso, Giovanni Gerbi, la gara costituisce un po' il banco di prova generale in vista del Tour de France. Infatti si corre per tradizione a ridosso della *Grande Boucle* e da lì escono preziose indicazioni sulle condizioni degli atleti ai quali l'UVI (Unione velocipedistica italiana, dal 1964 Federazione ciclistica italiana) affida la difesa del tricolore in terra di Francia.

Quel 29 giugno 1951 gli iscritti sono 84 e tra loro c'è anche Serse Coppi, fratello del Campionissimo. Serse, di solito, non corre per vincere, ma per far vincere Fausto. È un suo prezioso gregario dal '46, cioè da quando Coppi ha lasciato la squadra di Bartali per passare alla Bianchi.

È una figura di quelle che Dino Buzzati, corrispondente dal Giro nel '49, definisce i *travet* delle strade: «Il gregario, l'ignoto, il cui nome mai scritto dai bambini col gesso bianco, né per abbasso né per viva, sui muri della periferia».[6] Una tipologia di corridore celebrata anche dalla sensibilità di Gianni Rodari, in una bella filastrocca:

Corridore proletario
che ai campioni di mestiere
deve far da cameriere
e sul piatto, senza gloria, serve loro la vittoria.
Al traguardo, quando arriva
non ha applausi, non evviva.
Col salario che si piglia
fa campare la famiglia
e da vecchio poi si acquista
un negozio da ciclista.[7]

Scudiero fidatissimo nel Giro che si è chiuso da poco, Serse è stato voluto con sé da Fausto anche nella squadra per il Tour e ora le sorti della maglia tricolore e, in qualche misura, quelle della maglia gialla sono legate al Giro del Piemonte.

Parte la gara e i corridori escono da Torino dirigendosi a est puntando verso Settimo Torinese, Brandizzo, Chivasso. A Palazzolo Vercellese si presentano largamente sgranati, ma Serse è in buona posizione, nel gruppo che tallona Bartali già in fuga. Trino, Morano Po, Casale... È fra i primi a sfilare nel rettilineo che taglia l'antico borgo di Gamalero, poi – superata Cassine – è pronto ad affrontare la salita di Alice Bel Colle, uno dei più duri passaggi della gara, anche perché viene a 140 chilometri dalla partenza. Ora il gruppetto di testa punta verso Alba, poi a Chieri, per rientrare dalla parte di San Mauro Torinese al motovelodromo di Torino. I corridori imboccano corso Casale, all'inseguimento di Bartali che li ha distanziati, e affrontano l'ultimo chilometro in piena bagarre. La ruota anteriore di Serse s'infila in una rotaia del tram e il corridore cade, travolgendo Vitali e qualche altro del gruppo. Sembra un incidente di poco conto: infatti tutti i ciclisti, compresi i caduti, fanno ingresso al motovelodromo. Serse Coppi ha una spalla contusa e ha battuto la testa, ma riesce a raggiungere l'albergo in bicicletta insieme ai suoi compagni di squadra. Rientrato in camera, però, comincia ad accusare dei capogiri. Viene chiamato il dottor Gili, medico al seguito di Fausto, che pensa si tratti di un disturbo passeggero. Dopo mezzora Serse perde i sensi e viene immediatamente trasportato nella vicina clinica Sanatrix. Si chiama d'urgenza il professor Dogliotti, il quale teme un'emorragia interna. L'apprensione del medico si rivela fondata. Alle 20.30 Serse si spegne.

La grande avventura del ciclismo unisce ancora una volta – e più che mai – Bartali e Coppi, in un fatale destino comune. La perdita del fratello, come si può immaginare, getta il Campionissimo in una profonda prostrazione. Se vuole tornare a correre, deve ricominciare tutto da capo. Ancora una volta. Solo l'anno prima (durante il Giro d'Italia che si era concluso a Roma per celebrare l'Anno santo) era incappato in un bruttissimo incidente sulla strada delle Scale di Primolano, verso Feltre: ricovero all'ospedale Santa Chiara di Trento con tripla frattura del bacino, un mese di immobilità, lentissima riabilitazione e addio all'intera stagione.

Durante la lunga degenza nell'ospedale di Trento Fausto aveva ricevuto la visita inaspettata di Enrico Locatelli, medico a Varano Borghi nei pressi di Varese, e di sua moglie. Locatelli era un sincero ammiratore di Coppi e due anni prima, durante una premiazione, lo aveva avvicinato per conoscerlo di persona. Il distinto signore, dopo essersi presentato, aveva introdotto a Coppi anche la moglie. «Sono Giulia Occhini, è un vero piacere conoscerla» aveva detto la donna, di diciassette anni più giovane del marito, senza nemmeno avere il coraggio di guardare Fausto negli occhi. Dopo una breve chiacchierata, la coppia si era congedata: «Ora che l'abbiamo conosciuta di persona, stia pur sicuro che ci rivedrà spesso» aveva scherzato Locatelli, salutando il suo beniamino.

Quando Fausto era caduto a Primolano, la coppia si trovava sulle Dolomiti. Da veri appassionati di ciclismo i Locatelli avevano deciso di unire anche questa volta vacanze e passaggio del Giro. Così, saputo dell'incidente, erano accorsi al Santa Chiara per fare visita a Coppi. Si era stretta un'amicizia: soprattutto fra Giulia e Fausto, che avevano preso a scriversi. Un'intesa un po' imbarazzante; entrambi erano sposati e Fausto era un personaggio noto. Insomma, Giulia doveva consegnare le lettere a Giovannino Chiesa, amico fidato del corridore, che gliele portava in ospedale, mentre Fausto scriveva a Varese, fermo posta. Quando Coppi si era ristabilito, per lui erano ricominciati gli impegni.

Nel '51 muore Serse, Giulia ha un secondo figlio. Insomma, per un po' i due si perdono di vista. Nel '52 Fausto accetta un invito a cena dai Locatelli. Da quel giorno, si può dire, i due cominciano a vedersi sempre più spesso.

Giulia segue Fausto alle corse. Un giorno, durante il Giro del '53, addirittura viene vista in prossimità di un tornante sullo Stelvio, dove spira un vento gelido. Intirizzita dal freddo, i soli occhi che escono dal bavero stretto di un leggerissimo impermeabile bianco, resiste finché non passa Fausto. Il giorno dopo due giornalisti, Gigi Boccaccini di Torino e il francese Pierre Chany, si chiedono dalle colonne dei giornali per cui scrivono chi sia «la dame en blanche» che segue Coppi come un angelo diafano.

Qualcuno sostiene che il mito della Dama Bianca nasce invece nel '54, quando ormai la relazione è sotto gli occhi di tutti e Giulia, con addosso un montgomery bianco, aspetta Fausto al traguardo di Sankt Moritz fra cronisti e addetti ai lavori. Dopo la conclusione del Giro d'Italia 1954 Giulia abbandona il marito e Coppi lascia la moglie Bruna Ciampolini e la figlia Marina. I due vanno a vivere insieme, accettando di confrontarsi con una legge che sancisce penalmente l'adulterio e con un'opinione pubblica assolutamente impreparata ad accettare «intrusioni» nell'ambito dell'istituzione sociale più cara agli italiani: la famiglia. Solo pochi mesi prima, al festival di Sanremo Gino Latilla e Giorgio Consolini hanno trionfato con *Tutte le mamme*: «Son tutte belle le mamme del mondo / quando un bambino si stringono al cuor. / Son le bellezze di un bene profondo / fatto di sogni, rinunce ed amor».

Per Fausto cominciano i guai. La Guardia di Finanza lo sottopone a snervanti accertamenti fiscali, il papa fa pervenire al Campionissimo un messaggio di costernazione della Chiesa, il pubblico che fa ala ai corridori, durante le corse, al suo passaggio rimane silenzioso.

Per la Dama Bianca le cose non vanno certo meglio. E come dev'essere suonato stridente quel soprannome, il giorno in cui il portone del carcere di Alessandria si chiude dietro le sue spalle. Nell'inverno del '54 Giulia Occhini in Locatelli, infatti, viene rinchiusa nella sezione femminile di quel penitenziario, in una cella occupata da prostitute, come è d'uso in quegli anni per le aspiranti conviventi in attesa di processo. Qualcuna fra le recluse deve aver anche borbottato, al momento del rilascio, perché normalmente le adultere rimanevano in carcere varie settimane o addirittura fino al processo, mentre lei, la Dama Bianca, compagna del campione più amato dello sport italiano, vi resta «solo» quattro giorni.

Giulia esce dal carcere con un foglio di via, destinazione Ancona, la sua vecchia residenza. Va ad abitare da una zia e due volte al giorno, mattina e sera, deve recarsi nella più vicina stazione dei carabinieri per l'obbligo di firma: fino alla primavera del 1955, quando arriva il processo.

Il giorno dell'udienza Fausto è stretto in un «impermeabile verdino col bavero alzato e la cintura annodata, lo sguardo mite ma non umile», Giulia è in avanzato stato di gravidanza. Un momento particolarmente penoso del processo è descritto da Gian Franco Venè: «La figlia di Coppi e il figlio di Giulia Occhini dovettero testimoniare contro i genitori: erano bambini, e questo eccesso di rigore zittì persino le comari».[8] I due adulteri vengono condannati a tre mesi lei e a due lui, con la condizionale. Il figlio Faustino nasce a Buenos Aires, lontano dai pettegolezzi di un paese ancora troppo bigotto.

Pochi mesi dopo è di nuovo l'ora del Giro. Fausto corre; Gino per la prima volta nella sua lunga carriera segue la corsa su un'automobile giallo sgargiante, col suo nome scritto a caratteri cubitali sul cofano e lungo le portiere. Quella mattina è in programma la tappa Jesolo-Trieste. Sono tutti al nastro, per gli ultimi preparativi prima del via. Coppi ha qualcosa fra le mani, guarda quel rettangolo di carta con occhi inteneriti; Bartali, curioso, si avvicina. Fausto è imbarazzato, sa come la pensa il suo eterno amico rivale, ma alla fine porge con titubanza l'immagine al cattolicissimo Gino. Bartali esplode, sommerge l'amico di complimenti e di manate sulle spalle, poi con la voce ancora più roca del solito urla a gran voce affinché sentano tutti: «Ragazzi, gli è il figliolo del Coppi, ovvia, eccolo!».

Le vicende familiari di Coppi influiscono non poco sulle successive annate agonistiche: forse anche per il Campionissimo sta arrivando il momento di smettere. Ma qualcun altro decide per lui. Il 2 gennaio 1960 Fausto muore a soli quarantuno anni, al ritorno da un viaggio in Africa, per una febbre malarica diagnosticata con troppo ritardo.

Negli anni del cosiddetto centrismo Fausto Coppi scrive memorabili pagine di ciclismo: trionfa per due volte nel Giro e nel Tour nello stesso anno (1949 e 1952), vince tutte le classiche più importanti, sia italiane (Milano-Sanremo, Giro di Lombardia ecc.) sia internazionali (Parigi-Roubaix, Freccia Vallone ecc.) e domina letteralmente il campionato del mondo, a Lugano, nel 1953. In tutto vince quasi duecento corse. Considerando che corre anche Bartali, per quanto negli ultimi gloriosi anni della carriera, lo spazio per gli altri corridori è ridottissimo. Quel poco che rimane se lo prende Fiorenzo Magni, con la grinta, il coraggio e la caparbietà di un leone. Magni, non a caso soprannominato il Terzo Uomo, vince il Giro d'Italia nel 1948, nel 1951 e nel 1955. Vittorie che arrivano quando Coppi ha la testa da tutt'altra parte, certo, ma comunque sono imprese non da poco, che Magni strappa letteralmente con i denti. La tenacia di questo ciclista viene consegnata alla storia delle due ruote da una famosa fotografia che lo immortala, durante una tappa del Giro del '56, durante il quale, a causa della frattura di una clavicola in una caduta, pedala lungo il percorso della cronoscalata Bologna-San Luca legando una benda al manubrio e stringendola fra i denti per attutire il dolore.

L'Italia che scorre sotto i palmer di Coppi, Bartali e Magni è un paese che sta velocemente cambiando la propria anima e la morfologia, il proprio volto. Nel ventre profondo della società si stanno registrando mutamenti importanti: fuga dai campi; edificazione incalzante di nuovi quartieri urbani; primato dell'industria, che arriva a registrare il maggior numero d'addetti; mutamenti nell'alimentazione e nella medicina; cambiamento della visione spaziale, derivante dalla rivoluzione dei trasporti; allargamento massiccio dell'istruzione; sconvolgimento delle conoscenze, provocato dalla diffusione dei nuovi mezzi di comunicazione. Nuovi soggetti sociali assumono una definizione sempre più netta (operai, studenti, giovani, donne) e vecchi valori devono fare i conti con una revisione profonda delle coordinate mentali entro cui inserire dimensioni fondamentali, quali i rapporti di genere, i costumi sessuali, l'amore e la famiglia.

Nel 1955 dagli stabilimenti di Torino esce la nuova Fiat 600, frutto degli ingenti investimenti decisi dall'amministratore dele-

Manifesto pubblicitario del 1899 per le biciclette Prinetti Stucchi.
(© *Fototeca Storica Ando Gilardi*)

Giovanni Gerbi, in una foto d'inizio Novecento, monta su una High Bicycle (© *Publifoto/Olycom*); *sotto*: s'avvia a vincere la prima edizione del Giro di Lombardia, il 12 novembre 1905.

Tre corridori con la maglia della ditta Maina di Asti posano prima di una gara d'inizio Novecento. (© *Fototeca Storica Ando Gilardi*)

Prima edizione del Giro d'Italia, nel maggio 1909: l'arrivo della quinta tappa alle Cascine di Firenze. (© *Archivi Alinari*)

Nel periodo pionieristico delle corse ciclistiche non era prevista l'assistenza tecnica e i partecipanti affrontavano da soli gli ostacoli di percorso. Qui superano un passaggio a livello durante la Milano-Sanremo del 1914. (© *Publifoto/Olycom*)

La copertina dell'«Illustrazione Italiana» del 6 giugno 1909 celebra i corridori del primo Giro d'Italia: a sinistra, con il mazzo di fiori, è il vincitore, Luigi Ganna; a destra, Dario Beni, vincitore della prima e dell'ultima tappa.

Enrico Toti, il più celebre dei bersaglieri ciclisti. Dopo aver compiuto, fra il 1911 e il 1913, diversi viaggi in bicicletta attraverso l'Europa e l'Africa, pedalando con una gamba sola, durante la Prima guerra mondiale si arruola come volontario civile, ottenendo poi d'essere inquadrato nei bersaglieri ciclisti. Cade sul Carso il 6 agosto 1916.

Dagli inizi del secolo la bicicletta viene introdotta nei reparti militari, dapprima al servizio di compagnie sperimentali di fanti piumati in «biciclo», autorizzate dal ministero della Difesa, e dal 1905 in forma ufficiale: una compagnia ciclisti per ogni reggimento di bersaglieri. *Sopra*: bersaglieri in posa con i loro mezzi a due ruote. *A destra*: uomini del 1° battaglione ciclisti pedalano verso Trieste nel novembre 1918, a guerra terminata.

Roma, settembre 1939: in piena autarchia le biciclette diventano protagoniste anche nelle celebrazioni dei matrimoni.

Alfonsina Morini Strada, prima e unica donna che abbia mai partecipato al Giro d'Italia, iscrivendosi alla dodicesima edizione, nel 1924. (© *Fototeca Storica Ando Gilardi*)

Nella pagina accanto: Mussolini nel 1929 a Forlì, davanti alla residenza familiare di villa Carpena, alle prese con un prototipo di bicicletta a motore. (© *Archivi Alinari*)

«La Gazzetta dello Sport» del 10 giugno 1940 annuncia la conclusione del Giro. La sera di quello stesso giorno l'Italia dichiara guerra a Francia e Gran Bretagna. (© *Fototeca Storica Ando Gilardi*)

La Gazzetta dello Sport

LUNEDI 10 Giugno

La corsa del popolo è stata degna dei premi del Duce

Il coscritto FAUSTO COPPI è il vincitore del 28° Giro d'Italia

che, nel doppio segno della giovinezza e della tradizione, ha recato alle folle sportive d'Italia la testimonianza della gagliardia e della serenità della Patria in armi

Mollo (Olympia) e Cottur (Lygie) seguono in classifica la giovine vedetta della Legnano - A. Bartali il Gran Premio della Montagna - Il minuscolo De Stefanis degno ... Al Gruppo Arrini-Universal il Trofeo Magno

... tappa finale

Durante la guerra la bicicletta è il mezzo di spostamento universalmente diffuso tra i civili, prime fra tutti le donne, assunte nelle fabbriche al posto degli uomini mandati a combattere. *Sopra*: operaie nel 1943. *A sinistra*: una ragazza spinge la sua bicicletta mentre passeggia con un soldato.

Milano, settembre 1943: nei duri tempi bellici si supplisce alla carenza di auto e combustibile ricorrendo a mezzi ingegnosi come il ciclotaxi.

Il 26 aprile 1945 sfilano a Milano, con le loro biciclette, le donne aderenti ai Gruppi di difesa, organizzati nel 1943 dai partiti di sinistra a sostegno della guerra di liberazione.
(© *Publifoto/Olycom*)

Sulla strada che attraversa l'abitato di Barlassina, in provincia di Milano, la folla attende il passaggio dei corridori partecipanti all'ultima tappa del Giro d'Italia 1953, Bormio-Milano. (© *Publifoto/Olycom*)

39
GINO
GRANDE
Motta
Motta

I corridori si accalcano intorno a una fontana per rifornirsi d'acqua, durante il Giro d'Italia del 1952.

L'arte di arrangiarsi, prerogativa indispensabile nella «dotazione» di un corridore: una foratura costringe a un rapido cambio di pneumatico durante una tappa del Giro 1953. (© *Publifoto/Olycom*)

Equilibrio e velocità, tradizione e modernità, passato e futuro di un paese «in corsa». Donne calabresi assistono al passaggio dei corridori durante la Reggio Calabria-Catanzaro, terza tappa del Giro 1954. (© *Publifoto/Olycom*)

Gregari appartenenti a varie squadre riempiono le borracce per i loro capitani durante una tappa del Giro 1954. (© *Publifoto/Olycom*)

Non si sogna di solo Totocalcio! Al Giro d'Italia del 1955 arriva Totosport, concorso a premi a cura del Coni: gli italiani scommettono sui piazzamenti dei ciclisti. (© *Fototeca Storica Ando Gilardi*)

Negli anni del boom economico la pressione pubblicitaria che spinge le famiglie italiane nella direzione di nuovi consumi investe anche la carovana del Giro. I corridori sul percorso di ogni tappa sono preceduti da un corteo di veicoli che reclamizzano mirabolanti prodotti, a volte utilizzando curiosi camuffamenti, come quello della macchina Chlorodont. (© *Publifoto/Olycom*)

Giro d'Italia 1964, tappa Cuneo-Pinerolo: Italo Zilioli si appresta a varcare il confine francese al colle della Maddalena.

Felice Gimondi all'arrivo della tappa Riccione-Lido degli Estensi, durante il Giro 1967, è «inseguito» da un sacerdote tifoso.

Locandina del film *Totò al Giro d'Italia*, diretto da Mario Mattoli nel 1948.
(© *Webphoto*)

Gino Bartali e Fausto Coppi ospiti nel 1959 di una puntata del «Musichiere», storica trasmissione televisiva della Rai.

Raimondo Vianello
e Ugo Tognazzi
in uno sketch
della trasmissione
televisiva «Giro
a segno», nel 1956.
(© *Archivi Alinari*)

Il «Processo alla tappa»,
che comincia le sue
trasmissioni nel 1962.
Da sinistra, Gianni
Brera, Sergio Zavoli
e Bruno Raschi.
(© *Publifoto/Olycom*)

Sul percorso della cronoscalata Bologna-San Luca, durante il Giro del 1956, Fiorenzo Magni pedala stringendo tra i denti una benda legata al manubrio, resistendo al dolore causato da una frattura alla clavicola. (© *Publifoto/Olycom*)

Giro 1965: Aldo Moser supera la slavina caduta sulla strada che porta al passo dello Stelvio, in prossimità dell'arrivo della ventesima tappa.

Savona, 2 giugno 1969: Eddy Merckx, appena squalificato per doping, scoppia in lacrime davanti alla telecamera. (© *Publifoto/Olycom*)

Ciclisti su un mezzo a sei posti circolano per le strade di Milano in una domenica di austerity, alla fine del 1973.

Milano, aprile 1987: parte la fallimentare iniziativa del Comune per incentivare l'uso della bicicletta. (© *Olycom*)

Romano Prodi nel 2006, il giorno del suo compleanno. (© *Olycom*)

Francesco Moser, nel gennaio 1984, sulla pista di Città del Messico stabilisce il record dell'ora, in precedenza detenuto da Eddy Merckx.

Marco Pantani nel 2003, in una tappa del suo ultimo Giro d'Italia.
(© *Olycom*)

gato Vittorio Valletta e finalizzati ad approntare una gigantesca catena di montaggio per la costruzione del nuovo modello. Nel '57 la fortunata vettura è seguita a ruota (è il caso di dirlo) dalla piccola 500. Le due auto riscuotono da subito un enorme successo. Sono relativamente economiche, e comunque accessibili anche a un pubblico non particolarmente abbiente, grazie al sistema di pagamento rateale che in quegli anni si va diffondendo. L'industria dell'automobile e il suo indotto sono al centro di un'enorme trasformazione del paese.

È l'Italia intera a essere in movimento. Verso la fine degli anni Cinquanta, il PIL (prodotto interno lordo) cresce del 6,3 per cento all'anno, le esportazioni aumentano a ritmi del 14 per cento e la produzione industriale raddoppia, tanto che nel 1960 la lira ottiene il riconoscimento europeo come moneta più stabile. In poche parole, tra la fine degli anni Cinquanta e l'inizio dei Sessanta l'Italia si trasforma da paese prevalentemente agricolo in uno dei più industrializzati del mondo.

Per le famiglie italiane l'acquisto di un'automobile diventa la spesa voluttuaria principale, poiché spesso costituisce un potente simbolo di avanzata sociale, ancor più che una necessità. Per avere un'idea dell'entità di questa corsa all'acquisto di un'autovettura basti pensare che in poco più di dieci anni (fra il '50 e il '64) le automobili private passano da 342.000 a 4.670.000 e i motocicli da 700.000 a 4.300.000. L'allargamento del mercato automobilistico è tale che, addirittura, assume un senso commerciale la realizzazione di una prima rivista specializzata, «Quattroruote», che inaugura le sue pubblicazioni nel '56.

Sempre in quell'anno anno, nodale per la motorizzazione del paese, alla vigilia delle elezioni amministrative iniziano a San Donato Milanese i lavori per l'autostrada del Sole. Il progetto, inizialmente elaborato (1951) da una società costituita da Fiat, Pirelli, Italcementi e Agip, era stato passato all'Anas nel 1954; cioè, come rileva lo storico del miracolo economico Guido Crainz, «le aziende maggiormente interessate alla costruzione dell'autostrada "regalano" allo Stato l'onere di renderla possibile».[9]

A parte le implicazioni di tipo politico ed economico, insieme agli oltre 8000 chilometri di strade messi in cantiere in quegli anni, «questa grande impresa è destinata a rivoluzionare il paesaggio italiano, dal punto di vista non solo geografico-ambientale ma anche, e soprattutto, psichico».[10] A conferma valgono le impressioni trasmesse ai lettori del settimanale «Epoca» dall'autore di un'inchiesta pubblicata il 9 novembre 1958:

> Abbiamo percorso di giorno e di notte il primo tratto fra San Donato e Guardamiglio, e poi, oltre il fiume, fra Piacenza e Parma, col deliberato proposito di provare come automobilisti questa strada che ormai è diventata il sogno di molti appassionati del volante. La prima impressione che se ne riceve è senza dubbio deliziosa. Finalmente ci si apre dinnanzi lo spazio libero, una visuale sgombra di parecchi chilometri, che si perde ai limiti stessi dell'orizzonte. Ai bordi non sorgono alberi, che danno frescura e bellezza al paesaggio, ma rappresentano per l'automobilista malfattori in agguato, pronti a uccidere: la pianura padana si stende intorno a perdita d'occhio, piatta, verdeggiante, tranquilla, con qualche raro cascinale che arriva inaspettatamente fin sotto la scarpata. Una rete alta circa un metro, che corre ai lati lungo tutto il percorso, protegge la strada da qualsiasi intrusione, impedisce che qualcuna di quelle belle mucche bianco-pezzate che pascolano nei prati si avventuri ingenuamente in mezzo alla gimcana. Da questo punto di vista, la rete è un elemento essenziale di sicurezza, chiude e isola il carosello delle macchine dentro una specie di recinto da pista.[11]

L'intonazione dell'articolo restituisce in modo nitido ciò che milioni di italiani devono aver provato in quella congiuntura storica: la sensazione che un secolare rapporto col territorio sta per essere riconfigurato, con la conseguente maturazione di un nuovo senso dello spazio e della sua misura. Alberi ai lati delle strade, cascinali e mucche liberano il campo in favore di una visuale sgombra per parecchi chilometri, la contiguità con la campagna viene segnata da alte reti a marcare il confine tra il recinto da pista e le desolanti scarpate.

Intanto insieme al paese anche il Giro – è inevitabile – cambia i connotati.

> A partire dalla fine degli anni Cinquanta il Giro diviene la vetrina di campioni troppo in fretta annunciati e ancor prima dimenticati, i vari Massignan, Zilioli, Defilippis, capaci dell'acuto di un giorno ma non di reggere una fatica rituale come quella del Giro. Oppure di anonimi regolaristi come Balmamion, capaci di vincere due Giri d'Italia (1962, 1963) senza neppure aggiudicarsi una vittoria di tappa. ... Il Giro, negli anni Sessanta, perlomeno nei suoi

interpreti, sembra essere divenuto lo specchio fedele dell'Italia del primo boom economico. Di una Italia autostradale che elegge l'automobile a nuovo mezzo di locomozione e che si avvia a mettere le pantofole davanti al televisore.[12]

La televisione, dopo una serie di trasmissioni sperimentali effettuate nell'Italia settentrionale nel corso dell'autunno '53, inaugura ufficialmente i programmi diffusi su tutto il territorio nazionale, alle ore 11 di domenica 3 gennaio 1954, con queste parole di Fulvia Colombo, la prima annunciatrice: «La Rai, radiotelevisione italiana, inizia oggi il suo regolare servizio di trasmissione». L'apparecchio, che è ancora una grossa e pesante scatola con un lato di vetro, da lì a poco avrebbe cambiato parecchio lo stile di vita degli italiani. Nel giro di un anno quasi più nessuno passa la sera in casa. Dopo cena la gente prende a far visita ai pochi fortunati che possiedono un televisore o a recarsi nei bar dove è possibile assistere – anche in piedi, se non bastano le sedie – a quel piccolo prodigio.

E televisione significa soprattutto pubblicità per i prodotti di consumo che spingono il boom economico. Ma la relazione non è esaustiva: la pubblicità non si esaurisce nella televisione.

Le maglie dei ciclisti, piano piano, si tingono di colori sempre più sgargianti e chiassosi. Le ammiraglie si riempiono d'invadenti marchi commerciali. Le gloriose case di biciclette, antiche anime cinetiche della competizione, si mischiano ai prodotti dei più vari sponsor. I nomi delle nazionali (Belgio, Svizzera, Olanda ecc.) e degli atleti si confondono con quelli di elettrodomestici, creme solari, dentifrici, gelati, aperitivi e digestivi, gomme da masticare, macchine per il caffè, salumi. Dapprima discretamente, poi le parti s'invertono. I campioni e le vecchie «macchine» diventano strumenti nelle mani dell'industria.

È un cambiamento epocale. Il Giro è solo l'ombra della leggendaria gara di un tempo. Ora è sicuramente più ricco e forse più importante, ma è anche una grande carovana pubblicitaria.

Così vanno le cose. Su tutte vale la dichiarazione del patron Teofilo Sanson, raccolta da un inviato speciale di lungo corso come Beppe Conti: «Quando i miei vincono non riesco a far gelati per tutti».[13] Il ciclismo, allora, fiutato l'affare, diventa anche spettacolo.

Nel 1956, insieme alla carovana sportiva, parte da Milano un pulmino bianco della Rai con a bordo, oltre ad autista e tecnici, anche Ugo Tognazzi, Raimondo Vianello, Italo Terzoli e Franca Tarantini, autori dei testi, e Cosimo Di Ceglie, un musicista. L'automezzo segue il Giro passo dopo passo, dal monte Bondone all'Adriatico, dal valico Forchetta-Palena al Tirreno, entra nelle città d'arte come Mantova, Lucca, Bologna e affianca i ciclisti lungo i litorali d'Italia. Quell'avventura nell'avventura si chiama «Giro a segno», una fortunata trasmissione giocata sulla parodia dei commenti dalle tonalità epiche del giornalista sportivo De Martino. Tognazzi e Vianello improvvisano canzoncine sui fatti più salienti della tappa del giorno. Vianello, che è stonato, canta; Tognazzi, che lo è ancor di più, l'accompagna con un sarcastico «tarantantan». Vengono create macchiette che rimangono nella storia della televisione e del ciclismo, come Gregorio il Gregario e il tormentone «Gli è tutto sbagliato, gli è tutto da rifare!», che poi Gino Bartali userà come titolo di un suo libro. Il pubblico, al traguardo, comincia a chiedere ai corridori stravolti dalla fatica: «E Tognazzi e Vianello dove sono?». Nel pieno di quel Giro d'Italia Orio Vergani arriva a scrivere un articolo per il «Corriere della Sera» dal titolo *Lo sport cambia indirizzo*.

Tra ciclismo e *show business* inizia un dialogo serrato. Ma non è solo la televisione a entrare nel Giro: accade pure il contrario. Come quando Coppi e Bartali, timidamente, si esibiscono in un'incertissima performance canora nel più popolare programma televisivo di fine anni Cinquanta.

«Il musichiere» è una celebre trasmissione condotta dall'attore romano Mario Riva, che sulle note della sigla *Domenica è sempre domenica* entra nelle case italiane ogni sabato sera, a partire dal 7 dicembre 1957. «Il musichiere» è un gioco musicale a quiz: i concorrenti, seduti su di una sedia a dondolo, devono ascoltare l'attacco di un brano musicale e, una volta riconosciutolo, precipitarsi a suonare una campanella a dieci metri di distanza, per avere diritto a dare la propria risposta, accumulando gettoni d'oro per il monte premi finale. Ma uno dei momenti più attesi della trasmissione è quello dell'ospite, che – anche se proveniente dal mondo del cinema, del teatro o dello sport – deve inevitabilmente cantare. Di volta in volta il simpatico siparietto vede sfilare ospiti celebri come Gary Cooper, Totò, Marcello Mastroianni, Jayne Mansfield, e, in una puntata del 1959, Fausto Coppi e Gino Bartali.

I due campioni, prendendosi in giro benevolmente, intonano

(anzi stonano) una canzone famosissima, *Come pioveva*, che nella loro interpretazione diventa *Come perdevi*. Il testo e le parole di questa parodia sono la dimostrazione del profondo rapporto di amicizia e di stima che lega i due campioni a fine carriera.

> C'eravamo tanto odiati per vent'anni, o forse più
> c'eravamo punzecchiati, sui giornali e la tivù
> però un giorno ci incontrammo, quale scherzo del destin
> perché insieme riparammo presso il Santo Pellegrin
> affinati i ghiribizzi siamo avvinti io e te
> come l'edera e la Pizzi, come zucchero e caffè.
>
> Ed io ripenso a quel tempo lontano
> le nostre lotte sui monti e sul piano
> e sulle Alpi coperte di nevi
> come perdevi, come perdevi.
>
> Ti ricordi quella volta che ti ho atteso a Saint-Malo
> di memoria non ne ho molta, non ricordo, proprio no
> mi ricordo viceversa che ti ho spinto sull'Aspin
> la memoria anch'io l'ho persa, non me lo ricordo ben!
>
> Che dirai mio comandante nel vedermi pedalar?
> Ti dirò seduta stante, che gli è tutto da rifar
> Giri d'Italia ne ho vinti tanti,
> senza mai prender droghe ed eccitanti,
> Giri d'Italia lui sì li vinceva, ma le prendeva, ma le prendeva.
>
> Fummo rivali però cordialmente,
> fummo nemici ma sempre lealmente
> l'antagonismo che ci divideva, come piaceva come piaceva!

Ciclisti da spiaggia

«MagniAnquetilPambiancoNenciniPobletVanLooy! Che volata straordinaria, cari ascoltatori! Tutti i migliori corridori, sotto il sole cocente, in un sol gruppo a pochi metri dal traguardo. Il grande Anquetil tenta un affondo ma il belga e lo spagnolo non lo mollano! Nencini pare in attesa. Ora spingono tutti in piedi sui pedali. Magni viene stretto contro il cordolo e non riesce a passare... Forse Van Looy... No, sbanda e perde la direttrice! Con un ultimo colpo di coda Pambianco scatta da dietro il gruppo! Pambianco! Pambianco taglia per primo il traguardo e si aggiudica la tappa!» Ma gli altri corridori si lamentano a gran voce. Un'irregolarità. Si lamenta un'irregolarità nella *bicellata*. «Ho fatto il *frucco*, ho fatto il *frucco*, altro che storie!» controbatte il vincitore. Quasi si viene alle mani.

«Ehi, ragazzini! E piantatela di sollevare sabbia! Non lo vedete che c'è un neonato?»

La giovane mamma milanese si alza indispettita dalla sdraio a proteggere il piccolo, storicamente più figlio del baby boom che suo, piangente per l'improvvisa pioggia di *granelli di sabbia*.

Appunto: dal juke-box del chiosco retrostante le linee di ombrelloni tornati quieti si diffondono le note melodiose di una canzone notissima. Una coppia di adolescenti si allaccia in un accenno di azzardato abbraccio pubblico sulla voce vellutata di Nico Fidenco:

> Ti voglio cullare, cullare
> posandoti su un'onda del mare, del mare
> legandoti a un granello di sabbia.[14]

Su una spiaggia qualunque della Riviera ligure ha così termine l'immaginifico arrivo della tappa conclusiva del Giro d'Italia del 1961, che una compagnia di bambini ha inscenato tracciando una pista nella sabbia e facendovi rotolare biglie di plastica con colpi dati rigorosamente con il dito indice. La *schicchera*, il colpo regolare per le corse di *ciclobiglie*[15] (sfere di plastica contenenti l'immagine dei ciclisti più famosi del momento), assume in quegli anni, tra la fine del decennio Cinquanta e l'inizio degli anni Sessanta, molteplici nomi nel lessico di strada dei bambini di ogni parte della penisola: per esempio *bicellata*, in ligure, *frucco* o *ciucìn* o *gogula* dalle parti di Milano, segno di un'Italia che pratica diffusamente i vernacoli, ancora non troppo intaccati dalla scolarizzazione elementare e da una tivù in via di diffusione.

La scenetta balneare appena descritta, fantasiosa ma plausibilissima, racconta di due fenomeni entrambi in misura propria rilevanti.

In primo luogo parla di storia dei giochi, vicenda umana non meno significativa di tante altre che orientano il mutamento sociale e culturale: le biglie in plastica sono l'evoluzione dei tappi di bottiglia a corona che negli anni precedenti costituivano lo svago dei figli delle famiglie povere. Elaborati e decorati in vario e ingegnoso modo, hanno dato sfogo alla fantasia infantile tra le macerie dei bombardamenti. In questo senso il *tollino*, o *coperchino* «è un'arte. Da normale tappo a corona per chiusura di bibite si trasforma in velocipede completo di ciclista o in auto da corsa col suo pilota dentro». E come tutte le arti richiede una tecnica sopraffina:

> Per dare bene il cricco dovevi metterti quasi sdraiato per terra, ... le ginocchia ben piantate nella smalta o nella polvere, la mano sinistra salda e larga appoggiata al suolo, il braccio destro che nella spinta inevitabilmente strisciava per metri di marciapiede ... vuoi mò preoccuparti delle ginocchia, delle mani che guarda come ti sei ridotto, della manica della giacca che è nuova e i soldi non si trovano in mezzo alla strada? Cos'eravate voi da mas'cini, tutti il piccolo lord?[16]

No, i piccoli italiani non erano piccoli lord, anzi. Ma da lì in poi cominciano a cambiare e l'acquisto delle biglie fabbricate con la plastica di nuova produzione, economica e dunque accessibile a tutti, registra uno scarto minimo rispetto al tappo recuperato per terra: minimo eppure sufficiente a contenere i primi vagiti del consumismo in terra italiana. E non si può non notare che, pur nel corso di questa trasformazione in atto, l'immaginario nostrano resta ben aggrappato al ciclismo: «C'è il calciotappo. Non si è mai sentito parlare di autotappo o di mototappo»[17] e poco o nulla – aggiungeremmo – di motobiglie o autobiglie.

In secondo luogo gli attori in scena su quella spiaggia ligure sono i protagonisti di una fetta di storia del tutto nuova: i neonati, i bambini, i giovani, le mamme, le vacanze, il gioco e il tempo libero, le canzoni per l'estate. *Legata ad un granello di sabbia* (45 giri che supera il milione di copie vendute) viene unanimemente considerata la prima canzone fatta per essere «consumata» dal popolo delle vacanze. Quello della vacanze è un fenomeno mai conosciuto prima, almeno nelle larghissime dimensioni che assume con l'aumento del livello di benessere generato dal boom economico e dalla comparsa delle ferie pagate:[18] le colonie messe a disposizione da Mussolini ai bambini dell'Italia fascista erano molto meno che un povero accenno di quanto sta ora per esplodere attorno al business vacanziero. L'intreccio è complesso: difficile orientarlo in una catena lineare di cause ed effetti. La curva demografica sale, bambini e giovani sono sempre più numerosi, la scolarizzazione obbligatoria si diffonde (e di lì a poco, nel '62, sarà estesa ai quattordici anni della licenza media): le donne diventano assai rilevanti come soggetti di consumo dei beni durevoli, su cui poggia il miracolo economico, per quanto rinchiuse nella domestica gabbia dorata del ruolo uno e trino di casalinghe-mogli-madri, il solo in grado di ostentare la rispettabilità e il benessere della famiglia.[19]

Giovani e donne assurgono così – pur con moltissimi limiti – a componenti socialmente imprescindibili, come non erano mai stati. E dispongono entrambi di risorse molto appetibili per il nuovo sistema: denaro e tempo libero. Moda, musica, cinema, rotocalchi e – in una sintesi geniale e destinata a straordinaria durevolezza – miti vacanzieri sono l'alimentazione ideale per questo nuovo popolo di presunti nullafacenti spensierati.

Ma il quadro che emerge in tale prospettiva è solo in parte aderente alla realtà. I giovani sono tutt'altro che sereni e beati: covano in sé per loro stessa natura un germe di malessere e inquietudine, che proprio all'inizio del decennio già si manifesta, in episodi raramente ricordati. Tra il 18 e il 21 aprile 1960, a Livorno, i giovani della città, per tradizione e recente storia orientata a sinistra, si scontrano in tumulti serali reiterati, prima con soldati tedeschi delle truppe NATO e poi con i paracadutisti della caserma dell'Ardenza.[20] Paiono banali litigi fra ragazzi e sono invece il primo segnale di una tensione allo scontro politicizzato (i livornesi rivendicano la propria discendenza partigiana, i paracadutisti condividono un senso della gerarchia e una retorica dell'onore di stampo repubblichino) fra bande di segno opposto, che di lì a poco deflagra in misura assai più impressionante.

D'altra parte basta aspettare i primi giorni di luglio per capire che qualcosa di più grosso è nell'aria. Il governo del democristiano conservatore Tambroni, da poco costituitosi con l'appoggio dell'MSI e dei monarchici, dà corpo alla politica di «legge e ordine» reprimendo con durezza inaudita i disordini scoppiati a Genova in conseguenza della reazione della città, medaglia d'oro della Resistenza, all'organizzazione sul suo territorio del congresso nazionale missino. Gli scontri tra polizia e manifestanti si estendono altrove, in Emilia e in Sicilia soprattutto. Ci sono morti e feriti. Tutto sembra risolversi con le dimissioni di Tambroni, il tramontare dell'ipotesi di un'alleanza della DC a destra dell'asse parlamentare e il costituirsi del primo di un serie di governi di centrosinistra che, con l'appoggio di socialdemocratici e socialisti e sotto la direzione di Amintore Fanfani e di Aldo Moro, traghettano l'Italia con politica cautamente riformista (o, detto altrimenti, «singolarmente avara di frutti concreti»)[21] fino al '68.

Un'Italia, insomma, che all'inizio del decennio non pare così unita come vorrebbero le celebrazioni del centenario dell'unificazione: prima fra tutte quella costituita dal Giro, che nel 1961, per la quarantaquattresima edizione, sbarca – come Garibaldi cent'anni prima – a Marsala (ma non senza esser passato prima per la Sardegna) e risale verso Roma dalla Sicilia (senza trascurare Teano!), giacché dovrebbe arrivare «un po' ovunque nel paese contribuendo a mantenere vivo il senso comune di coscienza unitaria»: non per nulla Nando Martellini battezza *Il Garibaldi* la guida del Giro che circola tra chi fa parte della carovana al seguito delle corse,[22] mentre il vincitore, Arnaldo Pambianco, sembra scelto apposta, per via del suo soprannome: Il Garibaldino.

La corsa rosa risulta peraltro straordinariamente ricettiva nei confronti dei fattori di omogeneizzazione del paese. La quarantacinquesima, al solo osservare il succedersi delle sedi di tappa, è un'edizione «turistica»: può forse ritenersi un caso? Fiuggi, Castrocaro Terme, Lignano Sabbiadoro e – a evocare un futuro incombente – Moena e il passo dell'Aprica, in quella che allora è una zona montana idilliaca con poche baite affogate nel verde dei prati e delle pinete e che in pochi anni, massacrata dal cemento, diventerà un emblema fra i tanti dell'industrializzazione vacanziera selvaggia.

Cosa unisce gli italiani, dunque, se non gli incalzanti riti vacanzieri? Poco, perché allora non si viaggia esclusivamente per turismo. Si viaggia per emigrare, rimarcando con ciò l'esistenza di una linea di frattura che divide la popolazione in due: geograficamente (*terroni* e settentrionali) e socialmente (poveri e ricchi). Si va a lavorare in Germania (nel '63 poco meno della metà dei lavoratori stranieri nella Repubblica federale di Germania sono italiani) e in Svizzera; ma il flusso più impressionante, destinato ad alterare il tessuto sociale, è quello che va dalle regioni del

Sud ai centri industrializzati del Nord. Più che qualche lunga serie di dati numerici basta forse constatare che Torino, con la calamita della Fiat e del suo indotto, diventerà alla fine del decennio la terza città «meridionale», appena dopo Napoli e Palermo.[23] Ci si può forse stupire che il boom non porti con sé solo prosperi equilibri?

Compaiono così altre avvisaglie d'instabilità, che si fanno croniche: in vista del necessario rinnovo del contratto di lavoro dei metalmeccanici, in un crescendo di manifestazioni, il 7 luglio 1962 ha successo uno sciopero generale che ha per epicentro proprio Torino e in cui si registrano i primi disordini. L'esercito dei giovani lavoratori meridionali scontenti sta cominciando a serrare le fila, integrato anche da studenti e organizzato da attivisti politici, tra cui figurano ex partigiani. Alla fine si spunta un contratto nazionale che introduce alcune delle migliorie lavorative volute dai sindacati.

Di nazionale – o nazionalizzata – c'è però anche, dal 6 dicembre 1962 con la legge 1643, l'energia elettrica, prodotta, trasformata e distribuita su tutto il territorio italiano dall'Ente nazionale per l'energia elettrica (Enel), di nuova istituzione. Ma di nazionale – ormai e soprattutto – c'è la televisione, che si fa ancor più onnipresente e pervasiva, con l'inizio delle trasmissioni del secondo canale, nel novembre 1961. Proprio il secondo canale nazionale ospita un programma che diventa una pietra miliare del giornalismo sportivo: è il «Processo alla tappa» di Sergio Zavoli, che racconta nelle sue due prime edizioni il bis di vittorie in rosa di Franco Balmamion. Il «Processo» accompagna il Giro sino alla fine del decennio, con un enorme successo, per la sua propensione a raccontare storie apparentemente di secondo piano legate alla corsa ciclistica nazionale, ma anche grazie all'introduzione di rivoluzionarie novità tecniche, prima fra tutte la moviola.

La televisione si collegava con i traguardi di tappa fin dal 1957, ma questa è un'altra cosa. E quando entra effettivamente nelle dinamiche che fanno da cornice al Giro, molto comincia a cambiare. La carovana pubblicitaria, che dagli anni Trenta era solita precedere i corridori e che costituiva in effetti «uno spot "lungo" quattromila chilometri e tre settimane» destinato a «una platea – senza eguali all'epoca – di milioni di persone», comincia a svuotarsi di utilità e significato: «imbocca una parabola discendente che a metà degli anni Sessanta coincide con la fine della carovana, con l'avvento della sponsorizzazione (l'oggetto sportivo diventato supporto di pubblicità multipla) e con la sempre più perfezionata e massiccia trasmissione televisiva, cioè a distanza, delle immagini dell'evento».[24]

Esiste però, oltre a una «testa», anche una «coda» promozionale. Al seguito dei ciclisti si forma una seconda carovana, quella degli spettacoli che sfruttano l'effetto trainante della corsa e l'accompagnano tappa per tappa in tutta la penisola.

Nel 1965 il Giro viaggia con una grande orchestra al seguito: la dirige Gorni Kramer, musicista jazz e swing, figura mitica della radio e della prima televisione italiana, compositore di notissime canzoni che vanta un patronimico tutto ciclistico: Gorni, infatti, è il cognome e Kramer il nome proprio, impostogli dal padre in omaggio al corridore americano Frank Kramer, campione del mondo su pista nel 1912. Con un *imprinting* del genere, Gorni non può che sentirsi a proprio agio tra biciclette, massaggiatori e ammiraglie. Nelle settimane della gara migliaia di persone lo ascoltano duettare con i suoi fidati interlocutori musicali, anche loro coinvolti nell'operazione: Felice Chiusano, Tata Giacobetti, Virgilio Savona e Lucia Mannucci, che per il pubblico sono il Quartetto Cetra.

Ciao mama,
io vado vinco e torno,
puoi metter sin da adesso,
l'abbacchio dentro il forno,
ho messo la maglietta tua di lana,
ciao mama, ciao mama,
il commissario tecnico mi chiama,
ciao mama, vedrai che vincerò.

Ciao mama,
il medico che dice,
se faccio 'sta salita,
s'infiamma l'appendice,
ma in cima alla salita c'è la fama,
ciao mama, ciao mama,
qualcuno dalla macchina mi chiama,
ciao mama, vedrai che vincerò.[25]

Il pezzo arriva al successo nel 1960 ma, con la sua efficacissima stigmatizzazione del corridore-tipo dell'epoca (un sempliciotto poco raffinato e a disagio con il lessico), reso dalle interviste di fine tappa e ripreso dagli sketch comici di Raimondo Vianello e Ugo Tognazzi, ha conservato notorietà fino ai giorni nostri. D'altro canto il binomio di musica e ciclismo funziona benissimo negli anni Sessanta: al punto che viene creata una competizione canora ispirata al Giro e modellata sul suo andamento itinerante: il «Cantagiro», che tra '62 e '72 porta per la penisola i campioni dell'ugola distribuendo, esattamente come la più nobile corsa su due ruote, effimeri successi di tappa e più memorabili vittorie finali. Basti ricordare *Stai lontana da me* (Adriano Celentano, 1962), *In ginocchio da te* (Gianni Morandi, 1964) e *Il volto della vita* (Caterina Caselli, 1968). Ma anche in questo caso, seppur con effetti meno repentini, la televisione farà il vuoto attorno e il «Cantagiro», per quanto riproposto anche successivamente, non vivrà più i fasti del suo periodo d'oro.

E la televisione ha proprie ferree logiche: «Un commentatore televisivo ha l'obbligo di dover dare ai telespettatori un prodotto sicuro ... con Gimondi potevo andare sul sicuro, perché non tradiva, mai».[26] Così Adriano De Zan, volto pluridecennale del giornalismo ciclistico televisivo, focalizza l'avvento sulla scena di uno dei più grandi corridori italiani. Felice Gimondi è uno che non molla mai, come vedremo. Dunque è perfetto per le telecronache, che non possono vivere di corse stanche o di lunghissime fughe senza inseguitori.

In quell'Italia che sta agitando i suoi sommersi malesseri (le prime occupazioni di sedi universitarie, la morte di Paolo Rossi alla facoltà romana di architettura durante gli scontri tra studenti di destra e di sinistra il 27 aprile 1966, il contemporaneo processo a quattro liceali milanesi per un articolo pubblicato sul giornale scolastico «la zanzara», con contenuti ritenuti scandalosi) Felice Gimondi inscena una competizione – tranquillizzante perché articolata secondo gli usati schemi della rivalità fra campioni – con i suoi antagonisti per antonomasia: Adorni (che si aggiudica il Giro nel '65) e Motta (che vince nel '66). Lui trionfa nel '67 e tutto pare procedere in perfetta simmetria.

Non fosse che, davvero, tutto sta per cambiare. Nel Giro d'Italia del 1968 non prevale un italiano. Stravince un belga, Eddy Merckx, che va a prendere la maglia rosa con un distacco impressionante sulle Tre Cime di Lavaredo flagellate dal maltempo. Dancelli, fino a quel punto leader della corsa, è fuori gioco e Gimondi arranca, staccato, guardando di lontano quell'indemoniato che va su.

> Non è facile
> nella vita scoprire
> che c'è anche Eddy Merckx
> ho quasi paura.[27]

Nel '68 qualcosa sta cannibalizzando il mondo e si potrebbe anche averne paura, in effetti: in ogni caso nel ciclismo quel qualcosa si chiama Eddy Merckx. E ci vuole tutta l'ironia di un gruppo intelligente e demenziale come Elio e le Storie Tese per cogliere nel Gimondi staccato senza pietà dal fuoriclasse belga un bagliore d'innamorato crudelmente tradito, perfetta metafora – in questa sede – di quella parte d'Italia che si vede superata senza riguardi da un tempo in accelerazione, incapace di degnare di uno sguardo chi quel tempo vorrebbe viverlo con ritmi diversi, inutilmente aspettandosi aiuto da una qualche ammiraglia.

> A volte lui se ne va via, non mi sta neanche ad aspettare
> mi lascia con Bitossi, mi sembra di impazzire
> tanto che mi vorrei ritirare e sento in un minuto
> tutti i ciclisti del mondo che hanno bisogno di aiuto
> dalla propria ammiraglia ma non lo sanno dire
> la notte bucherei i suoi palmer per non farlo partire
> perché mi surclassa anche solo quando parla con De Zan.[28]

VIII
Gli anni Settanta

Le lacrime di Merckx

Una delle fotografie più famose nella storia del ciclismo raffigura Eddy Merckx piangente sul letto della sua stanza all'Hotel Excelsior di Savona, il 2 giugno 1969, mentre il microfono e le domande di Sergio Zavoli lo incalzano. Il grande campione belga pare un adolescente sconvolto per essere stato sorpreso in qualche bravata, con quel fazzolettino insufficiente per tamponare il pianto e con quelle improbabili bretelle tese sulla canottiera a sostenere calzoncini da ciclista che nel quadro generale risultano addirittura infantili.

Cosa è successo? Una drammatica caduta? Una sconfitta cocente? Un grave infortunio? Tutte queste cose insieme, eppure nessuna.

La risposta non riguarda solo il Giro: la foto, a interpretarla con attenzione, costituisce infatti un documento eccezionale, una straordinaria finestra su uno spaccato della storia italiana ancora poco conosciuto. Le ragioni di questa scarsa conoscenza sono comprensibili: altri eventi, in quel torno di tempo, sfolgorano, inquietanti, sulla scena politica del nostro paese e attirano inevitabilmente e prioritariamente gli occhi di chi osserva.

Il Giro quell'anno prende il via il 16 maggio. Neppure un mese prima, il 25 aprile, due bombe esplodono a Milano, una allo stand Fiat della Fiera e l'altra alla Banca nazionale delle comunicazioni, nell'atrio della Stazione Centrale: una ventina di feriti. Sono subito arrestati quattro indiziati dell'area anarchica, ma alla fine (solo nel 1987!) saranno gli estremisti di destra Franco Freda e Giovanni Ventura a essere definitivamente condannati per quei fatti. È la prova generale, in tutti i sensi, dell'attentato di piazza Fontana, che si sta preparando per il mese di dicembre: ma naturalmente sono in pochi a immaginare qualcosa del genere. I disordini del '69 agli occhi di tutti sono soprattutto episodi di contestazione, ormai più operaia che studentesca. Proprio mentre la corsa rosa è in svolgimento – tra maggio e giugno – la Fiat di Torino, soprattutto lo stabilimento di Mirafiori, è teatro di pesanti proteste. Giovani operai prevalentemente meridionali, «selvaggi e incazzati», guidano gli scioperi, ma il coordinamento è assicurato da un mix di lavoratori e studenti:[1] altro segno dei tempi in arrivo.

Ciò che infatti risulta più sorprendente è che, una volta rielaborati i contratti nazionali, le manifestazioni non si esauriscono, come invece avviene, per esempio, in Francia. L'autunno sarà caldo, caldissimo. Si calcola che nel corso dell'anno il numero degli scioperanti ammonti a circa 7 milioni e quello delle ore di lavoro perse a 300 milioni. E se l'autunno sarà caldo e l'inverno (con piazza Fontana) rovente, l'estate non è certo fresca, né sul fronte delle scuole né su quello delle fabbriche. Nel mese di luglio viene concessa la liberalizzazione degli accessi all'università; nelle stesse settimane le tre principali organizzazioni sindacali (CISL, CGIL e UIL) confermano una strategia di fronte compatto. Anche il mondo della sinistra extraparlamentare è in via di consolidamento: il gruppo Potere operaio diventa movimento, sotto la direzione di figure come Oreste Scalzone, Toni Negri, Franco Piperno; di lì a poco nasce Lotta continua, all'insegna della leadership di Adriano Sofri.

Sta crescendo la tensione e bisognerebbe comprendere che si tratta di una consapevole strategia, perché l'8 e il 9 agosto vengono messi a segno alcuni attentati dinamitardi su convogli ferroviari a lungo tragitto. Dieci bombe in nove treni: otto esplodono. Rimangono ferite dodici persone.

Questo per la politica: ma la tettonica della storia – come in geologia – è fatta a più strati e il più visibile in superficie non è sempre quello che si muove con maggior velocità o che produce gli sconquassi maggiori. Esistono molte «bombe», di vario tipo.

Abbiamo lasciato Eddy Merckx piangente nella sua stanza d'albergo: è, a un tempo, caduto sconfitto e ferito. La sedicesima tappa ha portato il Giro a Savona e il belga è in testa con 1' 41" su Felice Gimondi. Nel giorno di riposo, che precede la partenza per Pavia, scoppia la bomba, ma – per quanto i cronisti la definiscano «atomica» – in gioco questa volta non c'è l'uranio o il tritolo e la vittima è una sola, anche se molto illustre. Le analisi antidoping accertano la positività del leader della corsa, che per regolamento non può che essere squalificato.

Sarebbe stato trovato positivo alla fencamfamina, un blando stimolante del sistema nervoso, utile a sopportare meglio la fatica. Merckx si dichiara innocente. La sua squadra, la Faema, gli fa quadrato intorno. Va detto che la fencamfamina è presente nel Reactivan, un farmaco venduto liberamente in Italia. Sono sotto gli occhi di tutti l'ambiguità della situazione e l'estrema difficoltà di una regolamentazione affidabile e di validi controlli.[2] Da lì in poi molti casi simili seguiranno.

Ma non si può neppure dire che quella di Merckx sia una novità assoluta: nello sport la pratica delle «bombe» – cioè dell'assunzione di prodotti, sostanze o miscugli in grado di alterare le prestazioni fisiche – riemerge con regolarità. La si conosce anche troppo bene nell'ambiente dell'ippica e da lì passa – quasi esista un filo diretto, non solo metaforico, con il mondo dei «cavalli d'acciaio» – a quello del ciclismo, intessuto di episodi e aneddoti in proposito. Ma forse basta ricordare il caso di Coppi, attorno al quale fioriscono non senza ragione illazioni e dicerie d'ogni tipo, fino alle autoparodie musicali. Insomma, è cosa risaputa che ai campioni del pedale capita di attingere energie non solo dalle risorse fisiche.

Se le disavventure di Eddy Merckx al Giro del '69 si limitassero a confermare la cosa, avrebbero in fondo modesto valore. Il problema è un altro e ben più ampio. Uno spettro aleggia sulla gioventù del tempo e sta per gettarle addosso la propria ombra.

Quando il giorno successivo allo scandalo i corridori prendono il via, Felice Gimondi scala automaticamente un gradino del podio e si trova in testa alla classifica: ma il campione di Sedrina, in segno di rispetto per il rivale tagliato fuori per ragioni non strettamente sportive, rifiuta di indossare la maglia rosa. C'è probabilmente della *vis polemica*,[3] ma è pur sempre un gesto d'altri tempi. E non è una semplice frase fatta.

Il ciclismo rimane *d'altri tempi*: i nuovi giovani che stanno agitando il mondo, capelloni, contestatori, anticonformisti e iconoclasti, non trovano spazio tra gli assi delle due ruote; o, detto altrimenti, il ciclismo non si mostra capace, o volenteroso, d'importare i nuovi modelli culturali e comportamentali. Almeno non nella clamorosa misura in cui vi riescono altri sport, primo fra tutti quello che al tempo è ormai il principe degli intrattenimenti popolari, il calcio, che lo sta facendo invece con straordinaria tempestività. Due casi emblematici. A livello nazionale Gigi Meroni, estrosa ala destra del Torino, viene soprannominato lo Zingaro o il Vagabondo: porta capelli lunghi che rifiuta di tagliare, nonostante questo lo ostacoli nelle convocazioni in Nazionale, ascolta il jazz e i Beatles, adotta atteggiamenti eterodossi rispetto tanto alla società (vive in concubinato in una mansarda bohémienne) quanto al mondo calcistico (infrange il mito della castità nei ritiri prepartita ed è ostentatamente indisciplinato riguardo agli allenamenti). A livello internazionale l'irlandese George Best (fantasista talentuosissimo, ma insubordinato, del Manchester United, dedito all'alcol e alla bella vita, battezzato per aspetto e atteggiamenti il Quinto Beatle) diventa una vera e propria icona pop, raggiungendo il culmine della propria carriera in perfetta sintonia con gli eventi della contestazione, quando riceve il Pallone d'oro nel 1968. Non può apparire un caso che entrambi si vedano la propria gioventù «bruciata», il primo nell'attimo fuggevole e straziante dell'impatto mortale con un'auto che lo travolge, quando è solo ventiquattrenne, il 15 ottobre 1967; il secondo nella morte lenta dell'alcolismo, che lo distrugge in realtà ben prima della morte fisica, avvenuta nel novembre 2005.

Niente del genere nel ciclismo. I campioni del Giro hanno capelli corti, in borghese paiono contadini vestiti della festa, rispettano le regole di squadra, incarnano gli stilemi dello sport che dà loro da vivere e propagandano, come i loro predecessori, assai più i valori del perbenismo sociale che non quelli della contestazione radicale. La maggior parte di loro rivela nei tratti origini povere e popolari, che nondimeno non li trasformano in proletari rivoluzionari. Il più famoso di tutti, per l'appunto Eddy Merckx, è addirittura, per nascita e atteggiamenti, il ciclista «borghese».[4] Franco Bitossi non è Meroni, Patrick Sercu non è Best.

Eppure anche questo mondo apparentemente compatto non è impenetrabile ai cancri che attaccano la «meglio gioventù». Sono proprio le lacrime di Merckx a dirlo.

L'uso di sostanze psicotrope, in grado cioè di alterare lo stato mentale e il comportamento, è strettamente associato alla comparsa dei giovani come soggetto sociale autonomo che caratterizza il secondo dopoguerra. Ha una lunghissima storia alle spalle, è vero, ma tra gli anni Cinquanta e Sessanta, alimentato dalle esperienze di alcuni intellettuali radicali (in particolare quelli del movimento beat), diventa sempre più un tratto distintivo di quella parte del mondo giovanile che rifiuta di riconoscersi nei valori della società consumista costruita e imposta dai genitori. È negli Stati Uniti che il fenomeno assume dimensioni eclatanti, intrecciandosi strettamente con molte varianti politiche, sociali e culturali, la principale delle quali, però, può esser forse ritenuta l'affermazione definitiva e irreversibile di un nuovo genere di musica strettamente giovanile: il rock. Musica rock, giovani e droga compongono una miscela esplosiva per il sistema degli anni Sessanta. La LSD – un potentissimo allucinogeno – ne diventa il simbolo.

Come per il doping sportivo, infatti, tutto questo ha a che fare solo parzialmente con l'assunzione di droghe naturali. E come per il doping sportivo passa attraverso le scoperte e i prodotti delle case farmaceutiche.

La LSD, dietilamide dell'acido lisergico, viene sintetizzata la prima volta il 16 novembre 1938 nei laboratori della Sandoz dal chimico Albert Hofmann, ma diventa oggetto di attenzione solo cinque anni dopo; da quel momento viene commercializzata e adottata per molteplici usi terapeutici, soprattutto in campo psicologico, psichiatrico e psicanalitico. È sui lettini degli studi dei seguaci di Freud e di Jung che la scoprono molti personaggi illustri: l'uso si diffonde e il mondo della musica rock, in particolare, l'accoglie a braccia aperte, da Bob Dylan a Jimi Hendrix, dai Beatles ai Pink Floyd. Nasce addirittura un genere specifico: il rock psichedelico o, appunto, lisergico. Solo a partire dal 1967 ci si convince della pericolosità della sostanza, forse più sociale che individuale, e la si mette fuori legge. Ma questo non basta ad annullare la domanda giovanile di sostanze stupefacenti. Si lascia così campo libero, chissà quanto inconsapevolmente, all'affermazione di anfetamine, morfina e, soprattutto, eroina: tutte sostanze accomunate dall'uso per via endovenosa. È questa la cultura della droga che l'Italia importa, a quel punto, dagli Stati Uniti.

Il fenomeno diventa per la prima volta mediatico, eloquentemente, nemmeno un anno dopo la «bomba» di Merckx: il 20 marzo 1970 una retata delle forze dell'ordine chiude un locale, il New Sporting Club, che il giornale «Il Tempo» definisce una *Infame centrale del vizio nel cuore di Roma*:

> Al momento dell'irruzione dei carabinieri nel locale si trovavano 90 ragazzi quasi tutti studenti medi ... sequestrati hashish, eroina, eccitanti, siringhe, alcolici alterati, ricettari rubati ... ricatti, violenze alle ragazze, speculazioni e minacce... Numerosi minori di quattordici anni tra i ragazzi, sedici dei quali sono stati trovati in stato soporoso.[5]

Le cose, in realtà, non stanno esattamente così e il giornalista schiaccia pesantemente il piede sull'acceleratore dell'allarmismo, ma molti giornali finiscono per occuparsi della vicenda e per la prima volta la questione droga balza davvero alla ribalta della cronaca. D'altro canto in quell'anno i tossicomani registrati negli ospedali psichiatrici milanesi non arrivano alla decina, nel '71 salgono a trentuno, nel '72 a centoquaranta: quasi tutti assumono anfetamine utilizzando siringhe.[6] Si sta affermando la cosiddetta «cultura del buco», il cui emblema sarà non per nulla la *fix* (iniezione endovenosa di eroina). Tra primi anni Sessanta e primi Settanta il prezzo dell'hascisc aumenta da 100 a 3000 lire il grammo. Dal *joint* e dalle droghe «leggere» si passa così rapidamente alla morfina (tra '72 e '73) e dalla morfina all'eroina (dal '74 in poi), sostanze inizialmente più economiche e assai decentrate rispetto al fuoco della repressione statale, oltre che favorite dall'incontrollabilità e spesso dalla tacita connivenza del mercato farmaceutico.

Un sondaggio commissionato da «Panorama» nel giugno 1975 rivela che i consumatori abituali di eroina sono almeno 20.000: di lì a poco – in una delle capitali del buco come Milano – si potrà riassumere il drammatico bilancio di questa evoluzione nella media di un morto per overdose al giorno.[7] Una vera e propria ecatombe, ovunque: in città come in provincia. Ma se ci si limitasse a computare i decessi si finirebbe per far torto all'uragano di dolore, sofferenze, patimenti, incomprensioni, scontri intergenerazionali, squilibri emotivi, rovine economiche e devastazioni esistenziali che si abbatte su migliaia di famiglie italiane. Una parte del paese vive il decennio, sotto gli occhi di tutti, «nuda e senza scarpe / bianca, e non in ospedale, / senza capelli, / senza denti per mangiare». «Una montagna di rifiuti»[8] umani – come canta Antonello Venditti in una canzone che ha straordinario successo proprio nel 1975 – si trascina per le strade chiedendo ai passanti con occhi ottenebrati: «C'hai cento lire?», nello stillicidio della quotidiana angoscia di racimolare il necessario per la dose. È una parte d'Italia fatta di quella che poteva essere, appunto, la «meglio gioventù».

Da questo cancro, nella versione sportiva del doping, neppure il mondo delle due ruote si salva. I casi di spicco saranno molteplici, negli anni, rappresentando punte di un iceberg sommerso: da Zoetemelk ad Armstrong, da Maertens a Thurau, da Basso a Petacchi, fino alla squadra Festina nel 1998, al dramma di Marco Pantani e alla scottante questione attuale dell'epo (eritropoietina). Non per niente sarà proprio il ciclismo lo sport che s'impegnerà maggiormente, anche se con risultati quanto mai contraddittori, nei controlli antidoping. E anche in questo le vicissitudini di Merckx nel '69 risultano emblematiche.

Dopo ventisei giorni dalla squalifica italiana si dovrebbe abbassare la bandierina del Tour de France e il Cannibale, com'è chiamato Merckx, resterebbe al palo. Si parla di boicottaggio e la polemica si fa rovente: prendono addirittura posizione il Parlamento e il governo di Bruxelles (che peraltro devono riconoscere l'esistenza di un centinaio di casi di atleti dopati in quel solo anno) e il ministro degli Esteri del primo governo Rumor (DC-PSI-PSDI-PRI), il socialista Pietro Nenni, suda sette camicie per evitare incidenti diplomatici. Alla fine la condanna viene ridotta in seguito a un ricorso alla Federciclo belga, dalla quale Merckx dipende: si tiene in conto la presunta buona fede del Cannibale, che così può gareggiare oltralpe:[9] asciugate le lacrime, si prende una clamorosa rivincita, trionfando con quasi 18' di distacco sul secondo.

E il Giro? Il Giro lo vince Felice Gimondi. È un vittoria in sordina: la dice lunga il fatto che la maglia rosa, alla fine, non avrà conquistato neppure una tappa. Segno del destino di un grande campione condannato sempre a inseguirne uno grandissimo, un vero «cannibale» delle corse.

Ancora più solo di prima,
c'è già il Cannibale in cima
...
quando la strada sale
non ti voltare, sai che io ci sarò.[10]

Così lo ritrae, con «felice» intuizione, Enrico Ruggeri, nella sigla del Giro nell'edizione del 2000: la maglia rosa del '69 è sua proprio perché lui è lì, attaccato alla ruota di Merckx.

Quel Giro assegna per la prima volta anche un'altra maglia, quella ciclamino, destinata al vincitore della classifica a punti: se l'aggiudica Franco Bitossi. Ed è una fortuna che si possa vincere anche ai punti.

È passato poco più di un mese dalla fine del Giro e l'Italia passa insonne, davanti agli schermi televisivi, la notte tra il 19 e il 20 luglio: nel resto del mondo circa 600 milioni di persone fanno la stessa cosa. All'alba la geografia planetaria è rivoluzionata: l'uomo ha conquistato la luna. La tecnologia sta facendo molto più che miracoli e in quello spazio dilatatosi a dimensioni stellari non sembrerebbe esserci più futuro per la modesta bicicletta. E invece... Se la tecnologia vince alla grande la tappa del 1969, ai punti i giochi non sono ancora fatti.

Tempi d'austerity

È un'Italia sulla strada della crisi quella che s'affaccia al nuovo decennio. Le pur significative riforme del momento devono parere contraddittorie agli occhi dei contemporanei: la tanto attesa istituzione delle regioni si traduce in prima battuta in realtà amministrative perlopiù prive di sufficienti risorse e poteri; l'introduzione del referendum, invece che essere strumento di armonica espressione della volontà popolare, finisce per spaccare profondamente l'opinione pubblica in due schieramenti ferocemente contrapposti: prima divorzisti contro antidivorzisti (nel '74), poi abortisti contro antiabortisti (nel '76, '78 e '81).

Nel 1970 prendono vita le Brigate rosse, clandestine all'interno delle fabbriche milanesi. Si tratta di un gruppo rivoluzionario di stampo marxista-leninista che diventa il massimo protagonista del terrorismo rosso. Il boom economico è ormai inequivocabilmente terminato e la china della crisi si fa sempre più ripida: inflazione, riduzione del potere d'acquisto, disoccupazione sono termini via via più frequenti sulle pagine dei giornali e nella vita quotidiana dei cittadini.

Le vicende del Giro d'Italia riflettono con sorprendente nitidezza l'appannamento italiano: le prime cinque corse rosa del decennio non vedono nessuna vittoria tricolore. Se a livello politico-sociale l'Italia si sta confrontando con una straordinaria offensiva del marxismo, in bici si afferma il «merckxismo». È il Cannibale, infatti, a trionfare in tutte le edizioni, con la sola parentesi dello svedese Gösta Pettersson nel '71. Il culmine di questa serie nera si può individuare nel biennio 1972-73. Nel '72, per la prima volta nella storia del Giro, nessun italiano sale sul podio. Nel '73 i corridori stranieri si aggiudicano sedici tappe su venti: ben tredici vanno ai belgi e Merckx cannibalizza la maglia rosa, indossandola – e pure questo è un inedito per uno straniero, dopo i precedenti di Girardengo nel '19 e di Binda nel '27 (quando però il roseo simbolo del primato non esisteva ancora) – dalla prima all'ultima tappa. In anni che cominciano a rivelarsi di piombo, quelli del 1973 sono d'altra parte mesi particolarmente grigi.

Nell'autunno i paesi esportatori di petrolio organizzati nell'OPEC (Organization of the Petroleum Exporting Countries) decidono una rappresaglia nei confronti dell'Occidente in reazione alla politica filoisraeliana adottata durante la guerra del Kippur: il prezzo del petrolio viene aumentato improvvisamente del 70 per cento e, simultaneamente, i flussi di esportazione diminuiti del 10 per cento. Il risultato, tanto ovvio quanto drammatico per l'Europa (che dipende pressoché esclusivamente dalle forniture arabe), è la più grave crisi economica dopo quella del '29, che sopraggiunge in un periodo già caratterizzato da enormi difficoltà per l'economia capitalistica internazionale: crisi dell'ordine monetario stabilito dalla conferenza di Bretton Woods (cambio fisso rispetto al dollaro), sospensione della convertibilità del dollaro in oro e svalutazione della moneta americana, allargamento della forbice tra offerta e domanda di lavoro. L'aumento dei prezzi alla produzione si riversa prevedibilmente sui prezzi al consumo, determinando una spirale negativa che conduce a una decisa contrazione della domanda complessiva di beni e servizi. Tra la fine del '73 e il '74 le economie occidentali sono preda della recessione, mentre il mondo arabo riceve un flusso di capitali enorme – equivalente all'1,5 per cento della capacità d'acquisto mondiale – senza peraltro avere la volontà o la capacità di reindirizzarlo sul mercato.

L'economia italiana è una delle più colpite, perché più vulnerabile è la sua posizione sul mercato energetico: nel '73 dipende dal petrolio al 75 per cento e non ha praticamente fonti d'energia alternative che non siano quelle idroelettriche.

Il governo di centrosinistra guidato da Mariano Rumor (il quarto di una serie di cinque!) annuncia il 30 novembre 1973 provvedimenti destinati, in sostanza, a contenere i consumi energetici. Per quanto riguarda l'elettricità s'instaura una sorta di coprifuoco indiretto: gli uffici pubblici, i negozi e gli alimentari vengono chiusi in anticipo, rispettivamente alle 17.30, alle 18.30 e alle 19; le insegne pubblicitarie e le vetrine devono essere spente alle 21; l'illuminazione stradale viene ridotta; i ristoranti e i bar chiudono entro le 24; i programmi televisivi sono interrotti alle 22.45 e i palinsesti vengono modificati. Per quanto concerne la benzina, i distributori restano chiusi nei fine settimana e i limiti di velocità sono abbassati a 100 km/h sulle strade ordinarie e a 120 sulle autostrade.

Ma la misura più sconvolgente è l'introduzione delle «domeniche a piedi», con divieto di circolazione dei mezzi motorizzati. La situazione è talmente «difficile e pesante», per usare le parole di La Malfa, che il ministro dell'Istruzione Malfatti prolunga le vacanze scolastiche natalizie di tre giorni, con l'obiettivo – annunciato con una certa enfasi – di risparmiare 16.000 tonnellate di gasolio.[11]

La classe dirigente reagisce abbastanza compatta alla crisi e lo stesso sembra fare la popolazione che, nonostante qualche allarmismo circa l'approvvigionamento dei generi di prima necessità (zucchero e pasta *in primis*), accetta i sacrifici. Certo, qualche giornalista descrive Milano come una città fantasma, in cui alcune strade appaiono «gole di montagna dentro le quali fischia il vento», per l'appunto una specie di riedizione del coprifuoco di guerra, con farmacie che smerciano «vagonate di pillole tranquillanti» per i nottambuli.[12] Ma la maggioranza degli italiani supera senza scosse la prima domenica di «austerity» (come verrà chiamato da lì in poi quel periodo), tanto da guadagnarsi il pubblico elogio di Rumor, che parla di «indubbio sacrificio» ed «esemplare compostezza». Le contravvenzioni registrate, infatti, non arrivano al migliaio.[13] Tra i pochi, incuranti o sfacciati, a farsi pizzicare al volante dalla pubblica sicurezza, spicca Sylva Koscina, *sex symbol* di quegli anni, già nota per gli atteggiamenti esuberanti. Non si può peraltro negare che la situazione attorno al vigile che spicca contravvenzione all'avvenente attrice, in quella domenica 2 dicembre, appare surreale: uno sciame di pedoni e ciclisti si è impadronito delle strade svuotate dei milioni di automobili abitualmente in circolazione. Non c'è il grigiore temuto e prevalgono la distensione, l'ironia e perfino la gioia. E il merito è quasi tutto delle biciclette.

Milano è invasa da «centinaia di migliaia di ciclisti» e da nugoli di pattinatori a rotelle; ma si avvistano anche cinque cavalieri in frac rosso e nero, parecchi calessi, marchingegni a pedali a sei posti, monopattini e vari tricicli. La città di Como la butta sullo sportivo e organizza il primo Giro cicloturistico, che vede la partecipazione di 1750 pedalatori. Più folcloristico, invece, il Mezzogiorno: a Messina uno dei figli di Moira Orfei si presenta al bar in groppa a un elefante, mentre in Sicilia circola una Simca 1000 tagliata a metà e trasformata in calesse.[14]

Al di là dell'aneddotica, tuttavia, il dato più rilevante – almeno a livello di cambiamento delle abitudini degli italiani – è il repentino ritorno in auge delle due ruote. Già nel mese di novembre, infatti, subito dopo la chiusura dei «rubinetti» petroliferi, parte l'assalto ai venditori di biciclette, ma un vero e proprio boom di richieste si registra il giorno dell'annuncio delle misure d'austerità. In particolare alla Fiera di Milano, dove per un curioso gioco del destino è in corso l'Esposizione internazionale del ciclo e del motociclo, la sera del 30 novembre i telefoni prendono a squillare all'impazzata: piove una valanga di ordinazioni. E quando le linee sono intasate, si ricorre addirittura al telegrafo. Raccontano i giornali: «Stava accadendo qualcosa di grosso. Le richieste si facevano sempre più ansiose, pressanti. Il colore non importava più. La qualità neppure. Ogni tipo di bicicletta era offerta ed immediatamente accettata». Tullio Campagnolo, titolare dell'omonima azienda, dichiara preoccupato: «Non credo che la nostra industria sia pronta per assorbire questo boom». Dello stesso tenore le affermazioni di un consigliere delegato della Legnano: «Noi produciamo ottantamila biciclette l'anno; ne avevamo in magazzino diecimila, si sono volatilizzate. I nostri negozi sono stati presi d'assalto ovunque. Siamo alle prenotazioni». Ancora più pessimista il titolare della Doniselli: «La gente è come impazzita, s'è fatta prendere dalla frenesia della bicicletta. Consegne a domicilio non ne eseguo più, chi vuole pedalare viene di persona nei nostri negozi: arriva a piedi, riparte in bici. Sono dovuti intervenire i vigili. Ogni mezzora apriamo per fare uscire chi c'è dentro e far entrare chi aspetta sul marciapiede». Il livello d'isterismo collettivo è tale che da Roma e da Pescara arrivano ai fornitori richieste affinché i camion carichi di biciclette effettuino consegne notturne, per timore di assalti da parte di coloro che da giorni attendono il proprio velocipede. I contraccolpi più immediati si fanno ovviamente sentire sui prezzi, che quasi d'improvviso aumentano circa del 10 per cento, sia all'ingrosso sia al dettaglio.[15]

Il boom della bicicletta, almeno all'indomani delle notizie più sensazionali, sembra dover trasformare la vita degli italiani. C'è chi già paventa un calo degli amori clandestini – quelli che furtivamente si consumano in automobile – a vantaggio di quelli consacrati e ammonisce: «Le conseguenze si vedranno in agosto-settembre», appunto nove mesi più tardi. S'insinua addirittura, non senza malizia, che già si trovi alle stampe un «nuovo kamasutra del pedale», per insegnare particolari esercizi erotici da eseguirsi tra il sellino, il manubrio e il carter.[16]

Non stupisce, a questo proposito, che il mercato dell'auto appaia ancora più in crisi, il che non giova certo alla già difficile situazione dell'industria: si arriva a pensare che, nel «linguaggio delle vacche magre», possano trovare spazio nuove espressioni gergali, il cui riferimento sia alle due ruote anziché ai «sorpassati» mezzi motorizzati. Così Giulio Nascimbeni, dalle pagine del «Corriere della Sera», suggerisce di utilizzare «a pieni pedali» al posto di «a tutto gas», oppure «aver perso la catena» al posto di «aver fuso il motore».[17]

Dopo la prima settimana di euforia, tuttavia, gli italiani familiarizzano con le nuove abitudini e già il giorno dell'Immacolata non fa scalpore più di tanto la notizia che il papa si reca in piazza di Spagna in landò. L'austerity, poi, non dura troppo a lungo: dall'aprile 1974 le misure restrittive si allentano, con il passaggio al traffico domenicale a targhe alterne. In giugno la circolazione degli autoveicoli torna libera e regolare e, allo stesso modo, tutte le altre misure, gradualmente, vengono soppresse.

La tempesta però non è ancora passata, tanto che il '74 registra una delle peggiori performance economiche della storia della penisola e uno dei picchi storici dell'inflazione: in conseguenza dell'aumento del costo dell'oro nero si registrano una crescita dei prezzi stimata attorno al 6-7 per cento e un calo del 2-3 per cento del reddito nazionale. E in politica l'orizzonte non è meno plumbeo. Il 18 aprile le BR compiono il primo salto di qualità, sequestrando il sostituto procuratore di Genova Mario Sossi, colpevole d'essere impegnato in processi per reati di terrorismo. Tenuto prigioniero per cinque settimane, Sossi è rilasciato incolume, tra molte polemiche e ambiguità istituzionali. Ma intanto, nei giorni in cui ci s'interroga angosciati sulla sua sorte, si cercano strade per favorire la liberazione, si dibatte sull'opportunità di trattare con i brigatisti. «Questi sono illusi ed esaltati. Non possono farcela», pensa il rapito, chiuso nella sua prigione.[18] Ma la maggior parte degli italiani ha la sensazione opposta: le Brigate rosse raggiungono in quel frangente una notorietà eccezionale, mai avuta prima, nonostante la popolazione sia distratta da un altro scontro, in diverso modo epocale. Il nodo del divorzio è ormai giunto al pettine del referendum, previsto per il 12 maggio: prevarrà l'Italia familista, cattolica e conservatrice o quella progressista, laica e riformista?

Lo scontro è all'ultimo sangue: si tratta di un passo dal quale è poi difficile tornare indietro, lo capiscono tutti. Vincono i divorzisti (e non di misura: 59,3 per cento contro 40,7) e davvero a molti deve parere che i capisaldi della società siano in procinto di crollare. Anche tra costoro ci sono «illusi ed esaltati», decisi a reagire. Il 28 maggio, in piazza della Loggia a Brescia, esplode un ordigno nel corso di una manifestazione sindacale: muoiono otto persone.

Non pare proprio ci sia alcun futuro roseo per quell'Italia, esattamente come per i ciclisti tricolori in un anno in cui Eddy Merckx si divora ben più che il solo Giro: con un'impresa mai riuscita fino ad allora, s'aggiudica anche Tour de France e Campionato mondiale su strada.

Eppure, a ben guardare, la straordinaria capacità dello sport di farsi metafora di qualcosa di più alto ci rivela che nel buio di quegli anni di piombo, che si vanno vieppiù incupendo – e il momento di massima oscurità deve ancora venire –, deboli segnali di ripresa lampeggiano, fiochi e incerti, ma percepibili. I ciclisti tricolori tornano sul podio, Baronchelli secondo e Gimondi terzo. Ma non solo: il distacco tra il vincitore e il secondo classificato è il minimo registrato nella storia della corsa rosa: l'inezia di 11". Insomma: non potrà continuare sempre così. Ci saranno alti e bassi, e sangue da sputare, e sudore da sudare, e strada da fare, e «storici compromessi» da accettare. Ma no, non potrà continuare sempre così.

Grinta, coraggio, violenza

«Il cinquantanovesimo Giro d'Italia, mi sono detto, è una pratica sfida agli sceicchi. La bicicletta non deve restare fra gli oggetti d'uso sempre meno corrente, nei rispostigli delle nostre case.»[19] Così, nel 1976, con l'eco degli effetti dell'austerity ancora nelle orecchie, il grande Gianni Brera si appropinqua al suo ultimo Giro d'Italia da cronista.

Che davvero qualcosa stia cambiando, si è già capito quando Fausto Bertoglio nel 1975 pianta di nuovo la bandierina tricolore sulla vetta della corsa rosa. Ma il cambiamento non pare limitarsi alle vicende ciclistiche. L'austerità e la riscoperta del pedalare hanno coinciso e prodotto sinergie con un fenomeno più ampio che inizia a interessare la società italiana: tra confusi scimmiottamenti *hippies*, pressanti necessità energetiche, approssimative prese di coscienza dei sacchi edilizi perpetrati, bagliori di attenzione per la tutela dei beni culturali e crescenti preoccupazioni per l'inquinamento, stanno nascendo i primi germogli di cultura ambientalista. C'è alle spalle la positiva esperienza di Italia Nostra, fondata nel '54 da uno sparuto gruppo di intellettuali, ma arrivata un decennio dopo a 10.000 iscritti.[20] Il WWF, fondato a Ginevra nel '61 e sbarcato in Italia con cinque anni di ritardo, nel 1976 conta nel nostro paese ben 30.000 soci. Va detto che a partire dall'articolo di fondo che Indro Montanelli dedica il 7 maggio 1967, sulla prima pagina del «Corriere della Sera», alla mostra «Italia da salvare», curata da Italia Nostra, la stampa e in generale tutti i media riservano sempre maggior attenzione ai temi ambientali, con particolare impegno alla socializzazione di bambini e adolescenti. Alcuni risultati si vedono: a Milano il sindaco Aniasi fa installare le prime centraline per la misurazione dell'anidride solforosa nell'aria; nel 1973 compare un ministero dell'Ecologia; nel 1976 il Parlamento approva la legge Merli, che per la prima volta fissa i limiti tassativi della presenza di sostanze inquinanti negli scarichi idrici.

Ma questo non vuol dire, come ben possiamo immaginare, che le difese contro il degrado ambientale siano approntate: il 10 luglio 1976 da un reattore dello stabilimento ICMESA di Seveso, a pochi chilometri da Milano, fuoriesce una nube che si estende rapidamente all'area circostante.[21] Ci sono notevoli ritardi nella risposta istituzionale e sanitaria all'incidente (oltre a colpevoli reticenze da parte della proprietà aziendale), fonti di durature polemiche: si accerta solo dopo diversi giorni che la popolazione sta venendo in contatto con la diossina, una sostanza altamente tossica capace di provocare danni sia contingenti (soprattutto alla pelle) sia di lungo periodo (genetici, ormonali, cancerogeni). Non per nulla la vicenda s'interseca strettamente con l'infuocato dibattito intorno alla legislazione sulla delicata materia dell'aborto, in corso proprio in quei mesi, non senza che si getti benzina sul fuoco della lettura politica degli eventi, insinuando che l'ICMESA produca componenti dell'«agente orange», destinato dallo stato maggiore dell'esercito americano a defoliare le foreste del Viet Nam per stanare i guerriglieri.

E l'acqua si riempie di schiuma, il cielo di fumi,
la chimica lebbra distrugge la vita nei fiumi,
uccelli che volano a stento malati di morte,
il freddo interesse alla vita ha sbarrato le porte.[22]

In tempo reale la canzone *Eppure soffia* di Pierangelo Bertoli registra l'affermazione del nuovo spirito ecologico (che in fondo contribuisce a propria volta a rafforzare), assieme a un sensibile slittamento antinucleare degli ambientalisti italiani: «Un'isola intera ha trovato nel mare una tomba, / il falso progresso ha voluto provare una bomba». Nello stesso 1976, a seguito della decisione di localizzare a Montalto di Castro, in provincia di Viterbo, la più grande centrale nucleare del nuovo piano per l'energia atomica, cominciano infatti le prime marce di protesta di un movimento d'opposizione estremamente composito, destinato a fallire, ma comunque emblematico della visibilità e del valore politico ormai assunto dagli interventi in campo ambientale.

D'altra parte il '76, a riguardarlo oggi in prospettiva storica, costituisce uno snodo veramente fondamentale della storia politica italiana. Le elezioni anticipate, in giugno, impediscono lo svolgimento del referendum sull'aborto, che il clamoroso successo nella raccolta delle firme necessarie per richiederlo (300.000 più delle 500.000 necessarie) ha reso inevitabile. Il PCI arriva al 34,4 per cento dei voti, ma la DC tiene botta rimanendo partito di maggioranza relativa con il 38,7 per cento: l'elettorato conservatore le ha fatto quadrato attorno, «turandosi il naso», come ha suggerito di fare Montanelli. Il PSI è rimasto pressoché fermo e avvia il cambio di leadership che porta in scena Bettino Craxi, i liberali sono ai minimi storici, l'MSI è in caduta. L'ipotesi di «compromesso storico» avanzata tre anni prima dal segretario comunista Berlinguer – ansioso di entrare finalmente nell'area di governo e timoroso di un'inversione autoritaria sul modello del golpe cileno di Pinochet – non appare più tanto peregrina: il possibilista Aldo Moro tesse da tempo la tela dei rapporti tra i democristiani e gli storici avversari.

L'11 agosto 1976 Andreotti incassa a vantaggio del proprio governo, fresco di composizione, la «non sfiducia» dei comunisti, che gli consente di restare in carica fino al gennaio '78. È il primo dei due governi di «solidarietà nazionale» che dovranno affrontare l'emergenza terrorismo. Un'emergenza che pare rientrare, almeno parzialmente, nel corso dell'anno: in gennaio viene catturato Renato Curcio, con Nadia Mantovani; in giugno viene uccisa Mara Cagol. Sono due successi che si aggiungono alla cattura di Alberto Franceschini, avvenuta nell'autunno 1974, e che decapitano il vertice delle Brigate rosse. Del direttivo BR resta in libertà il solo Mario Moretti, leader dell'ala militarista: le conseguenze saranno gravissime, ma per il momento sembra che lo Stato sia a un passo dalla vittoria.

Così, in quel 1976, pare di uscire dal tunnel della crisi. Prendiamo il Giro: vince, per la terza volta, Felice Gimondi. Vince contro un Merckx ormai in parabola discendente, cui non bastano ripetuti e un poco ossessivi cambi di bicicletta, anche nel corso di una stessa tappa, per sopperire con la tecnologia agli acciacchi e al calo di forma. Al proprio calo di forma il non più giovane Gimondi sopperisce con una determinazione e una forza di volontà che sono da sempre le sue armi migliori e che Gianni Brera, nel suo già citato reportage, annota con ammirazione. Ma è il canto del cigno. Anche là dove assumiamo che il Giro sappia rendersi metafora del flusso storico italiano. I segnali di ripresa del '75 e del '76 sono solo una boccata d'ossigeno: poi si torna a respirare piombo.

La storia, d'altra parte, sa anche farsi metafora di se stessa: l'evento che davvero sgomenta il paese in quel cruciale 1976 è un terremoto. E non in senso figurato. Il 6 maggio, con epicentro nei dintorni di Gemona, un scossa tellurica del 10° grado della scala Mercalli devasta il Friuli: quasi mille vittime e decine di migliaia di senza tetto ne sono il risultato. Dalle profondità dell'invisibile c'è qualcosa pronto a venire in superficie e a sovvertire l'apparente quiete della vita di ogni giorno. Il '77 e il '78 sono, per ragioni differenti, un vero terremoto.

La contestazione di marca sessantottina, che pare in via di dissoluzione, presa com'è nei contorsionismi di elucubrazioni ideologiche senza vie di sbocco, ha un colpo di coda. Il '77, uno dei periodi di massima diffusione della violenza politica, viene così a essere il momento della rottura definitiva tra società civile e società politica, tra le richieste dal basso e le risposte lente e ambigue dei partiti e delle istituzioni. È uno dei picchi della crisi del sistema istituzionale, a causa di una «democrazia bloccata», di una corruzione sempre più visibile (in quell'anno scoppia lo scandalo Lockheed, che coinvolge i ministri Gui e Tanassi, l'ex capo del governo Rumor e il presidente della Repubblica Leone), di una lottizzazione del potere esasperata e di una diffusa mancanza di fiducia verso la mediazione democratica. Si palesa in maniera netta anche la rottura tra il PCI e il Movimento, che debutta simbolicamente il 17 febbraio con la famigerata «cacciata di Lama» (segretario generale della CGIL) dall'Università di Roma occupata.[23]

Seguono eventi sincopati e drammatici, raccontati in diretta dalle radio proliferate con la liberalizzazione dell'etere avvenuta l'anno precedente: 6 marzo, chiusura dell'Università di Roma per motivi di ordine pubblico; 11 marzo, uccisione a Bologna dello studente di Lotta continua Lo Russo, da parte dei carabinieri, nel corso di duri scontri tra forze dell'ordine e manifestanti; 12 marzo, manifestazione nazionale a Roma e scontri a fuoco, mentre a Bologna continuano i disordini, che si concludono il giorno seguente con l'arrivo dei blindati. La P38, come noto, diventa il simbolo della nuova fase della protesta di piazza, che si alimenta nell'occupazione di case sfitte o abbandonate, negli espropri proletari, nell'autoriduzione delle bollette e dei biglietti del cinema. Si allunga l'agghiacciante elenco dei morti di violenza politica, quasi sempre adolescenti o poco più, membri di bande politicizzate di segni opposti, che si danno la caccia in un clima di delirante ferocia ideologizzata. Dai primi maneschi debutti nella Livorno del 1960 la violenza politica giovanile ne ha fatta di strada.

Di strada ne fa tanta anche il Giro d'Italia, quell'anno: ben ventidue tappe, come – durante il decennio – solo nel '76 e nel '74. Ennio Cavalli, giornalista Rai al seguito della corsa, parla con un angoscioso *calembour* di «gambe di piombo e piombo nelle gambe a fasi alterne, sui due fronti. Fughe dal gruppo e follie di gruppuscoli» e racconta dei riflessi sulla carovana della stampa delle «gambizzazioni» dei colleghi Vittorio Bruno, Indro Montanelli, Emilio Rossi: «Per chi si droga di violenza la squalifica è unanime» – conclude –, ma forse la realtà è meno idealistica, se egli stesso concepisce un racconto nel quale *La tuta* dei giornalisti Rai fa da filo conduttore a una trama che lega una terrorista clandestina alla corsa rosa.[24] E come le droghe, anche la violenza rischia di attecchire al Giro in perfetta simbiosi con larghi strati di una società che pare sempre più crederla una virtù, se è vero che un cartello accoglie così il campione italiano con indosso la maglia rosa per ben quindici tappe: «Alé, Moser. Grinta, coraggio, violenza».

«Ricordo tappe del Giro d'Italia intrise di odio e di violenza. Le due tifoserie pronte a insultarsi e in certi casi anche a malmenarsi», scrive Adriano De Zan.[25] La violenza, per quanto in senso sportivo, fa davvero da padrona in quell'edizione della corsa. Il belga Freddy Maertens, eccezionale sprinter, domina le prime tappe e in molti lo pronosticano vincitore: in ogni caso se la dovrebbe vedere con Francesco Moser, che si alterna con lui al comando della classifica. Ma nell'ottava frazione Maertens cade rovinosamente in volata e una grave frattura lo elimina dalla gara. Forse Moser pensa che sia ormai fatta e abbassa la guardia: fatto sta che sale alla ribalta un altro belga, Michel Pollentier, che si porta a casa il Giro. Agli italiani, beffati, restano secondo, terzo, quarto e quinto posto!

Identica situazione l'anno successivo, quando il Giro termina il 28 maggio con Johan De Muynck primo, davanti a Gianbattista Baronchelli, Francesco Moser, Wladimiro Panizza e Giuseppe Saronni. Ma è un Giro che due giorni dopo la partenza del 7 maggio si vede togliere la scena dalla più nitida tragedia in senso strettamente politico della storia repubblicana italiana. A conclusione dell'attacco delle BR «al cuore dello Stato», il cadavere di Aldo Moro viene fatto ritrovare nel bagagliaio di un'auto, dopo 55 giorni di prigionia e uno sfibrante confronto sulla possibilità di trattare la sua liberazione. I corridori attraversano così un'Italia strana, quasi ancora incredula. «Son cose che succedono una volta ogni morte di papa» commenta qualcuno: ma quando in un anno, di papi, ne muoiono due (Paolo VI e Giovanni Paolo I), cosa ti puoi aspettare?

Ti puoi aspettare – ovvio – che l'arcipelago dei gruppi terroristici, esaltato dall'apparente onnipotenza brigatista, prosegua nell'*escalation* di violenza: gli attentati infatti si moltiplicano.

Ti puoi aspettare – se tanto mi dà tanto – che la liberalizzazione in campo radiofonico sia solo l'antipasto della ben più corposa portata televisiva: e infatti alla succulenta tavola imbandita delle televisioni locali, spuntate un po' ovunque dopo il '76, si siede l'imprenditore Silvio Berlusconi, che dà vita alla sua prima emittente, TeleMilano.

Ti puoi aspettare – sarebbe ingenuo non farlo – che le logiche televisive si facciano sempre più preponderanti, se è vero che al Giro di Toscana, proprio in quel 1978, il vincitore Giuseppe Perletto gira una replica *ad hoc* del proprio arrivo per ovviare a una *défaillance* degli operatori Rai.[26]

Puoi aspettarti – di conseguenza – che la Rai risponda in qualche modo alla perdita del monopolio delle frequenze: lo fa, il 15 dicembre dell'anno seguente, con l'avvio delle trasmissioni del terzo canale, che per l'appunto dovrebbe avere impronta regionale.

Ma ormai non è più il '78: è *L'anno che verrà*. E la «grossa novità» che Lucio Dalla si aspetta per l'anno che sta arrivando[27] quale può essere?

Forse che dopo il terribile logoramento di quei 55 giorni, l'esperimento di governo in accordo col PCI vada a morire come il suo principale tessitore? Il 31 gennaio 1979 il PCI accusa il governo in carica di inadempienza, ma di sicuro non è una novità quel che ne viene: in marzo si forma il quinto governo Andreotti (DC-PSDI-PRI), debole al punto di non poter neppure contare su una maggioranza favorevole in Senato.

Forse che si tengano elezioni anticipate e prevalga infine la DC? Certo che no.

Forse che si formi il primo di tre governi (Cossiga, Cossiga, Forlani) fondati sulla medesima strategia politica di quindici anni prima, vale a dire con la collaborazione del PSI e dei partitini di centro, e destinati a vita tanto effimera da coprire il risibile arco di tempo di nemmeno due anni? Difficile crederlo.

Forse la grossa novità è il ciclismo a regalarla. Chi l'avrebbe detto, che sarebbe rinata un'accesa rivalità tra due fuoriclasse, tanto diversi e a proprio modo brillanti da infiammare due parti d'Italia contrapposte? È quanto accade con Giuseppe Saronni e Francesco Moser: il Giro del 1979 celebra, in quest'ordine, la nascita del nuovo binomio del ciclismo nostrano e prepara a un decennio innegabilmente pieno di cambiamenti. Bisogna prepararsi («Io mi sto preparando»). E soprattutto Moser e il suo *entourage* lo stanno facendo («È questa la novità»).

IX
Il riflusso

Inquietudine e ottimismo

Cosa sarà che ci fa lasciare la bicicletta sul muro
e camminare la sera con un amico a parlar del futuro.
Cosa sarà questo strano coraggio o paura che ci prende
che ci porta ad ascoltare la notte che scende.[1]

Nel 1979 Lucio Dalla duetta con Francesco De Gregori in un pezzo che appare oggi, in chiave storica, estremamente significativo. In primo luogo perché sarà uno dei successi di maggior spicco del tour che i due (insieme a Ron) avviano quella stessa estate, con il titolo di *Banana Republic*, contribuendo in misura decisiva a rivoluzionare il modo d'intendere il concerto rock (in particolare quello italiano, che ha per protagonisti i cantautori). L'esibizione davanti al pubblico, infatti, in quegli anni Settanta è considerata non una festa, ma un evento da valutare secondo il grado d'impegno politico e serietà dei contenuti espressi dall'artista. Non a caso, attraverso quella lunga e felice esperienza che percorre la penisola proprio come un giro d'Italia della musica d'autore in quel momento più *à la page*, Francesco De Gregori torna a misurarsi dal vivo con il pubblico dopo la drammatica, e per lui letteralmente sconvolgente, esperienza del processo politico subito al Palalido di Milano nel 1976. Un'esperienza che, il giorno dopo l'accaduto, lo stesso cantautore romano aveva bollato come «parte della strategia della tensione».[2] Insomma, in quell'estate del '79 la strategia della tensione potrebbe sembrare in procinto di sparire insieme al decennio della violenza e delle stragi.

Eppure, in secondo – ma non secondario – luogo, *Cosa sarà* ci trasmette un messaggio d'inquietudine e trepidazione che non può essere sottovalutato. Non è un percorso frammentario e casuale quello che si sta qui delineando, perché è lo stesso Lucio Dalla, l'anno seguente, a ricordarci che il tour di *Banana Republic* è un tracciato luminoso, ma effimero, in un'Italia ancora immersa nel grigiore degli anni di piombo, e a fissare con *Futura* la distanza tra gli speranzosi primi segnali di ripresa e la realtà incombente («Chissà, chissà domani / ... / se si potrà contare ancora le onde del mare / e alzare la testa»).[3] Una realtà fatta di frizioni a rischio di surriscaldamento nucleare fra le grandi potenze, dopo che l'URSS nel '79 ha invaso l'Afghanistan e gli USA nel 1980 hanno deciso di mostrare i muscoli eleggendo alla presidenza Ronald Reagan. Ne viene prima di tutto, e per l'appunto, un botta e risposta a colpi di missili atomici a media gittata, che ciascuna delle due potenze cerca d'installare quanto più vicino possibile ai territori avversari e che la NATO, fra molte polemiche, vuole sistemare a Comiso, in Sicilia. Il primo governo della storia repubblicana guidato da un laico, Giovanni Spadolini, dà l'assenso l'8 agosto 1981: ministro della Difesa è il socialista Lelio Lagorio. Il parere favorevole dei socialisti è decisivo e segna il definitivo allontanamento dal PCI, fermamente contrario all'operazione, anticipando le potenzialità e le caratteristiche governative del leader del PSI, l'«americanista» Bettino Craxi. In conclusione, gli italiani si trovano in casa 112 missili Cruise, e non si può dire che la cosa sia tranquillizzante. Ma purtroppo non sono soltanto le armi nucleari americane a doverci preoccupare.

Mattina del 2 agosto 1980, sabato. A Bologna, la stazione ferroviaria è strapiena. Centinaia di persone, italiane e straniere, pronte a partire per le ferie estive. Valige, gelati, canottiere. Alle 10.25 un boato: un'esplosione investe la sala d'aspetto di prima e seconda classe, il centralino telefonico, il marciapiede del primo binario, dove si trova in attesa il treno diretto a Basilea. È una tragedia enorme: 85 morti e 200 feriti.

Le prime voci attribuiscono il disastro a una caldaia guasta. Ma quando le macerie sono rimosse, il cratere rimasto nella sala d'aspetto non lascia spazio a dubbi: è esplosa una bomba, non una caldaia. Sembra un *remake* di piazza Fontana, e come per l'attentato del dicembre 1969 le responsabilità sono alla fine ricollegate all'area della destra estrema. I mandanti non saranno mai, a tutt'oggi, accertati, ma gli storici sono tendenzialmente concordi nell'individuare nella bomba alla stazione bolognese l'ultimo rilevante colpo di coda della strategia della tensione.

Tempi cupi, allora, sempre e comunque all'orizzonte del nuovo decennio? Gli anni Settanta possono davvero considerarsi terminati – a seguito di un evento di densissimo valore simbolico – il 14 ottobre 1980, con la marcia detta «dei Quarantamila», nella quale i quadri intermedi della Fiat si mobilitano pressoché spontaneamente per manifestare il proprio dissenso verso lo sciopero con cui i sindacati si oppongono alla cassa integrazione di 24.000 operai (molti dei quali fra i più agitati attivisti degli anni precedenti). È un colpo durissimo alle logiche che hanno presieduto alla vita del paese negli anni della contestazione. E tutto in presenza di una classe politica che non pare capace di gestire il mutamento, facendosene interprete attraverso i partiti.

Appena un mese dopo, il 23 novembre, un devastante terremoto (11° grado della scala Mercalli) colpisce l'Irpinia. Bilancio: 2735 morti, poco meno di 9000 feriti e quasi 300.000 sfollati. Ma questa volte le cose vanno ben diversamente rispetto alla rapida risposta offerta quattro anni prima in Friuli. Sia per le peculiarità socioculturali della zona, sia per l'inefficienza e la corruzione dell'amministrazione pubblica, i soccorsi risultano intempestivi e inadeguati all'estrema gravità della situazione.

Il clima di sfiducia nei confronti dei vertici politici cresce e raggiunge il suo massimo di lì a poco, quando nell'ambito delle inchieste sui traffici del finanziere Michele Sindona viene alla luce l'esistenza di una loggia massonica, detta Propaganda 2, capitanata da Licio Gelli e comprendente uomini politici, imprenditori, militari, finanzieri, giornalisti, esponenti dei servizi segreti. L'estensione della rete della P2 e lo scenario di connivenze che implica è tale da far emergere collegamenti con molteplici snodi della storia politica italiana recente, molti dei quali fra i più oscuri, collegati anche alla strategia della tensione: dal piano Solo al golpe Borghese, dal rapimento Moro all'attentato alla stazione di Bologna.[4] Il governo guidato dal democristiano Arnaldo Forlani fa resistenza alle indagini e finisce per togliersi il terreno sotto i piedi. Il 26 maggio deve dimettersi e apre la strada alla «rivoluzione» che porta al governo i laici: prima il repubblicano Spadolini, come detto, e poi, dall'agosto 1983, il socialista Bettino Craxi.

Insomma, si può essere inquieti oppure ottimisti, in quegli anni confusi. E gli italiani è molto probabile si dividano tra i due sentimenti, se è vero, come abbiamo accennato, che nel ciclismo tornano a schierarsi come non accadeva ormai dai tempi di Bartali e Coppi, chi per Giuseppe Saronni, chi per Francesco Moser. «Introverso e pepato» il primo, scattista nervoso e straordinario, con la sua faccia da eterno bambino e, come un bambino, inquieto. «Estroverso e guascone» il secondo, capace di applicazione metodica, necessaria per le gare a tappe e agevole per chi, come lui, è ottimisticamente fiducioso nel futuro.[5] Il duello tra i due si precisa nel Giro del '79 – tagliato peraltro a loro misura, con poche vette e molte cronometro –, quando l'appena ventiduenne Saronni si afferma con 2' di vantaggio sul più esperto Moser, secondo. Poi la rivalità, pur vivissima, sembra alimentarsi più di schermaglie dialettiche che di confronti sulle strade italiane.

«Non c'era tappa che i due non salivano in postazione tivù per punzecchiarsi, rivendicare, accusare», ricorda il telecronista Adriano De Zan. Ma è proprio vero che tra i due litiganti...

Intanto che i due si punzecchiano (lo stesso fanno i loro tifosi), Hinault si aggiudica il Giro del 1980 e quello del 1982, mentre Battaglin, terzo incomodo in campo tricolore, si porta via quello del 1981, che «salta» da Reggio Calabria a Roma per non attraversare la triste Campania terremotata.

Eppure si potrebbe scommettere che davvero pochi tra gli *aficionados* del Giro – siano essi saronniani o moseriani, per quanto frustrati dalla pluriennale mancanza di vittorie dei due – non avvertano nell'aria un coinvolgente senso di ottimismo.

L'Italia è infatti a una svolta, marcata emblematicamente da due episodi, nel corso del 1982. Il 28 gennaio un reparto speciale del NOCS (Nucleo operativo centrale speciale, fondato nel '74 nel quadro di una più ampia serie di provvedimenti antiterrorismo) libera il generale americano James Lee Dozier, vicecapo di stato maggiore del comando delle forze terrestri NATO in Sudeuropa, sequestrato quaranta giorni prima dalle Brigate rosse, nel tentativo di realizzare una strategia che individua proprio nell'installazione di missili americani in territorio italiano un inedito terreno di lotta di classe. È un successo clamoroso dello Stato contro l'eversione armata, rafforzato dall'ulteriore ondata di arresti permessi dalle confessioni estorte (anche con mezzi discutibili) ai carcerieri di Dozier.

Ma un successo ancor più eclatante e assolutamente sorprendente, su un piano meno politico e fortunatamente meno drammatico, è alle porte. Tra il 14 giugno e l'11 luglio la Nazionale azzurra di calcio, guidata da Enzo Bearzot, in un crescendo esaltante supera tutti gli avversari sulla strada per la finale del Campionato mondiale che si gioca in Spagna. L'urlo e la corsa allucinata di Marco Tardelli dopo il secondo gol infilato alla Germania, surclassata nell'ultima partita, sono destinati a diventare il simbolo di un'Italia vincente, che si libera dalla cappa di piombo. Paolo Rossi, da allora in poi Pablito, mingherlino capocannoniere del torneo, incredibilmente resuscitato proprio in quei giorni dal purgatorio di una lunga squalifica per scommesse e da una serie iniziale di mediocri prestazioni, è l'incarnazione di un paese sul quale poco prima nessuno avrebbe giocato una lira e che invece si avvia alla rinascita.

La bicicletta, riportata in strada dal muro dove l'avevano lasciata Dalla e De Gregori, diventa sinonimo di spensierato innamoramento e il futuro, snebbiato dalle tinte apocalittiche dei bombardamenti atomici, «è nato stamattina»:[6] che importa se anche non si sa esattamente dove ci si trova?

C'è un nuovo futuro anche per i due grandi duellanti del ciclismo nostrano, che tornano alla ribalta. Il Giro del 1983, che registra ancora riflessi di contestazioni operaie nell'annullamento della tappa prologo di Brescia, bloccata da uno sciopero dei metalmeccanici, è vinto da Saronni, campione mondiale in carica. Una certa aria di scanzonata goliardia si coglie persino nel principale scandalo che la memoria di questa corsa porta con sé: lo sponsor di una squadra avversaria avrebbe cercato di corrompere i camerieri dell'albergo che ospita Saronni perché, alla vigilia dell'ultima tappa a cronometro, versassero del lassativo nelle pietanze del corridore. Pare davvero di trovarsi in una delle scollacciate commedie cinematografiche tanto in voga in quegli anni, più che a una delle competizioni ciclistiche maggiormente famose nel mondo. La dinamica esatta dei fatti non verrà poi mai chiarita e in ogni caso non ci sono conseguenze: Saronni tiene botta e conserva il primato. Ha appena ventisei anni e un futuro radioso davanti. All'apparenza ha schiacciato definitivamente Moser, incappato nel suo Giro più malinconico, con un ritiro a cinque tappe dalla fine, diciannovesimo in classifica a quasi 10' dal rivale.

Ha ormai trentadue anni, Moser: pare ovvio che è finito, o quasi. E finito dovrebbe essere, di conseguenza, il suo duello con il più giovane antagonista.

Il duello è finito, è vero: ma non nel senso che tutti si aspettano.

«Cosa sarà ... / che fa morire a vent'anni / anche se vivi fino a cento?»[7] Giuseppe Saronni non se lo aspetta che si possa, almeno in senso sportivo, «morire a vent'anni» anche vivendo fino a cento. Giunto al culmine di una sfolgorante carriera, si spegne. Continua a correre ancora a lungo, ma sostanzialmente senza acuti. *Cosa sarà* la causa, ce lo si chiede ancora adesso.

Moser, per converso, sa che gli anni passano e si sta preparando da tempo: nell'officina che ha installato a Trento, dove ha preso a costruire splendide bici da corsa, sta mettendo a punto un vero gioiello, applicando nuove, rivoluzionarie tecnologie. E la sua stirpe montanara sa che si può essere giovani anche da centenari. Ma soprattutto, in fondo, Moser è un ottimista. Così fa proprio il progetto della Also-Enervit, azienda di integratori alimentari che trova terreno di sviluppo straordinariamente favorevole nei nuovi modelli sociali ed estetici in via d'affermazione, e si lancia in un'impresa apparentemente senza possibilità di riuscita. «Preparazione scientifica, inedita e mirata»,[8] metodica assistenza medica, dieta alimentare appositamente studiata; e poi, appunto, tecnologia.

Il professor Antonio Dal Monte, direttore scientifico dell'Istituto di scienza dello sport e capo del Dipartimento di fisiologia e biomeccanica del Coni, un vero luminare nelle innovazioni tecnologiche riguardanti lo sport, viene chiamato a ideare un nuovo modello di ruota: la chiama lenticolare perché costituita da due elementi curvi, appunto come lenti, due coperchi di tegame in fibra di carbonio, uno a destra e uno a sinistra, uniti al centro in modo tale da fendere l'aria meglio di una superficie piatta. Lavora poi alla riduzione massima degli attriti nelle parti meccaniche e riesce a ottenere, sempre grazie all'impiego di nuovi materiali, una struttura molto rigida che, sfruttando anche l'asimmetria delle ruote (la posteriore più grande, l'anteriore più piccola), ottimizza l'effetto aerodinamico. Dietro sue indicazioni il telaio è assemblato dall'officina ciclistica dello stesso Moser.[9] Ne viene una bici rivoluzionaria, che riesce ad aggirare tutti gli ostacoli regolamentari e che, detto per inciso, ha pure il vantaggio di offrire una nuova superficie – quella appunto delle ruote lenticolari – alle scritte pubblicitarie degli sponsor.

Così il 19 gennaio 1984, a Città del Messico, Moser scende in pista tra lo scetticismo generale. Pedala per un'ora su una bicicletta a ruote lenticolari, in quella che dovrebbe essere solo una prova generale: invece supera il record dell'ora detenuto dal 1972 da Eddy Merckx, ritenuto da tutti invalicabile. Ci riprova, «sul serio», quattro giorni dopo e batte in modo ancor più evidente il Cannibale: 51,151 chilometri in un'ora contro 49,432!

È l'inizio di una seconda giovinezza. Il 17 maggio, al prologo cronometrico del Giro, a Lucca, si prende la maglia rosa e avvia con il francese Laurent Fignon un'appassionante tenzone, non priva di polemiche per l'annullamento del passaggio sullo Stelvio innevato, che sarebbe deciso per favorire il corridore italiano. Quattro tappe in maglia rosa per Fignon, poi quindici per Moser; alla terzultima il francese riprende il comando e sembra fatta.

Ma il mix di attenta preparazione fisica e tecnologia sperimentato a Città del Messico torna in gioco. Ci sono solo 42 chilometri, nell'ultima tappa a cronometro tra Soave e Verona, per recuperare più di un minuto e ribaltare la situazione. Sono sufficienti: Moser con la sua bici avveniristica rifila 2' 24" all'avversario e vince il suo primo Giro d'Italia a nove giorni dal suo trentatreesimo compleanno.

Il clamoroso successo di Moser addita nuove frontiere per il ciclismo. Ma la tecnologia, e in certo qual modo anche la preparazione fisica, stanno arrivando anche a scombussolare la vita quotidiana dell'italiano medio.

Biciclette rampanti

«Era fighissima, era plasticosa, il sellino era duro, di plastica nera, aveva colori sgargianti, la mia era amaranto e nera, ma c'era anche rosa flou tanto per dire, le manopole dei manubri (sproporzionatissime!) e anche il manubrio stesso erano imbottiti, e si poteva togliere l'imbottitura, la potevi mettere anche sulla canna, e potevi fare a scambio con gli altri. Io ci giocavo e facevo che ero uno dei Goonies.»

Orrore. Ci si può riferire così a una bicicletta? Sì, se sei un po' più che ventenne e, in quanto figlio degli anni Ottanta, hai scorrazzato con un genere di bici che nessun ragazzino ha mai sperimentato prima. Ovvio, a guardarsi indietro oggi, che sei capitato in un'ondata di consumismo kitsch senza eguali e di dimensioni ben più ampie del tuo desiderio di possedere una BMX.

Un inciso però è doveroso. È giusto dire che il BMX (Bicycle Motocross) è una vera e propria disciplina ciclistica, nata negli USA nel 1968, che ha goduto di un'effimera stagione di popolarità nel nostro paese proprio durante gli anni Ottanta, in seguito al costituirsi nel 1981 dell'Associazione italiana BMX. Altrettanto opportuno, tuttavia, è notare che se il ragazzino anelante a una BMX rosa flou fantasticava di essere un membro della banda dei *Goonies* (film di notevole successo diretto da Richard Donner e prodotto da Steven Spielberg nel 1985), che si muoveva con biciclette piuttosto stravaganti sul modello già sperimentato in *E.T. l'extraterrestre*, una delle massime icone cinematografiche dell'inizio di decennio ricorre alla più classica bici da corsa per simboleggiare impegno, determinazione, serietà e dedizione. Chi non ricorda, infatti, la deliziosa Alex di *Flashdance* (1983), impersonata da Jennifer Beals, piegata sul manubrio ricurvo per raggiungere nell'alba fumosa di Pittsburgh l'improbabile lavoro di saldatrice con il quale mantiene le proprie ambizioni artistiche di ballerina?

Tutto improbabile, è vero. E gli italiani, difatti, si emozionano per il film, ma poi si fanno paciose gite al parco o in campagna sulle «bibici», versione aggiornata e amatoriale del più serio e tradizionale tandem, che registrano in quegli anni un buon successo di vendite. Appunto: si diceva dell'ondata consumistica. Un'ondata che arriva a interessare anche campi del tutto nuovi. Il futuro sta iniziando a far rima con rivoluzione informatica, computer, robotica, elettronica. Enormi passi in avanti vengono compiuti e le potenzialità appaiono formidabili.[10] Le dimensioni dell'*hardware* si fanno finalmente consone a una scrivania, più che a un garage (nell'immaginario collettivo il computer tipo in quel periodo rimane Hal 9000 di *2001 Odissea nello spazio*), ma i nuovi elaboratori vantano soprattutto maggior velocità di calcolo, costi di produzione decisamente più contenuti e un codice di comunicazione che, con un poco di apprendistato, risulta accessibile anche ai profani. Nel 1981 la IBM decide di applicare alle proprie macchine le intuizioni di due studenti di Stanford (Bill Gates e Paul Allen, che nel 1974 hanno perfezionato un linguaggio *basic* per il computer da loro artigianalmente assemblato), creando in pochi anni una struttura di *hardware* e *software* riconosciuta dalla stragrande maggioranza di programmatori e costruttori. La scelta di MS-Dos si rivela vincente e produce effetti anche nelle case degli italiani. Per quanto la penetrazione del personal computer si riveli lenta e tardiva,[11] le generazioni più giovani vanno impadronendosi del linguaggio operativo, trasformando il computer in un'alternativa d'intrattenimento: ben presto i videogiochi si fanno, da opzione d'élite, fenomeno collettivo. «Pac-Man», un videogame generato nel 1980 dalla creatività giapponese, diventa ben presto un prodotto popolarissimo.

La diffusione dell'informatica è un segnale tra i più clamorosi di una spinta, enormemente favorita dalla buona congiuntura economica, che in Italia si traduce in vera e propria corsa ai consumi, in una nuova fame, in una specie d'insaziabilità dell'avere,[12] che sorge non senza responsabilità della televisione commerciale, con i suoi 1500 spot al giorno.[13]

Il consumismo sta rinascendo. E il comunismo sta morendo, o forse – almeno quello italiano – è già morto e gli vengono riservate le più partecipate esequie che si ricordino dai tempi del funerale a Palmiro Togliatti: il 13 giugno 1984 circa un milione di persone tributano l'ultimo saluto a Enrico Berlinguer, deceduto in seguito a un ictus nel corso di un comizio elettorale a Padova.

Il presidente della Repubblica Sandro Pertini, da subito rivelatosi innovatore non solo nella sua qualità di primo socialista divenuto capo dello Stato, ma anche nella modalità d'interpretare il proprio ruolo con una straordinaria capacità di sintonizzarsi con la gente e di renderne visibili le opinioni e i sentimenti, si china con gesto toccante sul feretro del segretario del PCI e lo bacia. È un bacio d'addio a un integerrimo e centrale protagonista della vita politica italiana dell'ultimo quindicennio, ma è anche l'addio al comunismo che ha accompagnato la storia italiana fino a quel momento.

> Gli amici e i compagni lo piangono, i nemici gli rendono onore,
> Pertini siede impietrito e qualcosa è morto anche in lui.
> Pajetta ricorda con rabbia e parla con voce di tuono
> ma non può riportarlo tra noi.[14]

Perso il suo leader più carismatico e incassata il 9-10 giugno 1985 la sonora sconfitta nel referendum sulla scala mobile, il PCI entra in una sofferta crisi destinata a trovare un vero sbocco solo con il 1989. Può apparire un caso? In quello stesso 1985 Michail Gorbaciov è eletto segretario generale del PCUS, con quel che ne conseguirà.

È stato ripetuto all'infinito, e lo vediamo: tutto sembra tenersi in questi anni Ottanta, che segnano l'allontanamento dall'impegno politico postsessantottino, soprattutto sinistrorso, e marcano invece l'avvento del disimpegno o, detto altrimenti, del riflusso.

Quest'ultima fortunatissima parola racconta di un'energia giovanile, esplosiva nel decennio precedente, che ripiega adesso a produrre una sorta di buco nero autogenerato che la riassorbe, sul modello dei film di fantascienza che tanto consenso di pubblico stanno riscuotendo proprio in quel torno di tempo, e la proietta in un universo parallelo di consumismo fine a se stesso e, come si è detto accennando alla bicicletta BMX, assai poco raffinato o – detto in linguaggio paninaro – «truzzo».

> Parliamo un po' dei panozzi ... In qualche modo sono il post-paninarismo, così come oggi il moderno si chiama post-moderno. Ha superato gli accessori che non servono, le felpe da sbarbetti ormai passati e ora si veste paninar forever, ma old England style ... La preppina, in compenso, è dolcissima, molto sciccosa e alquanto riservata. Passa silenziosa per il pubblico passeggio, getta uno sguardo alla company del bar Americano... Poi lancia un «dove si va stasera», invito che chiunque accetterebbe con molta gioia. Il galloso ... sa di esserlo, ma lo è dentro. Non gli bastano i 501 o la felpa Stone. Non ha bisogno di giurare vendette contro ciaina metallari e dark. Non ha neppure bisogno di affermare centomila volte la propria superiorità. Sa benissimo di essere dieci spanne più su, dunque, perché infierire?[15]

Il fenomeno paninaro origina tra 1982 e 1983 nei licei milanesi d'élite. I ragazzi che ne fanno parte si ritrovano al bar Il Panino e si distinguono per l'abbigliamento, di capi firmati e di marca, una vera e propria divisa. Per certi versi si tratta di una rivisitazione dell'abitudine dei loro fratelli maggiori, che indossavano negli anni Settanta un vestiario atto a qualificare le diverse appartenenze politiche. Non per nulla la base paninara a Milano diventa quella stessa piazza San Babila che per anni ha ospitato i giovani di destra: nel brano poco sopra riportato si coglie agevolmente – al di là dei neologismi di dubbio gusto – uno sgradevole retrogusto di superomismo neofascista. Ma, a ridimensionare tale sensazione, basti dire che la calamita che attrae i paninari in piazza San Babila è l'apertura del primo *fast food* della catena Burghy, che mette a disposizione il vero e proprio feticcio della subcultura paninara: il panino con hamburger. Tra '84 e '86 il fenomeno assume dimensioni nazionali (anche grazie al successo del comico Enzo Braschi, che ne fa la parodia nella trasmissione televisiva «Drive in») e, per quanto evidentemente privo di spessore culturale, presenta due qualità agli occhi dello storico: segnala da un lato il ruolo decisivo che negli anni Ottanta sta assumendo in chiave sociale la moda e rimarca dall'altro il nesso fortissimo di quest'ultima con il mondo giovanile. Nesso che viene posto in luce, non senza metterlo significativamente in relazione con il riflusso, anche quando un osservatore privilegiato come Francesco De Gregori parla di «generazione benetton»: «io, inventando quel termine, non avevo alcuna intenzione di gravarlo del benché minimo "spessore ideologico". Intendevo semplicemente confrontare una "generazione dell'impegno" – che è poi la mia – con una nuova "generazione vuota" di ideali, di punti di riferimento, di tradizioni».[16]

Insomma: *Sotto il vestito niente*, come titola genialmente un film dei fratelli Vanzina, che in perfetta coincidenza (1985) con le dichiarazioni di De Gregori porta sul grande schermo il mondo della moda. L'allusione tanto alla conturbante nudità delle modelle, quanto alla vacuità della galassia di interessi e desideri gravitante attorno alle sfilate produce un'efficace metafora dell'enorme successo dell'industria italiana del *prêt-à-porter* che, in concomitanza con la crescente disponibilità economica delle famiglie, crea un mercato di massa.

L'immagine esteriore, nella produzione come nella vita quotidiana, sta diventando sempre più importante. E le prime ad accorgersene sono proprio le modelle. Non più semplici appendiabiti, ma vere e proprie star dello *show business*, che con fisici scolpiti, sguardi misteriosi e atteggiamenti alteri e sprezzanti fanno girare la testa ai maschi di tutto il mondo e a chi stacca loro gli assegni. Famose e strapagate, sono definite con un nome nuovo: Elle MacPherson, Cindy Crawford, Claudia Schiffer, Naomi Campbell, Karen Mulder, Carla Bruni sono le top model.

Ma se il fisico da top è praticamente irraggiungibile, una forma invidiabile diventa l'obiettivo che si prefiggono in molti. L'ossessione per l'aspetto esteriore, oltre ad aprire la strada a nuovi prodotti di consumo come lozioni dopobarba, creme antirughe e integratori alimentari, si traduce così in una vera e propria ossessione per la salute: mentre le famiglie italiane prendono a consumare montagne di medicinali,[17] i più giovani affollano le palestre. C'è culturismo, più che cultura, in questi anni, celebrato da attori straordinariamente famosi proprio per l'ipertrofica muscolatura, come Arnold Schwarzenegger (*Conan il barbaro*, 1982; *Terminator*, 1984) e Sylvester Stallone (*Rambo* e *Rocky III*, 1982). Rispetto agli anni precedenti, nei quali lo sport praticato non era propriamente fenomeno di massa, a partire dagli anni Ottanta si assiste a un'inversione di tendenza. Le amministrazioni locali iniziano a spendere ingenti somme, tanto che tra il 1979 e il 1989 il numero degli impianti sportivi in Italia passa da 45.494 a 118.712.[18]

Ma chi sono i protagonisti del fitness? Chi affolla le palestre e i campi da squash? I fratelli maggiori dei paninari, ancora loro, che – alla ricerca di una propria immagine identificativa al passo con i tempi – adottano gli stilemi degli *yuppies* americani: gli *young urban professionals* sono giovani rampanti tra i 25 e i 35 anni, laureati nelle migliori università, ambiziosi e determinati, pronti a lanciarsi nei giochi di Wall Street per arricchirsi il più velocemente possibile. Abito scuro, cravatta sottile, valigetta in pelle, orologio di marca ostentato sopra il polsino – nel mito di Gianni Agnelli –, il sogno di una Ferrari Testarossa, l'ambizione di un appuntamento con una top model: gli *yuppies* italiani galleggiano compiaciuti nella «Milano da bere» di quegli anni, come le olive nei Martini dei locali *in* del centro.

> Sono i figli di quest'Italia
> quest'Italia che sta crescendo
> sempre meno contadini
> sempre più fondi d'investimento.[19]

E se non possono arrivare a permettersi una Testarossa, possono ripiegare su una «Ferrari che va a pedali»:

> Ernesto Colnago, un artigiano che è un autentico mastro biciclettaro, ha presentato, ieri, al Circolo della Stampa di Milano, la Colnago-Ferrari, che è il frutto della collaborazione con la Ferrari-engineering ... davanti a Piero Lardi Ferrari, all'ingegner Razella,

al sindaco Pillitteri, ad Alboreto, a Saronni ... Costerà non meno di sette milioni di lire. ... Alla Ferrari si debbono il telaio, la cui elevata rigidità è stata ottenuta con l'utilizzo degli stessi materiali che la Ferrari impiega nella F40 e nella Formula uno, il cambio ... e l'impianto frenante. ... Colnago prevede una produzione di cinquecento biciclette Concept l'anno. Una bicicletta status-symbol, dunque.[20]

Gli *yuppies* hanno così a disposizione il loro *status symbol* a due ruote, ma non solo. La storia del Giro, infatti, esalta proprio in quegli anni un ciclista che sovverte l'immagine tradizionale del corridore. Roberto Visentini non è il pedalatore di umili origini che riscatta la povertà con i premi di tappa, e neppure il borghese medio incarnato da Merckx: viene da famiglia assai più che benestante e non ha nessuna necessità economica all'origine del proprio impegno agonistico. «Il ragazzo d'oro del ciclismo italiano», lo chiamano. Ha lasciato il Giro dell'85 all'asso pigliatutto Hinault (tre partecipazioni, tre vittorie), ritirandosi mentre era maglia rosa, a causa di una noiosissima bronchite, ma nell'86 si prende la rivincita: stronca le aspirazioni di Saronni, strappandogli il primato a due terzi della corsa e mantenendolo fino alla fine. Peccato che il Giro quell'anno non faccia nemmeno tappa nella «capitale morale», perché Visentini – alto, belloccio, folta capigliatura, ricco, di successo – potrebbe essere il modello ciclistico perfetto per la «Milano da bere» e i suoi *yuppies*. Una Milano che è a propria volta, sotto la giunta diretta a partire dal 1986 da Paolo Pillitteri – genero del leader Bettino Craxi –, il modello dell'amministrazione socialista. Politica finanziaria quanto meno disinvolta, rete di favoritismi clientelari evidente, livelli di corruzione alla soglia di guardia (se non oltre), attenzione riservata più all'immagine che alla sostanza, gestione della spesa pubblica al limite dell'azzardo: insomma, l'incarnazione politica dell'invito a vivere al di sopra dei propri mezzi.

Nel 1987 la coalizione di governo comunale milanese apre ai verdi, in seguito a una rottura con la DC che è frutto di tensioni politiche a livello nazionale tra Craxi e De Mita: la «staffetta» che doveva portare i due leader a una concordata alternanza al governo è fallita.[21] In coerenza con questo cambiamento di alleanze, la «Milano da bere» di Pillitteri vorrebbe diventare anche una «Milano da pedalare». L'8 aprile il sindaco meneghino si dichiara disposto a «una scommessa sul senso civico dei milanesi, sulla loro capacità di difendere l'interesse comune»: 500 biciclette vengono messe gratuitamente a disposizione dei cittadini, per incentivare il ricorso a mezzi meno rumorosi e inquinanti. Le bici gialle comunali vanno letteralmente a ruba: imboscate, riverniciate con i più svariati colori, spedite altrove, spariscono in pochi giorni. È il segno di un'approssimata e demagogica superficialità nell'impiego del denaro pubblico, che ha ben altre e devastanti conseguenze: il debito dello Stato cresce a dimensioni impressionanti e nel 1986 la cifra in rosso si impenna oltre gli 800.000 miliardi.[22]

E Milano – dannata per legge del contrappasso a espiare chissà per quanto la propria mancanza di «senso civico» – resta a tutt'oggi una città infernale per i cicloamatori.

La grande caduta

Nonostante numerose storie di biciclette si affollino alla finestra che guarda sugli anni Ottanta, va detto che quelli non sono tempi segnati dalle due ruote, semmai dalle quattro. Il tasso d'incremento delle auto private è impressionante e alla fine del decennio l'Italia vanta – o lamenta? – il più alto rapporto tra numero di automobili e numero di abitanti al mondo, dopo gli Stati Uniti.[23] La riduzione del costo del petrolio, dopo le crisi del decennio precedente, fa volare l'economia e gioca un ruolo determinante in questo nuovo boom automobilistico. Ma gli italiani, in questo momento di euforia economica, prendono a volare per davvero: i luoghi di villeggiatura stanziale degli anni Sessanta e Settanta si trasformano in mete di fine settimana «mordi e fuggi» e spesso – nella rinnovata versione dell'aspirazione italiana a investire nel mattone – sedi di seconde case per la danarosa popolazione delle città. Le vacanze davvero ambite diventano così quelle all'estero, che i sempre più numerosi tour operator propongono a costi ora accessibili ai più:[24] con il pacchetto vacanze, ancora una volta, non si acquistano solo mare e sole, ma anche e soprattutto uno *status symbol* e l'inedita possibilità di sentirsi ricchi in paesi molto più poveri del nostro. E questa, dal punto di vista storico, è una novità pressoché assoluta, una sensazione volgare ma inebriante, che ubriaca di lì in poi molta parte del popolo vacanziero italiano, in particolar modo quello maschile, originando anche forme di «turismo» deplorevoli.

L'odore è ancora quello della fame,
contaminato da certe storie strane,
che nella mente di un turista con spirito ottimista,
diventa sensualità.[25]

Gli italiani che escono dal guscio del Belpaese, non più come emigranti ma come turisti, si scontrano con i propri limiti culturali. Non si può pensare certo a una matura presa di coscienza collettiva, ma – insieme alle disponibilità economiche, alle opportunità di business messe a disposizione da una nuova offerta di servizi, all'atavica propensione italiana a riscattare la propria condizione nella crescita culturale dei propri figli – conta anche questa più diffusa presa di contatto con l'estero. Fatto sta che si moltiplicano i corsi di lingue straniere, soprattutto di inglese, qualche volta anche pubblici, a costo «politico», grazie a scelte una volta tanto lungimiranti delle amministrazioni locali.

Insomma, come che sia, ci si rende conto che, per vivere in un mondo che si sta allargando velocemente e a dismisura, non ci si può limitare a storpiare qualche parola di idiomi altrui con accento indecifrabile, mimare a gesti, raggiungere i soli paesi di lingua latina: «A Cuba che si parla spagnolo, che è così facile, ci si capisce al volo».

D'altra parte siamo in Europa: il 1° luglio 1987 entra in vigore l'Atto unico europeo, base del fondamentale trattato di Maastricht, che verrà steso nel 1993.

Quasi in sintonia con quel che accade attorno, neppure il Giro parla più italiano. Per un triennio la vittoria arride a corridori stranieri, ma è soprattutto il 1987 l'anno nero. Due soli italiani nei primi dieci e nessuno sul podio, come non accadeva da un quindicennio.

Vince l'irlandese Stephen Roche, che infila una tripletta straordinaria, aggiudicandosi anche il Tour e il Mondiale, ma rientra poi nella normalità di una carriera per il resto nulla più che dignitosa. Roche è compagno di squadra di Visentini, questo è il punto: e quando l'italiano fa propria la maglia rosa, strappandola giusto all'irlandese, la direzione della squadra Carrera gli assicura l'appoggio dei compagni, Roche compreso. Ma quest'ultimo contravviene alle direttive, dopo due tappe attacca e passa al comando.

Visentini lo accusa di tradimento ed entra in crisi, nonostante abbia quasi tutti i suoi ad appoggiarlo. Solo il belga Eddy Schepers si schiera con Roche, che non intende mollare e s'industria a ottenere un appoggio esterno, quello che gli forniscono i corridori di un'altra squadra, la Panasonic, proteggendolo nelle tappe più infide e permettendogli di arrivare al successo finale. È un caso, se non del tutto inedito, inaudito, per la sua evidenza e per le conseguenze che esercita su una gara di tale importanza.

La tenuta della compattezza di squadra sembra peraltro subire ovunque, in quel 1987, l'attacco di una sorta di virus diffuso. L'accordo che aveva portato l'anno prima a un secondo governo Craxi (il precedente aveva raggiunto il record di longevità nell'età repubblicana, con 1060 giorni di mandato) entra rapidamente in crisi: come Visentini e Roche, anche Craxi e De Mita non sanno risolversi su chi debba giocare la parte di leader e chi quella di gregario. Ma pure all'interno delle singole squadre, soprattutto quella democristiana, si registrano fratture: il 13 giugno, alla vigilia delle elezioni anticipate, Andreotti, Forlani e un'altra quarantina di esponenti DC si dissociano dal loro segretario di partito De Mita. E anche il nuovo governo che nasce a fine luglio (un classico pentapartito), per quanto capitanato dal più giovane presidente del Consiglio della storia repubblicana, ha vita breve per la debolezza dell'assemblaggio politico che gli dà corpo. Il premier DC Giovanni Goria deve specialmente destreggiarsi fra divergenze sensibili intorno all'opportunità di una partecipazione militare italiana alla difesa della navigazione internazionale nel Golfo Persico, minacciata dal protrarsi della guerra tra Iran e Iraq.[26]

Dopo la fase di stabilità politica ed economica della prima età craxiana, il vento cambia. Le compagini governative tornano a succedersi a ritmi patologici, la grande «bolla speculativa» d'inizio decennio sta per sgonfiarsi. Primo segnale eclatante: il 19 ottobre 1987, «lunedì nero» delle borse mondiali, l'indice Dow Jones perde 508 punti, più del 20 per cento del suo valore, e trascina i mercati mondiali in una crisi economica paragonabile a quella del 1929.

Potrebbe sembrare l'inizio della fine dell'edonismo reaganiano e del dilatato sistema consumistico di cui si è alimentato: c'è del vero, ma le cose – almeno su livello planetario – non stanno esattamente così. Sarà anche solo una coincidenza, ma il Giro d'Italia viene vinto nel 1988, per la prima volta in assoluto, da un ciclista non europeo: l'americano Andrew Hampsten. A riguardarla oggi, è una vittoria che assume addirittura valore profetico, alla luce di quanto accadrà di lì a poco.

Ma, com'è giusto, delle gare di ciclismo passano alla storia più le prestazioni sportive che le metafore politiche: e quel Giro dell'88 resta memorabile per la quattordicesima tappa, lanciata alla conquista del passo Gavia in condizioni meteorologiche estreme:

> Una giornata da tregenda, e il peggio proprio ai 2612 metri di altitudine, quando in un turbinio di neve i corridori non ce la facevano più ad andare avanti. Quel giorno ero al seguito della corsa e mi vergognai con me stesso di avere acceso il riscaldamento. Sul falsopiano in cima al Gavia, la tormenta era così violenta che non si riusciva a riconoscere nessuno ... i corridori ricoperti di neve passavano uno a uno e non sapevano come fare per affrontare la discesa per raggiungere il traguardo di Bormio. Sembrò che tutti gli spiriti maligni e le streghe si fossero coalizzati per impedire il passaggio dei corridori. In quella tremenda bufera, intravidi alcuni appassionati togliersi la giacca a vento e passarla ai corridori, altri, addirittura, il proprio maglione. Cose che succedono solo nel ciclismo, uno sport che è sempre una grande sfida con se stessi.[27]

Ma non ci sono maglioni e giacche a vento che tengano per Van der Velde, il quale raggiunge per primo il passo, ma lì si deve fermare in seguito a un principio di congelamento, o per Franco Chioccioli, fino al giorno prima maglia rosa e ora perso irrimediabilmente nelle retrovie di una tappa infernale, che riporta alla mente degli appassionati lo Stelvio del 1953. Vince Hampsten e – anche a costo di ripetersi – non si può non percepire in quelle stelle e strisce che sventolano in cima al podio l'imminente trasformazione dell'ordine internazionale delle cose.

Era difficile prevedere il cataclisma in arrivo, ma qualche segnale c'era. Gorbaciov parla da tempo di trasparenza e di riforme, e di una «casa comune europea». Lo smantellamento dei missili tattici europei, da parte di entrambe le superpotenze, procede a ritmi abbastanza serrati. Mosca si è impegnata a ritirare le truppe dall'Afghanistan. La tenuta della Cortina di ferro – in Germania Est, in Polonia, in Cecoslovacchia, in Romania – si palesa sempre meno stagna, ai limiti della rottura. In Italia il 21 giugno 1988 è eletto segretario del PCI Achille Occhetto, capofila dei cosiddetti «quarantenni» (D'Alema, Veltroni, Fassino, Turco ecc.; Occhetto è un po' più anziano) portatori di una ventata di rinnovamento che consente alla sinistra italiana una svolta, seppur non unanime e piena di contraddizioni, abbastanza anticipata da evitare il deragliamento completo alla fine dell'89.

Perché, questo lo sappiamo tutti, nella notte tra l'8 e il 9 novembre 1989 il muro di Berlino cade e a partire da quella breccia implode repentinamente l'intero sistema sovietico. Prima ancora che, il 30 novembre, proprio nel corso di una visita in Italia, Michail Gorbaciov si esponga a dichiarare che i paesi socialisti si sono avviati «oltre il punto di non ritorno»,[28] i comunisti italiani hanno già approvato a larga maggioranza (24 novembre) la proposta di Occhetto di cambiare nome al partito e avviare una fase costituente. Nascerà il PDS (Partito democratico della sinistra). Il quadro partitico di casa nostra sta iniziando a rivoluzionare il proprio aspetto.

Più di un muro si sta peraltro sgretolando in quegli anni: agli osservatori del Giro del 1989 – i più attenti, capaci d'andare al di là della semplice constatazione della vittoria di Laurent Fignon, che si prende la rivincita dopo la beffa subita per mano di Moser cinque anni prima – appare ormai in frantumi il muro di misoginia da sempre eretto a protezione di una corsa che di rosa aveva solo la maglia. Non è solo questione che Johan van der Velde, sopravvissuto al semicongelamento di dodici mesi prima, pensa bene di riscaldarsi con una storiella extraconiugale che lo porta ad abbandonare baracca, burattini e compagni di squadra dopo l'undicesima tappa (e non che lo spettacolo ci perda granché, perché il belga, che ha fama di *tombeur de femmes*, «in classifica generale, vivacchiava fra le maglie nere». E neppure è troppo onesto azzardare paragoni con la ben più intensa vicenda della Dama Bianca, giacché «non c'è neppure l'ombra di Coppi nei polpacci del settantaduesimo Giro d'Italia»). È invece questione che ormai le donne frequentano la carovana della corsa e con atteggiamenti che solo i nuovi tempi hanno reso accettabili:

> La misoginia del ciclismo sta sgretolandosi. In corti bermuda, si aggira fra i corridori l'americana Shelley Versel massaggiatore (non vuole, e a ragione, essere chiamata massaggiatrice) della TVM e i ritrovi di partenza sono sempre più spesso aperti a procaci figliole in improponibili minigonne a pizzi neri.[29]

Le donne aggressive, appariscenti e disinvolte proposte dalle immagini stereotipate di quegli anni fanno capolino ovunque, pure dove prima era impensabile trovarle: non solo nel Giro, ma anche e soprattutto in televisione (dove il confine tra le cameriere di «Drive in» e le vallette di «Colpo grosso» – primo esplicito sexyvarietà della televisione italiana, nel 1987 – è davvero labile), o addirittura in Parlamento dove, nell'87, risulta eletta nelle liste radicali la pornostar Ilona Staller. Ma, comunque la si voglia guardare, non si può negare che questa è la faccia più sguaiata e superficiale di un cambiamento che solo il femminismo degli anni Settanta e le accelerazioni degli Ottanta hanno reso possibile: se c'è una televisione maschile e maschilista, che si riflette in «Colpo grosso», è nata felicemente nel 1988 anche «La TV delle ragazze», trasmissione che declina per la prima volta una comicità tutta al femminile e dà spazio ad attrici anche di notevolissimo livello, da Lella Costa ad Angela Finocchiaro, da Sabina Guzzanti a Iaia Forte.

Intanto altre forme di discriminazione si fanno strada, al manifestarsi di un fenomeno che solo in parte si può considerare inaspettato. L'Italia cessa, infatti, d'essere esportatrice di forza lavoro e comincia ad accogliere immigrati provenienti da paesi extraeuropei. Una ricerca del 1991 basata sui permessi di soggiorno rilasciati dal ministero degli Interni parla di 409.898 extracomunitari, ai quali si deve però aggiungere un numero pressoché pari di immigrati clandestini, per un totale che corrisponde a circa l'1,4 per cento della popolazione.[30] I primi ingressi significativi si registrano dall'Africa (Marocco, Senegal), ma a partire dall'89 si assiste a una vera e propria invasione dall'Est: il 13 luglio 1990 la prima ondata di profughi albanesi sbarca a Brindisi inaugurando la triste rotta delle «carrette del mare».[31] Episodi d'insofferenza e di razzismo anche violento si registrano in ogni parte della penisola e segnalano la presenza di un humus di malessere ideale per l'attecchire dei movimenti autonomisti regionali, da cui origina il 22 novembre 1989 la Federazione movimento Lega Nord, che cavalca con successo, non disdegnando inquietanti tentazioni secessioniste, i due temi della resistenza ai flussi migratori e della contrapposizione alla corruzione del centralismo governativo romano.

Ma non tutti gli extracomunitari sono immigrati clandestini: i cedimenti nella Cortina di ferro aprono nuovi scenari e lo sport è rapidissimo nel praticarli.

> Saranno domani in Italia i 14 ciclisti sovietici ingaggiati dall'Alfa Lum, primi a passare al professionismo nella storia del ciclismo URSS. Sono attesi alla Malpensa alle 10.30. Di qui partiranno per un periodo di allenamento a San Martino di Castrozza.[32]

Il muro di Berlino è ancora in piedi e già l'Alfa Lum, una squadra sanmarinese che ha perso l'astro nascente Maurizio Fondriest e perciò deve rifondarsi, si avventura a saccheggiare l'ancora vergine mercato del ciclismo sovietico. È il precocissimo segnale di una tendenza dello sport occidentale ad avvalersi delle prestazioni dei campioni dell'Europa orientale, attirati dai grandi profitti del mondo professionistico, inconcepibile nel sistema egualitarista e pianificato fin lì in vigore nei paesi della sfera d'influenza sovietica. Questi atleti, almeno inizialmente, costano assai meno e non danno certo peggiori risultati dei loro colleghi «capitalisti» di lungo corso: se Sergej Soukhoroutchenkov, campione olimpico nel 1980, è ormai una stella al tramonto, l'ucraino Vladimir Pulnikov vince per due volte consecutive la maglia bianca (cioè la classifica dei giovani) ai Giri dell'89 e del '90, e in entrambe le occasioni è anche vincitore di tappa: nel '90 si piazza addirittura quarto in classifica generale. È il capostipite di un ciclismo «falce e martello» fino a quel momento tagliato fuori dalla corsa rosa, che vanta negli anni a seguire altri nomi di tutto rispetto: si pensi solo a Pëtr Ugrumov (lettone), secondo nel 1993, a Pavel Tonkov e a Evgenij Berzin (russi), rispettivamente quarto e primo nel 1994.

Ma prima c'è ancora spazio per gli italiani: nel 1990 è Gianni Bugno a trionfare, letteralmente, tenendo la maglia rosa dalla prima all'ultima tappa, come Merckx nel '73: il secondo, il francese Charly Mottet, accusa 6' 33" di distacco. Nel 1991 Franco Chioccioli, quasi trentaduenne, detto Coppino per la somiglianza con il Campionissimo, attacca le montagne, appunto, in perfetto stile coppiano e vince. Non riesce a ripetere l'impresa di Bugno per pochissimo: mantiene il primato per diciannove tappe su ventuno.

Ma queste sono storie di un nuovo decennio, che non sarà (non solo in senso sportivo) tanto vincente e spensierato. Non pare senza ragione che gli italiani, nell'addentrarvisi, si guardino alle spalle e si chiedano, a metà fra malinconia precoce e anticipata preoccupazione: *Cosa resterà degli anni '80?*.[33] La risposta? Molto, e molto poco, a un tempo.

X
La seconda repubblica

Vai, ché sei solo!

In Romagna, sulle strade della campagna urbanizzata, due giovani ciclisti dilettanti del Gruppo sportivo Giacobazzi si stanno allenando in vista dell'imminente stagione agonistica. Ai lati scorre un paesaggio fatto di grandi edifici prefabbricati dove si vende un solo articolo (Centro del divano-letto, Casa della scarpa...) oppure di tutto (Ipermercato, Villaggio della convenienza...). E poi capannoni industriali, distributori di benzina, enormi concessionarie piene di auto ferme che strizzano l'occhio a quelle in movimento. È un nuovo tipo di ambiente urbano esteso al territorio che divide i centri abitati più grandi, un neospazio che assorbe tradizionali porzioni di paesaggio naturale, pezzi d'importanti reti infrastrutturali e antichi borghi. Su quella ex strada di campagna non è nemmeno facile pedalare tranquilli. Ma è mattina presto e i due amici possono procedere appaiati.

Siamo pressappoco a metà febbraio 1992 e i ragazzi si stanno preparando per tentare il grande salto nella categoria professionisti. Il passaporto può venire dal prossimo Giro d'Italia dei dilettanti. Marco è il più determinato dei due. Ha già partecipato a quella competizione, connotata da un alto livello tecnico-agonistico e da un considerevole seguito mediatico; nel 1990 è arrivato terzo, secondo l'anno seguente, e ora sente davvero di potercela fare. È giovane, ma pedala da parecchio; è la cosa che fa più volentieri da quando suo nonno, Sotero Pantani, gli ha regalato quella Vicini Tour de France rossa. Un vero gioiello che Marco pulisce, lava e asciuga dopo ogni uscita sul litorale nei pressi di Cesena, dove è nato il 13 gennaio 1970. La prima vittoria da esordiente a Case Castagnola, arrivata il 22 aprile 1984, e i successi nella categoria allievi con la SC Rinascita Ravenna dicono che il nonno aveva visto bene. Marco ha il fisico giusto per quello sport e adesso è arrivato il momento di fare sul serio. Lo sguardo appuntito che si stacca dal manubrio sembra fissare un mirino ideale, dentro cui sono focalizzati gli obiettivi prossimi: il Trofeo Matteotti, il Giro d'Italia dei dilettanti, per spuntare un contratto con la Carrera Tassoni e poi, con quella maglia, correre il Gran Premio di Camaiore in agosto.

Marco parla poco quando pedala; è l'amico che gli sta a fianco a spezzare ogni tanto il silenzio, con rapide frasi e sbuffi di fiato. «Hai sentito che bello scherzo gli hanno fatto a quel furbone di Milano?» Marco scuote appena la testa. E l'amico gli racconta la storia.

La scrivania come sempre è ingombra di fogli, cartellette e grossi faldoni chiusi da logore fettucce e contrassegnati da nomi bizzarri marcati in pennarello nero. Intorno al tavolo dell'ufficio di via Moscova, a Milano, un capitano dei carabinieri e un sostituto procuratore stanno dando un'ultima occhiata alle carte che traboccano da un fascicolo aperto. Fogli scritti a macchina, se non ancora a penna; nel voluminoso incartamento ci sono anche una lettera anonima spedita ai magistrati un anno prima, una grossa busta con 7 milioni di lire in banconote da 10.000 e una denuncia sporta da un piccolo imprenditore contro un influente personaggio. Insieme ai funzionari c'è anche l'autore della denuncia, il responsabile di un'impresa di pulizie che sembra a disagio in quella situazione. Sta seduto da quasi un'ora sul ciglio della sedia, tiene il cappello in mano e non si è ancora tolto l'impermeabile. «Stia tranquillo, signor Magni, lasci fare a noi. Lei non corre nessun rischio» lo rassicura il sostituto procuratore. Poi, rivolgendosi all'ufficiale dei carabinieri: «Allora capitano, vogliamo cominciare? Ci prendiamo una banconota da ogni mazzetta, io la firmo sul davanti, poi la passo a lei che la sigla dietro, l'appuntato fa una fotocopia per sicurezza e poi la rimettiamo in mezzo».

Il gruppo si mette al lavoro alacremente. Sembra davvero la «banda degli onesti». Quando hanno finito, ricompongono il malloppo e lo consegnano a Luca Magni. Rimettono tutte le carte a posto e il capitano richiude con uno sbuffo di polvere il faldone, sul quale si legge: «Procura della Repubblica – Tribunale di Milano», e sotto: «Mani pulite».

Più tardi, alle 18.30 di quel 17 febbraio 1992, facendosi largo tra i milanesi che in quell'ora di punta animano la fermata Gambara della metropolitana, tre militari in borghese entrano nei locali del Pio Albergo Trivulzio. Chiedono di vedere l'ingegner Mario Chiesa, presidente di un'istituzione storica che si prende cura degli anziani: in città e in provincia tutti la chiamano Baggina. I carabinieri chiedono conto di una busta di denaro che l'ingegnere ha ancora sul tavolo.

«Ma questi soldi sono miei» abbozza Mario Chiesa di fronte ai militi.

«Ingegner Chiesa, quei soldi sono una tangente che lei ha appena incassato da un imprenditore. In ogni mazzetta c'è una banconota firmata su una facciata dal sostituto procuratore e sull'altra dal nostro capitano. Controlli pure se vuole, poi deve seguirci in caserma.»

L'accusa è gravissima: concussione, cioè aver preteso bustarelle approfittando del proprio ruolo di funzionario pubblico. In quel caso si tratterebbe della prima rata di una tangente, 7 milioni di lire, pagata dal titolare di un'impresa di pulizie che ha «vinto» una gara per un appalto da 140 milioni. Chiesa ottiene il permesso di chiamare i suoi avvocati, Roberto Fanari e Nerio Diodà. Non appena giunti i legali, un gruppo di carabinieri comincia un'ispezione, setacciando cassetti e armadi alla ricerca di documenti utili per l'inchiesta. Finita la perquisizione, Chiesa viene portato in via Moscova, sulla sua Alfa 164 di rappresentanza, ma con due carabinieri accanto, come angeli custodi. Ad attenderlo negli uffici della questura c'è il sostituto procuratore Antonio Di Pietro, che ha firmato l'ordine di custodia cautelare.[1]

Ad accusare il presidente del Trivulzio c'è anche una lettera anonima spedita un anno prima ai magistrati e ad alcuni politici, in cui si denunciano sospetti arricchimenti e l'esistenza di conti cifrati in Svizzera.

Il giorno successivo la notizia esplode in pieno consiglio comunale. Il sindaco Borghini si mostra costernato, il PSI (partito di Mario Chiesa) si dichiara estraneo, l'opposizione va all'attacco. Il consigliere comunale della Rete, Giovanni Colombo, ricorda in un comunicato che Mario Chiesa è stato il principale organizzatore nel 1990 della campagna elettorale per le amministrative di Bobo Craxi, in quel momento consigliere comunale e segretario cittadino.[2]

Che nel PSI la tensione sia forte non è un mistero. Prova ne è che tutti i consiglieri socialisti si presentano in aula con mezzora di ritardo, perché impegnati in una riunione del gruppo che alcuni partecipanti non esitano a definire «incandescente». Più tardi Bobo, il figlio del premier Bettino Craxi, dichiara alla stampa: «Mi sembra chiaro che la campagna elettorale è già cominciata». Per tutta risposta il procuratore Francesco Saverio Borrelli, che guida il gruppo di magistrati (*pool* verrà definito dalla stampa) di cui fa parte Di Pietro, afferma di non voler spendere neppure una parola per replicare a simili insinuazioni, e aggiunge: «È assurdo parlare di manovre elettorali in presenza di simili flagranze di reato».[3]

Sta di fatto che di lì a poco la campagna elettorale comincia veramente, perché il 5 aprile si va alle urne. Le elezioni sono segnate da un calo pauroso di consensi per i maggiori partiti, da un'alta percentuale di astensionismo e dall'ingresso in Parlamento della Lega Nord di Umberto Bossi e della Rete, due formazioni che fanno del rinnovamento politico e della moralizzazione un vessillo.

Per rilevare tutto il senso di disaffezione e sfiducia della popolazione, soprattutto quella più giovane, nei confronti di una politica sempre più paludata e stantia, è sufficiente affidarsi al passaggio di un romanzo che ottiene un enorme successo in quel delicato momento. L'autore, Enrico Brizzi, con accattivante linguaggio descrive lo scetticismo con cui le giovani generazioni guardano alla tornata elettorale:

> E intanto, mentre Aidi era in gita a Praga, c'erano state le elezioni. Purtroppo il vecchio Alex non poteva ancora votare, così una determinata lista di sinistra aveva preso un voto in meno, perché va bene essere anarchici, ma quando ti trovi davanti la scheda con stampati sopra lo scudo crociato e il garofano non ci vedi più, e ti viene in mente che quella famiglia con gli occhiali che è entrata al seggio dietro di te di certo ha votato compatta per i socialdemocristi con preferenza a qualche gerarca amico di amici di famiglia, e allora butti tutto il tuo peso all'opposizione, no? Così, tutta la settimana precedente il weekend elettorale era trascorsa, per il vecchio

> Alex, a strappare i manifesti dei partiti di governo e a cimentarsi in più che coguariche fughe in bicicletta. ... Anche se poi, alla fine, tutto sarebbe ricominciato come prima, e i ladri avrebbero ricominciato a fare i ladri, avrebbero continuato a rubare a Benevento e a Latina, ma insomma... Insomma, bisognava costruire una nuova Italia, poiché la prima repubblica era fallita.[4]

Intanto gli interrogatori cui viene sottoposto Chiesa mettono in luce un diffuso sistema di tangenti sugli appalti pubblici, di cui beneficiano largamente i partiti e i politici di ogni colore, ma in particolar modo le formazioni di governo (DC e PSI *in primis*). Tuttavia, per una scelta specifica dei magistrati[5] di non turbare la consultazione elettorale, è solo a partire da aprile che l'inchiesta, denominata dalla stampa Tangentopoli, rivela i contorni di un progressivo smottamento che investe politici influenti e imprenditori di primo piano.

L'intero sistema del finanziamento dei partiti si regge sulla corruzione. Difficile descrivere la reazione emotiva della società civile di fronte a questi fatti, che provocano il dissesto dell'intero paesaggio politico italiano. È un composto di sconcerto e consapevolezza pregressa, indignazione e rassegnazione, stupore e familiarità per una sorta di patologia del corpo politico da sempre percepita ma solo ora diagnosticata ufficialmente.

Le «voci di popolo» andavano denunciando da tempo una poco specchiata amministrazione della cosa pubblica; nelle conversazioni da bar, nelle canzoni, nei film, nelle maschere di carnevale, nella satira televisiva...

Nel 1986 il comico Beppe Grillo aveva chiamato i socialisti «ladri» in una popolarissima trasmissione televisiva («Fantastico»); due anni dopo il cantautore Antonello Venditti aveva scalato le classifiche di vendita con un brano nel quale cantava di un «mondo di debiti», tra scandali e politici disprezzati, in un «mondo di ladri».[6] E ancora, un anno prima dell'avvio di Mani pulite un'altra «voce del tempo», quella di Franco Battiato, aveva espresso tutto il risentimento per i politici alla guida del paese:

> Povera patria! Schiacciata dagli abusi del potere
> di gente infame, che non sa cos'è il pudore,
> si credono potenti e gli va bene quello che fanno;
> e tutto gli appartiene.[7]

Ma *semel in anno licet insanire*, dicevano i latini, e tutto veniva sempre digerito dal robusto stomaco della classe politica.

Quello che fanno i magistrati, in ultima analisi, è portare alla luce ciò che da tempo circola nel sistema linfatico della politica italiana e che il corpo sociale avverte con chiari segni di disagio. Così, in occasione dei primi provvedimenti, la società si schiera in modo massiccio dalla parte del *pool*. Durante l'estate del 1992, mentre i ciclisti solcano le strade d'Italia per la settantacinquesima edizione del Giro (vinta dallo spagnolo Miguel Indurain), sui muretti di montagna, dietro i tornanti, sui ponti che scavalcano i rettilinei d'asfalto percorsi dalla carovana, capita di vedere, mischiate tra loro, scritte inneggianti a vecchi e «nuovi» campioni: «Chiappucci facci sognare», «Di Pietro vai, ché sei solo!», «Forza Cipollini», «Borrelli non mollare», «W Bugno», «Di Pietro tieni duro».

La bici scende in campo

Le inchieste proseguono allargandosi a tutta l'Italia. Una pioggia di arresti e avvisi di garanzia si abbatte su decine di amministratori, a livello nazionale e locale. A cadenza quotidiana, tra il '92 e il '93, personaggi influenti della nomenclatura politico-economica vengono iscritti nel registro degli indagati e tradotti in carcere, rassegnano dimissioni dai loro incarichi, si consegnano spontaneamente alla polizia, rilasciano sconcertanti confessioni, restituiscono miliardi di fondi percepiti illegalmente. Qualcuno arriva addirittura a togliersi la vita, come il socialista Sergio Moroni, accusato di corruzione, o come Gabriele Cagliari, ex presidente dell'Eni, e Raul Gardini, ex presidente della Montedison.

Da dentro il «palazzo» si tenta una mossa disperata per salvare un'intera classe politica, che rischia di essere spazzata via dalla tempesta giudiziaria. Il 5 marzo 1993 viene varato un decreto legge proposto dal ministro della Giustizia Giovanni Conso; la normativa depenalizzerebbe il finanziamento illecito ai partiti, con effetto retroattivo. È il tentativo di cancellare Tangentopoli con un «colpo di spugna» e di far passare un'amnistia di fatto. Ma il presidente della Repubblica Oscar Luigi Scalfaro rifiuta di firmare il provvedimento, ritenuto incostituzionale.

Intanto si avvicinano le elezioni amministrative, fissate per il 6 giugno. La nuova campagna elettorale prende avvio in un clima di forte sfiducia nei confronti della politica tradizionale. Tale orientamento si manifesta in modo eclatante con i risultati del referendum (18 e 19 aprile) promosso dai radicali e dal democristiano dissidente Mario Segni. Gli italiani rispondono a quesiti sull'abrogazione della legge elettorale per il Senato, al fine d'introdurre il sistema maggioritario (82,70 per cento di risposte affermative), e sull'abolizione del finanziamento pubblico ai partiti (approvato dal 90,30 per cento dei votanti).

Alla fine d'aprile il mondo politico è in fibrillazione. A Roma, fuori dai palazzi istituzionali, dalle segreterie dei partiti e dagli alberghi dove risiedono i parlamentari, c'è fermento. Soprattutto fuori dal Raphaël:

> Un albergo celebrato in tutto il mondo per il moderno contesto architettonico in cui si inserisce e la sorprendente cascata di verde che ne impreziosisce la facciata. Un'atmosfera magica e speciale resa ancor più suggestiva dai vicoli del vecchio borgo, i suoi vetusti selciati e le antiche botteghe d'arte, mentre il quartiere degli artisti e la zona più famosa per lo shopping si animano dietro l'angolo. Il luogo ideale per vivere il fascino di Roma, fra i suoi storici punti di attrazione: ... la spettacolare piazza Navona ... a pochi passi dall'hotel[8]

e a non più di cento da piazza Montecitorio, dove ha sede la Camera dei deputati. Per questo motivo Bettino Craxi, leader socialista e protagonista indiscusso della politica nell'ultimo decennio, ha scelto l'albergo come residenza per i suoi soggiorni nella capitale. Ebbene, la facciata, ornata da una «sorprendente cascata di verde», il 30 aprile 1993 diventa il fondale di un desolante spettacolo.

Nel pomeriggio la Camera nega ai magistrati l'autorizzazione a procedere nei confronti di Craxi, il più illustre politico inquisito dal *pool*, dimessosi in febbraio dalla segreteria del PSI. Le proteste contro il voto dei deputati che regala l'impunità a Craxi si diffondono subito in tutto il paese. Studenti e operai scendono in piazza, vengono occupati diversi atenei, manifestazioni spontanee e organizzate si svolgono ad Ancona, Bologna, Bari, Catanzaro, Genova, Napoli, Torino, Padova e in molte città del Veneto.

A Milano, in piazza Duomo, studenti, pensionati e operai creano un assembramento fuori dall'edificio dove ha sede il quartier generale del leader socialista.

> Pattuglie dei carabinieri, transenne, marciapiedi off-limits. E la musica è la stessa in via Foppa, dove abita Craxi. La questura ha fatto arrivare a Milano 800 agenti delle scuole di polizia. Come nei momenti più difficili.[9]

Ma è proprio a Roma, nell'«atmosfera magica e speciale» del Raphaël, che si consuma la condanna morale più umiliante per Bettino Craxi. A pochi metri dall'albergo si stanno svolgendo ben tre manifestazioni diverse contro l'«assoluzione» dichiarata dalla Camera: il PDS sfila in piazza Navona, la Lega in piazza Colonna, in via del Corso l'MSI. Nella hall dell'albergo Craxi, in abito blu e camicia a righe, apre le buste dei telegrammi di felicitazione e le lettere di congratulazione appena arrivati. Poi, accendendosi una Salem al mentolo risponde alle domande di un giornalista del «Corriere della Sera», che il giorno dopo pubblicherà l'intervista con il titolo: *Craxi rialza la testa: ora sono libero*.

Al termine, sicuro di sé e deciso come sempre, si avvia all'uscita. E qui, la sorpresa: «Vuoi pure queste? Bettino, vuoi pure queste?» gli urla una folla di contestatori, lanciandogli monete e mostrandogli banconote da mille lire, «Vuoi pure queste?». Craxi attraversa quelle forche caudine sepolto da improperi, slogan e oggetti d'ogni tipo: «Bettino, Bettino, il carcere è vicino», «Ladro. Vattene dal Parlamento!».

Così finisce la prima repubblica[10] italiana, sotto un'umiliante cascata di monetine.

Con il tintinnio di quelle monetine ancora nelle orecchie di tutti gli italiani, il 23 maggio 1993 parte la settantaseiesima edizione del Giro d'Italia. Le pennellate di vernice bianca a caratteri cubitali che il popolo del ciclismo usa tracciare sulle strade non sbiadiscono facilmente. Così i nomi dei campioni e quelli dei magistrati vergati nell'estate «calda» del '92 sono ancora visibili, quando al Giro partecipa per la prima volta Marco Pantani.

Il ciclista di Cesena inizia in punta di piedi la sua grande avventura nella corsa rosa, che quell'anno prende il via dall'isola d'Elba. Pantani corre nella squadra di Chiappucci e si fa rispettare, ma a quattro tappe dalla conclusione, mentre è diciottesimo in classifica generale, si deve ritirare a causa di una fastidiosa tendinite. Quell'edizione è vinta ancora una volta dal grande navarro

Miguel Indurain, che la spunta su Ugrumov, Fondriest, Argentin, Bugno e Chiappucci, il quale, comunque, s'aggiudica una dignitosissima «classifica scalatori».

Il Giro del 1993 rappresenta anche una notevole occasione di svolta dal punto di vista mediatico. È il primo della cosiddetta era Fininvest. Silvio Berlusconi, il più importante imprenditore del momento, conscio della rilevanza di uno sport come il ciclismo, dotato di una straordinaria sensibilità sociale e capace di «stare in presa diretta con il paese, di assorbirne e rifletterne gli umori, i sentimenti, i pensieri, anche i tic, di aderire alle pressioni della sua vitalità come una pelle»,[11] decide di conquistare anche il mondo delle due ruote.

I vertici del ciclismo professionistico sono ben felici di cedere i diritti alle reti televisive di Berlusconi, che rispetto alla Rai offrono in maggior misura quelle sinergie indispensabili per il supporto della diretta e il coinvolgimento degli sponsor, consentendo, in definitiva, d'arrivare a un pubblico più esteso. Il Giro viene trasmesso in diretta la mattina da Italia 1 e riproposto in un ulteriore spazio di mezzora la sera; inoltre viene garantita la presenza della corsa nei notiziari delle tre reti Fininvest.

E dopo essere sceso nelle strade italiane in modo capillare con l'acquisto dei diritti sul Giro, il cavalier Berlusconi, come tutti sanno, «scende in campo» anche politicamente.

Succede il 26 gennaio 1994. Il Cavaliere passa tutta la giornata precedente chiuso nella sua villa di Arcore con i più stretti collaboratori, a scrivere, cancellare, riscrivere e limare il testo di un messaggio con il quale intende dare l'annuncio della costituzione di Forza Italia, il suo partito, che si presenterà alle elezioni del 27 marzo. Poi registra le cassette video del messaggio in due versioni, una di 8' 10", l'altra più breve di 4', e le fa consegnare ai telegiornali pubblici e privati. Le stelle sono favorevoli a Berlusconi. Lo sostiene l'astrologa Luisa De Giuli, divenuta celebre per avere previsto la guerra del Golfo, sul «Corriere della Sera»:

> Il sole ieri era in ottimo assetto con il sole natale di Berlusconi. Difficoltà e ostacoli, comunque, non mancheranno. Colpa di Giove in scorpione. Tutto dipenderà da un accordo sotterraneo già siglato, che desterà sorpresa. Il desiderio di cambiare gli equilibri tradizionali si avvererà. Ma a un prezzo elevato: i moderati non saranno con lui e nemmeno i tradizionalisti.[12]

L'autorevole quotidiano milanese si occupa dell'evento anche secondo un profilo meno esoterico e pubblica in prima pagina una lettera dal titolo *Perché scendo in campo*, firmata dallo stesso Berlusconi. Sostanzialmente il Cavaliere concorda con Angelo Panebianco (un editorialista del giornale) sul fatto che «l'Italia dovrebbe, per essere migliore, dividersi civilmente in due poli politici alternativi tra loro», ma teme che manchi ancora qualcosa a un «polo delle libertà costituito e attrezzato per gareggiare sul serio, e vincere. ... Un'iniezione di forze sociali che non abbiano fatto della politica un mestiere è decisiva per passare nei fatti dalla prima alla seconda repubblica». Berlusconi, inoltre, ha paura della tentazione consociativa che, secondo lui, resta fortissima nel paese e paventa

> l'idea che la legge elettorale maggioritaria debba essere tradita nei fatti e che al centro del sistema parlamentare e di governo possa ricostituirsi un ibrido molto simile alle maggioranze pasticcione del passato, per di più con gli ex comunisti a far da nuovo centro del centro.

E conclude ricordando le potenzialità insite nel suo profilo di uomo esterno alla politica tradizionale: «Da alcuni mesi giro l'Italia con l'occhio dell'imprenditore che sente la necessità di una forte svolta politica, dopo i guai del recente passato».[13]

Il leader di Forza Italia sembra esprimere motivazioni per una discesa in campo dettata da necessità contingenti del paese. Tuttavia, pochi giorni più tardi, lo stesso quotidiano pubblica un'autorevole testimonianza di Camilla Cederna, che rievoca un incontro avuto nel 1977 con Berlusconi e afferma che già allora «la sua massima aspirazione, mi disse,» era «quella di candidarsi al Parlamento».[14]

È solo una delle numerose controverse valutazioni destinate ad accompagnare a lungo la figura di colui che alla fine esce vittorioso dalle elezioni. Quel successo indiscutibile, grazie anche alla concomitante dissoluzione della Democrazia cristiana e del Partito socialista, cambia l'intero scenario politico per tutti gli anni a venire.

Berlusconi, come del resto era nel suo progetto, «polarizza» e spacca in due la società italiana. La sua forte personalità, il suo piglio decisionista fanno discutere. Molti osservatori, anche internazionali, non vedono di buon occhio la sua influenza di «telemagnate» e la dimestichezza con il mondo dell'*entertainment* che tende a coniugare con la logica politica.

All'indomani del varo del primo governo Berlusconi (10 maggio), Enzo Biagi, in un articolo emblematicamente titolato *E ora «allegria» come dice Mike*, scrive:

> Non scherziamo: Berlusconi piace. Lo ha dimostrato conquistando in pochi mesi il popolo italiano. Nel suo curriculum c'è Craxi, ma anche Mike, Funari, Gullit e Fiorello. E se accadesse, come alla Standa, che paghi due e prendi tre, chi sa che non ci faccia davvero uno sconto sulle tasse.[15]

Giuliano Zincone, qualche mese più tardi, non esiterà a stigmatizzare la *Politica surreale del gran Circo Italia*.[16] Anche oltralpe, oltremanica e oltreoceano «raffiche di autentico disprezzo internazionale accompagnano l'esito della cosiddetta Rivoluzione italiana e l'ascesa del Cavaliere a palazzo Chigi». Secondo lo scrittore Tahar Ben Jelloun, Berlusconi è un «saltimbanco»; Marcelle Padovani, che scrive per un giornale francese, lo definisce «capo di una banda di ciarlatani»; William Pfaff, dalle colonne dello «Herald Tribune» scrive che «in Italia il fascismo è alle porte».[17]

Traguardi e partenze

Con la discesa in campo di Berlusconi, ma soprattutto con il passaggio da un sistema elettorale proporzionale a un sistema maggioritario, il tanto auspicato bipolarismo in grado d'assicurare un'alternanza di governo fra due partiti o coalizioni sembra realizzarsi. In effetti le cinque legislature che si succedono dal 1994 vedono coalizioni di centrodestra e di centrosinistra avvicendarsi alla guida del paese.

La XII Legislatura (15 aprile 1994 - 16 febbraio 1996), avviata dal primo governo Berlusconi, dopo una crisi aperta all'interno della stessa maggioranza dalla Lega Nord (con dimissioni del presidente del Consiglio rassegnate il 22 dicembre 1994), continua con un governo tecnico formato dall'ex ministro del Tesoro Lamberto Dini, cui Scalfaro affida il compito di traghettare il paese fino alle elezioni successive.

In quel periodo di lunga campagna elettorale il candidato del centrosinistra Romano Prodi, sincero appassionato delle due ruote, in occasione di un'intervista al mensile «Ciclismo» (riportata dal «Corriere della Sera») utilizza gustosamente la metafora ciclistica per tratteggiare il profilo dei suoi avversari politici alle imminenti elezioni:

> Berlusconi? Prima di giudicarlo come ciclista, bisogna verificare che non si sia fatto montare un motore sulla bicicletta. Fini? È il tipico ciclista che rende di più al processo alla tappa che durante la corsa. Bertinotti? Mi ricorda Vito Taccone: tenace, caparbio, bravo. Ma è passato alla storia perché protestava sempre. Bossi: uno scalatore nato. Ma le corse si vincono anche in pianura e a cronometro. Casini? Può vincere qualche tappa, sicuramente non il Giro o il Tour; Buttiglione potrebbe scrivere un saggio del tipo *Teoria e prassi della bicicletta*, ma la corsa poi la fanno sempre gli altri.[18]

Dalle elezioni politiche del 21 aprile 1996 esce vittoriosa la coalizione dell'Ulivo, che guida la XIII Legislatura (9 maggio 1996 - 9 marzo 2001), all'interno della quale si avvicendano quattro governi: quello di Romano Prodi, inizialmente, poi due compagini guidate da Massimo D'Alema e infine una capitanata da Giuliano Amato.

L'alternanza politica sembra far bene, in qualche modo, anche alla bicicletta. Infatti, se Berlusconi, come si è visto, contribuisce a un allargamento di popolarità del ciclismo agonistico con le sinergie offerte al Giro dal suo sistema mediatico, Prodi non è da meno, su un versante non tanto sportivo quanto «civile». Il premier dell'Ulivo, infatti, non nasconde il suo piacere di muoversi in bicicletta, contribuendo così a una sensibilizzazione sociale in favore di una mobilità rispettosa dell'ambiente. Da presidente del Consiglio partecipa a innumerevoli manifestazioni amatoriali, anche di un certo rilievo, come la Città del Vaticano-Genazzano, una corsa di circa 50 chilometri subito battezzata dalla stampa «il giro ciclistico del papa, perché è Giovanni Paolo II in persona a benedirne la partenza, il 19 ottobre 1997. Romano Prodi prende parte alla variopinta carovana composta da ciclisti d'eccezione, quali Bartali, Moser, Adorni, Bugno e altri personaggi noti per la loro passione per il pedale».[19]

Quando tornerà capo dell'esecutivo, dopo la XIV Legislatura (30 maggio 2001 - 27 aprile 2006) amministrata di nuovo dal centrodestra di Silvio Berlusconi, Prodi avrà occasione di istituzionalizzare il suo impegno in favore della bici invitando a palazzo

Chigi, il 4 dicembre 2007, i campioni del ciclismo su strada. In quell'occasione dichiarerà pubblicamente:

> La bicicletta è importantissima dal punto di vista della salute e dell'equilibrio urbano, ma l'urbanizzazione è nata sostanzialmente senza piste ciclabili, con dei problemi per i bambini che vogliono imparare ad andare in bici. È un dovere del governo risolvere questo problema, non tanto per favorire uno sport, ma un sistema di vita e di salute al fine di creare un senso di benessere e non solo di competizione tra i giovani.[20]

Sarà anche compito del governo favorire lo sport, ma al ciclismo nostrano fa bene – soprattutto e più di ogni altra cosa – accorgersi nel 1994 di quel giovane scalatore (dannato come ogni eroe che si rispetti) che risponde al nome di Marco Pantani. Nel corso del settantasettesimo Giro d'Italia Marco – sotto l'ala di capitan Chiappucci – vince ben due tappe consecutive, la Lienz-Merano e la Merano-Aprica. Rispetto al grande pubblico dei tifosi, vincere una tappa vuol dire riuscire a squarciare il diaframma che divide l'anonimo coro dei corridori dal ristretto gruppo degli atleti che hanno un nome; vincerne due, e per di più consecutive, vuol dire avere un nome e un volto. Se poi sono tappe di montagna, come quelle, durante le quali si scalano i passi Monte Giovo, Eores, Erbe, Stalle e Furcia (Lienz-Merano) e il terribile Mortirolo, il Santa Cristina e lo Stelvio (Merano-Aprica), allora vincere significa avere un nome, un volto e un'anima da campione. Come scrive Giuseppe Alessandri in un suo accurato studio dedicato alla figura del grande ciclista romagnolo:

> Egli fa l'effetto di un fulmine che si abbatte su uno sport da troppo tempo dominato da robotici passisti in grado di fare la differenza a cronometro per poi parsimoniosamente amministrare in salita, e dei quali Indurain rappresenta la signorile quintessenza; è la poesia che si prende finalmente la sua rivincita sulla prosa.[21]

Il 12 giugno 1994, alla fine della corsa rosa, Marco è sul podio: secondo dietro a Evgenij Berzin (un russo, per la prima volta nella storia del Giro), ma davanti nientemeno che a Miguel Indurain. Da quel momento in poi chiunque segua anche distrattamente lo sport della bicicletta sa chi è Marco Pantani. Qualcuno inizia addirittura ad amarlo; nasce, infatti, il Magico Pantani, primo *fans club* ufficiale del ciclista romagnolo. E Marco non delude i tifosi, confermando la sua stoffa anche nel Tour de France, dove arriva terzo, stavolta dietro a Indurain. Una dialettica tra fuoriclasse che rimanda ai tempi del grande ciclismo.

La cometa di Pantani inizia a tracciare un'intensa scia luminosa nonostante l'incrocio con non pochi astri avversi. Il primo si materializza all'inizio della nuova stagione, durante un allenamento in vista del Giro. Marco subisce un incidente, causato da un'automobile che non rispetta un segnale di stop, e deve saltare la storica corsa. Quando riprende a pedalare, partecipa con molto onore al Tour de France, dove vince due tappe. Poi s'aggiudica la medaglia di bronzo al Campionato del mondo che si disputa in Colombia.

Ma a chiusura di stagione arriva un secondo infortunio. Durante la Milano-Torino, nei pressi di Pino Torinese, va a sbattere in discesa, a 80 km l'ora, contro un fuoristrada cui i locali vigili urbani hanno colpevolmente dato permesso di transito: frattura scomposta di tibia e perone e operazione chirurgica con innesto di una placca in metallo.

La sofferta rinascita sportiva di Pantani, incoraggiata dal talent scout Luciano Pezzi (ex gregario di Coppi ed ex direttore sportivo di Gimondi e Adorni nella Salvarani), che scommette sul recupero agonistico del campione, si accompagna a un cambiamento radicale anche sotto il profilo estetico.

> La sua testa piccola dentro al cappellino da corridore ci sguazza; per cui la madre, preoccupata per le prevedibili insolazioni, gli consiglia di sostituirlo con un fazzoletto: nasce così la leggendaria «bandana», dal colore variabile a seconda dell'umore, delle sensazioni e della maglia indossata; la quale, assieme al pizzetto e all'orecchino che prende il posto del piercing al lobo sinistro, gli conferisce l'aspetto di un perfetto «pirata».[22]

Durante il lungo e meticoloso periodo di fisioterapia Marco trova il modo di partecipare al Giro del 1996, non come concorrente, ma come protagonista della sigla della settantanovesima edizione, vinta da Pavel Tonkov. Nel video della canzone *E adesso pedala* (Giardinazzo-Mondini-Costa), che va in onda all'inizio dello speciale «Girosera» dedicato alla corsa, la gamba sinistra di Marco è ancora visibilmente inadeguata, ma la simpatia e la volontà del campione toccano il cuore di tutti i tifosi, che prendono ad aspettare il suo rientro in gara con crescente affetto.

La rabbia mi spinge, mi porta distante
in salita e in discesa mi mangio i tornanti
...
la fatica tocca solo a me
ma ho voluto la bici e adesso...

Nella stagione successiva, finalmente, Pantani è di nuovo in sella. Partecipa alla Freccia Vallone e alla Liegi-Bastogne-Liegi. Ma tutti gli sportivi italiani attendono il suo ritorno al Giro d'Italia, che nel 1997 festeggia l'ottantesima edizione partendo dalla laguna di Venezia.

E qui l'incredibile serie d'imprevisti che affligge la carriera dell'atleta s'allunga di un terzo sciagurato episodio. Nella tappa Mondragone-Cava de' Tirreni un gatto taglia la strada a un compatto gruppo di ciclisti che stanno affrontando una discesa a tutta velocità. In sette rovinano paurosamente uno addosso all'altro ed è Marco ad avere la peggio. Il referto medico parla di «lacerazione del bicipite femorale sinistro», una grave lesione del muscolo che costringe i dirigenti della squadra, la Mercatone Uno di Romano Cenni, a dichiarare il ritiro del Pirata dalla corsa. Il Giro è vinto dal bergamasco Ivan Gotti, che poi replicherà nel 1999.

Perfino nel 1998, che rimane nell'albo del ciclismo come l'anno di Pantani (doppietta di Giro d'Italia e Tour de France, che solo pochissimi assi delle due ruote possono vantare), il «nemico invisibile» non manca di pretendere il tributo. Marco ottiene una strepitosa vittoria al Giro (primo nella classifica generale, primo nella classifica scalatori, secondo nella classifica a punti); poi, il 26 giugno, nel breve lasso di tempo che separa dall'avvio del Tour, vede morire Luciano Pezzi, il direttore sportivo che aveva creduto in lui nei tempi bui.

«La vera sfortuna di Pantani è stata la morte di Pezzi»: questa è l'opinione di Alfredo Martini, ex ciclista azzurro ai tempi di Coppi e Bartali, in seguito direttore sportivo di diverse società e commissario tecnico della Nazionale. Martini prosegue: «Ancora oggi penso che Pezzi poteva essere decisivo e importante per il futuro di Pantani, forse non sarebbe finito in quel tunnel dal quale non è più uscito».[23]

Il Giro del 1999 è dominato ancora dal Pirata, che consegna alla storia del ciclismo una pagina memorabile. Pantani s'aggiudica da vero leone la tappa Racconigi-Oropa, dopo aver recuperato nella salita finale verso il santuario, uno a uno, tutti gli avversari che lo avevano superato a causa di un problema alla catena, risolto peraltro da solo, senza aspettare l'ammiraglia. Vince altre tappe, all'alpe di Pampeago e il giorno successivo a Madonna di Campiglio. Marco sta dominando e non ci sono dubbi che il 6 giugno a Milano salirà sul gradino più alto del podio.

Invece, a Campiglio, un giorno prima della conclusione, la sua corsa s'interrompe. Sabato 5 giugno, all'apertura del collegamento televisivo per la tappa più attesa, Adriano De Zan dà la notizia agli sportivi italiani con la voce rotta dall'emozione: «La maglia rosa Marco Pantani stamane non ha preso il via, essendo il valore del suo ematocrito risultato fuori norma al controllo».

Approfondimenti su cosa sia l'ematocrito e sulla sua incidenza nelle prestazioni (dato il valore 52 rilevato a Pantani, rispetto a 50 massimo consentito), spiegazioni sulla funzione biologica dell'eritropoietina, o epo, osservazioni generali sulla dilagante pratica di manipolare la fisiologia degli atleti (prima a livello muscolare e ora sanguigno), investigazioni specifiche sul ricorso del Pirata a sostanze dopanti ecc., sono argomenti che altri libri hanno già indagato e sviscerato con dovizia di particolari.[24] In questa sede interessa solo dire che la carriera di Pantani, di fatto, s'interrompe qui. Marco prova a risollevarsi da quella triste vicenda. Ma non ce la fa.

Le informazioni sul disastro della sua vita privata negli anni che vanno dal 2000 al 2004 non aggiungono nulla all'appassionante avventura del Giro d'Italia, che il Pirata ha saputo interpretare da gigante. E nemmeno servono, al grande libro del ciclismo, i dettagli sulla sua morte, avvenuta il 14 febbraio 2004 in una stanza del residence Le Rose di Cesenatico per overdose di cocaina.

La depressione, la droga, la compagnia di perdigiorno che popolano le discoteche della riviera romagnola, l'amicizia di avventurieri senza scrupoli e di prostitute russe, la desolazione della vita in un residence a due passi dal «mare d'inverno» non sono cose che riguardano il Marco Pantani che sa pedalare. Sono piuttosto il triste rimbombo dei passi di un uomo che cammina nel vuoto. Un uomo che nella vita può essere solo un campione, oppure niente:

Le rose che attendevano Pantani
Piene di spine e sole di dolore
Dal podio del mondo alle ferite mani.

Dite la vera storia del campione
Di un sistema drogato che fa esami
Come di questo vincere si muore.
...
E tutta un'onda in pianto la Riviera
Nel paese dei balocchi è notte nera.
È una bici da corsa rovesciata
Con le ruote che girano per aria.[25]

Certo, Marco Pantani manca molto allo sport della bicicletta e la bicicletta, sicuramente, deve mancare molto a lui:

E ora mi alzo sui pedali come quando ero bambino
Dopo un po' prendevo il volo dal cancello del giardino
E mio nonno mi aspettava senza dire una parola
Perché io e la bicicletta siamo una cosa sola.[26]

Ma la quintessenza stessa del ciclismo è una ruota che gira e, naturalmente, le ruote continuano a girare. Quelle di Damiano Cunego più veloci di tutte. Cunego si aggiudica l'ottantasettesima edizione del Giro dopo aver ingaggiato per tutta la corsa un appassionante testa a testa con il suo capitano Gilberto Simoni.

Negli ultimi anni non sono mancati alla bicicletta autentici talenti; come Mario Cipollini, per esempio, «uno dei velocisti più forti del mondo, 42 volate vincenti, 42 vittorie di tappa. Una più di Binda. Ci sarà mai qualcuno in grado di fare meglio?».[27] E, ancora, Alessandro Petacchi, che nella tappa di Namur del Giro 2006 (vinto da Ivan Basso) cade, ma è capace di arrivare al traguardo di giornata, sotto la pioggia, in salita, con una rotula fratturata; o Danilo Di Luca, vittorioso nel 2007, ma che, l'anno successivo, deve desistere, insieme al bravo Savoldelli (primo nel 2005), di fronte a un impeccabile spagnolo, Alberto Contador.

Ogni volta che si affacciano nuovi valenti corridori si ha l'impressione che il calendario della storica corsa torni per un attimo indietro, agli anni del ciclismo epico e a un'Italia che si fatica a riconoscere nell'oggi. Intanto, il 9 maggio 2009 il Giro festeggia un secolo di vita e viene istintivo dire che si tratta di un gran bel traguardo. Ma chiunque si sia alzato almeno una volta sui pedali per sconfiggere una salita, così come chiunque abbia almeno una volta provato a raccontare il passato per sconfiggere l'oblio, sa che ogni presunto traguardo non è altro che un futuro punto di partenza. Questa è la grande lezione del ciclismo, e della storia. Così, concludere dicendo che il centenario del Giro è un traguardo, vorrebbe dire banalizzare tutto ciò che quel traguardo significa. No, non è un semplice traguardo. È un miracolo.

> Non rendete banale un miracolo calcolando le sollecitazioni cui vengono forzati, in peso attrito calore, gli esili tubolari di gomma e di seta che reggono quel vertiginoso corteo di anime attraversate. Sul traguardo balenano sagome irrimediabilmente perdute in un istante.[28]

Note

Introduzione

[1] Stefano Pivato, *La storia leggera. L'uso pubblico della storia nella canzone italiana*, il Mulino, Bologna 2002, p. 29.
[2] Federico Chabod, *Lezioni di metodo storico*, Laterza, Roma-Bari 1978, p. 11.
[3] Silvio Lanaro, *L'idea di contemporaneo*, in AA.VV., *Storia contemporanea*, Donzelli, Roma 1997, pp. 611-32, in particolare p. 627; Id., *Raccontare la storia. Generi, narrazioni, discorsi*, Marsilio, Venezia 2004, pp. 102-103: «Esiste lavoro intellettuale senza immaginazione? Ed è vero che la simulazione è di uso corrente nelle scienze che un tempo si chiamavano "esatte"? ... A dispetto degli spintoni di vecchi positivisti e di giovani teologi, io non riesco a coniugare la storia solo all'indicativo».
[4] Quarto enunciato del *Manifesto del movimento futurista*, pubblicato in «Le Figaro», 20 febbraio 1909.
[5] *La tassa sulle biciclette ridotta a L. 6*, in «Rivista mensile del Touring Club Italiano», dicembre 1909.

I. L'età liberale

[1] In un accurato studio sulla relazione tra sport (con particolare riguardo al ciclismo) e società nel socialismo d'inizio secolo, lo storico Stefano Pivato riporta – tra le numerose fonti – anche una particolareggiata ed erudita rassegna di questi contributi letterari. Cfr. Stefano Pivato, *La bicicletta e il Sol dell'avvenire. Sport e tempo libero nel socialismo della Belle epoque*, Ponte alle Grazie, Firenze 1992, pp. 129-30.
[2] Alfredo Oriani, *La bicicletta*, Laterza e figli, Bari 1918, pp. 15-16 (prima edizione: Zanichelli, Bologna 1902).
[3] Vittorio Betteloni, *Inno ciclistico*, in «L'Illustrazione Italiana», 3 giugno 1903.
[4] Giuseppe Vota, *I sessant'anni del Touring Club Italiano. 1894-1954*, Touring Club Italiano, Milano 1954.

[5] Un quadro completo della vigorosa battaglia sostenuta dal TCCI e l'intero testo che esponeva le posizioni dell'associazione sono riportati da Umberto Grioni, *Il ciclista*, Hoepli, Milano 1910, pp. 47-48.
[6] *A sua eccellenza il Ministro delle Finanze*, in «Rivista mensile del Touring Club Ciclistico Italiano», gennaio 1896.
[7] «Corriere della Sera», 12-13 maggio 1898, p. 4.
[8] Francesco Rocchi (a cura di), *Un secolo di canzoni. Fogli volanti*, Parenti, Roma 1961, p. 324.
[9] Stefano Pivato, *op. cit.*, p. 129.
[10] Questo argomento è ampiamente trattato in Lorenzo Bedeschi, *Il modernismo e Romolo Murri in Emilia e Romagna*, Guanda, Parma 1967.
[11] Un ampio panorama degli editti emanati dalle diverse municipalità che in quel periodo furono allarmate dalla «cavalcatura d'acciaio» è stato riportato da Claudio Schirinzi, *Non piaceva a Bava Beccaris*, in Guido Vergani (a cura di), *L'uomo a due ruote. Avventura, storia e passione*, Electa, Milano 1987.
[12] ASMI, Questura, c. 53, *Disordini e scioperi 1898*, f. *Agitazioni per il rincaro del pane. Moti popolari del 6-7-8-9-maggio 1898 a Milano*, 10 maggio 1898.
[13] ACS, Ministero dell'Interno, Direzione Generale della Pubblica Sicurezza, Ufficio riservato 1879-1912, b. 4, f. 10, sf. 1, *Stato d'assedio. Milano*.
[14] ASMI, Questura, c. 53, *Disordini e scioperi 1898*, f. *Agitazioni per il rincaro del pane. Moti popolari del 6-7-8-9-maggio 1898 a Milano*, viceispettore Gregori a Questore, 6 maggio 1898.
[15] La melodia della canzone, secondo una prassi tipica della produzione di musica popolare italiana, attraverserà il secolo adattandosi a contesti differenti e adeguandosi a mutati momenti storici, per trasformarsi nella *Ballata del Pinelli*. La canzone del 1969 venne scritta a commento della tragica morte dell'anarchico milanese nella questura di Milano dopo la strage di piazza Fontana.
[16] ACS, Ministero dell'Interno, Direzione Generale della Pubblica Sicurezza, Ufficio riservato 1879, b. 4, f. 10, sf. 1, *Relazioni dell'autorità militare sulla sommossa di Milano*.
[17] Paolo Valera, *Le terribili giornate del maggio '98. Storia documentata*, La Folla, Milano 1899.
[18] Così recita la terza strofa della già citata canzone *Il feroce monarchico Bava*.
[19] Fedele Merelli, *La breccia del convento di Monforte. Milano, 9 maggio 1898*, NED, Milano 1998, p. 20.
[20] Paolo Valera, *L'assalto al convento. Narrazione documentata*, Società Editrice Lombarda, Milano 1899, p. 18.
[21] Dobbiamo la cognizione di questo inno alla meticolosità di Stefano Pivato, il quale ne ha dato conto nel suo saggio *La bicicletta e il Sol dell'avvenire...*, cit., p. 137. Per un ulteriore approfondimento, comunque, si veda *Il sequestro dell'inno dei ciclisti trentini*, in «Bollettino del Museo del Risorgimento», 3, 1952, p. 12.
[22] *Associazioni ciclistiche*, in «Il Pensiero romagnolo», 6 agosto 1902.
[23] Proclama distribuito in forma di foglio volante e riportato integralmente in Stefano Pivato, *op. cit.*, p. 145.

[24] Ivanoe Bonomi, *Lo sport e i giovani*, in «Avanti!», 29 settembre 1910.
[25] Antonio Lorenzini, *I ciclisti rossi*, ivi, 2 ottobre 1912.
[26] Id., *I ciclisti rossi. I loro scopi e la loro organizzazione*, Ceserani, Caravaggio 1913.
[27] Riportato in Stefano Pivato, *op. cit.*, p. 148.

II. Parte il Giro

[1] Guido Vergani, *Ai tempi della Regina in bicicletta*, in «la Repubblica», 27 giugno 1989.
[2] Paolo Conte, *Diavolo Rosso*, in Id., *Appunti di viaggio*, 1982.
[3] Giulio Mauri, *I ciclisti lariani professionisti*, Mauri Edizione Libri, s.l. 2008, pp. 280-89.
[4] Cougnet inizia a lavorare nella redazione della «Gazzetta» a diciotto anni (1898): *sportsman* genuino e appassionato di ciclismo, è il promotore, oltre che del Giro di Lombardia, anche della Milano-Sanremo (varata nel 1907) e del Giro d'Italia (1909).
[5] Paolo Conte, *Diavolo rosso*, in Id., *op. cit.*
[6] *Milano-Sanremo. Da Savona a Sanremo*, in «La Gazzetta dello Sport», 5 aprile 1907.
[7] Nel congresso di Milano del 29 settembre-1° ottobre 1906, le Camere del lavoro, le Leghe e le Federazioni decidono di confluire in un'unica organizzazione, la CGIL. Il primo segretario generale eletto è il biellese Rinaldo Rigola.
[8] *La grande battaglia tra i giganti della strada*, ivi, 12 maggio 1909.
[9] Il giornale dapprima ha tiratura bisettimanale; esce il lunedì e il venerdì, perché i più importanti avvenimenti sportivi dell'epoca (corse, regate, ascensioni alpine, concorsi...) si svolgono la domenica e il giovedì. Successivamente, dal 1909, diventa trisettimanale. Ha sede a Milano in via Pasquirolo presso la Sonzogno (1896), poi in via Santa Redegonda 10 (1898) e successivamente in via della Signora 15 e nel 1913 in corso di Porta Nuova.
[10] Ivi, 7 dicembre 1908. Per la cronaca va detto che il «Corriere della Sera» offrì al vincitore del primo Giro d'Italia un premio di 3000 lire.
[11] «La Gazzetta dello Sport», 11 gennaio 1909.
[12] Ivi, 25 gennaio 1909.
[13] Ivi, 8 febbraio 1909.
[14] Ivi, 15 febbraio 1909.
[15] Ivi, 8 marzo 1909.
[16] *Il trionfo dei colori d'Italia nella Milano-Sanremo*, ivi, 5 aprile 1909.
[17] *Ibidem*.
[18] Ivi, 7 maggio 1909.
[19] Ivi, 10 maggio 1909.
[20] Ivi, 12 maggio 1909.
[21] *Il dramma di Gerbi*, ivi, 14 maggio 1909.

III. La Grande Guerra

[1] *Corsico dalle origini al 1950*, Comune di Corsico, Corsico 1982, p. 11.
[2] Ivi, p. 83.
[3] Alla Cagnola, località situata a Milano in zona parco Sempione, vicino all'Arco della Pace, ancora oggi ha sede il poligono di tiro.
[4] Giovanni Giolitti, *Memorie della mia vita*, Garzanti, Milano 1945, pp. 333-35, 466-67.
[5] *La guerra rende necessaria un'aggiunta di un articolo supplementare al regolamento del IV Giro d'Italia*, in «La Gazzetta dello Sport», 17 maggio 1912.
[6] *I bersaglieri conquistano il comando della categoria incoraggiamento*, ivi, 20 maggio 1912.
[7] Mario Isnenghi, *Le guerre degli italiani. Parole, immagini, ricordi 1848-1945*, il Mulino, Bologna 2005, p. 79.
[8] Ivi, p. 77.
[9] *I bollettini della Guerra. 1915-1918*, prefazione di Benito Mussolini, Alpes, Milano 1923, pp. 588-89.
[10] Mario Isnenghi – Giorgio Rochat, *La grande Guerra 1914-1918*, il Mulino, Bologna 2008.
[11] Sul punto cfr. Paolo Colombo, *Storia costituzionale della monarchia italiana*, Laterza, Roma-Bari 2001, p. 86.
[12] Daniele Bertolini, *La prima guerra mondiale sui monti del Tonale. Storia, luoghi, itinerari*, Nitida Immagine, Cles 2007; Mario Bussoni, *La Grande Guerra. I luoghi italiani del primo conflitto mondiale*, Mattioli 1885, Fidenza 2008.
[13] Stefano Pivato, *Il Giro d'Italia*, in Mario Isnenghi (a cura di), *I luoghi della memoria. Personaggi e date dell'Italia unita*, Laterza, Roma-Bari 1997, p. 340.

IV. Il Ventennio

[1] SVA è l'acronimo dei progettisti del velivolo, Savoja e Verduzio, e della casa di costruzione, Ansaldo.
[2] «In omaggio a tre eroi dell'universo ideologico del padre, il messicano Benito Juarez, l'internazionalista Amilcare Cipriani, il socialista Andrea Costa», ricorda Giovanni De Luna, *Benito Mussolini. Soggettività e pratica di una dittatura*, Feltrinelli, Milano 1978, pp. 13-14.
[3] La crisi fiumana si era aperta il 12 settembre 1919, con la marcia partita da Ronchi e capeggiata da D'Annunzio, per concludersi il 3 marzo 1922 con l'annessione dello «Stato libero di Fiume» all'Italia. Nonostante i toni di aperta adesione, tuttavia, sulla questione di Fiume «Mussolini si limitò a condurre contro Nitti un'asprissima polemica verbale schierandosi però su contenuti programmatici non molto diversi da quelli governativi». Ivi, p. 47.
[4] Marco Ventura, *Il campione e il bandito. La vera storia di Costante Girardengo e Sante Pollastro*, Il Saggiatore, Milano 2006, rispettivamente p. 13 e p. 89.

[5] Luigi Grechi, *Il bandito e il campione*, in Francesco De Gregori, *Il bandito e il campione*, 1993.
[6] La complessa vicenda del bandito Sante Pollastro e del rapporto che lo ha legato a Costante Girardengo è stata studiata in modo approfondito e raccontata da Marco Ventura nel suo bel libro *Il campione e il bandito*, cit.
[7] Giacomo Matteotti, deputato e capo dei socialisti, venne rapito a Roma sul lungotevere Arnaldo da Brescia il 10 giugno 1924. Il suo cadavere fu rinvenuto due mesi più tardi in un bosco nei pressi della capitale.
[8] Teresa De Sio, *Pedala pedala (Una ragazza al Giro d'Italia)*, in Ead., *Primo viene l'amore*, 1997.
[9] Beppe Conti, *100 storie del Giro. 1909-2009*, Graphot, Torino 2008, p. 37.
[10] Benito Mussolini, *Discorso dell'Ascensione. Regime fascista per la grandezza d'Italia, pronunciato il 26 maggio 1927 alla Camera dei Deputati*, Libreria del Littorio, Roma-Milano 1927.
[11] Quel sistema di alleanze era stato riconosciuto anche dalla Germania con l'ingresso nella Società delle Nazioni (trattato di Locarno del '25), da cui poi era uscita nel '33 dopo l'avvento al potere di Hitler.
[12] Dino Buzzati, *Non fa per lui la parte del vinto*, in «Corriere della Sera», 3 giugno 1949.

V. Tra guerra e Liberazione

[1] Franco Bungaro – Vincenzo Jacomuzzi, *Lei non sa chi è mio fratello! Da Alighieri a Hitler, storie di sorelle e fratelli*, SEI, Torino 2007, p. 16.
[2] Paolo Conte, *Bartali*, in Id., *Un gelato al limon*, 1979.
[3] Il testo teorico più significativo è *Il fascismo e i problemi della razza*, manifesto pubblicato sul «Giornale d'Italia», il 14 luglio 1938, nel quale si afferma l'esistenza di diverse «razze» e la non appartenenza degli ebrei a quella italiana.
[4] Nell'agosto del 1938 la Direzione generale per la demografia e la razza (Demorazza) si occupa di organizzare e coordinare una schedatura non solo anagrafica, ma anche di tipo politico (bisognava dichiarare l'iscrizione o l'assenza d'iscrizione al Partito fascista, le eventuali benemerenze patriottiche ecc.). Inoltre, censimenti specifici sono condotti nei vari settori produttivi, nell'ambito dei quali i funzionari sono invitati a investigare e registrare la presenza di personale ebraico nei loro uffici.
[5] *Gli ebrei in Italia dal 1938 al 1943. Il censimento, i censimenti*, in *La persecuzione degli ebrei in Italia dal 1938 al 1945 attraverso i documenti dell'epoca*, nel sito Internet www.museoshoah.it, del Centro di documentazione ebraica contemporanea.
[6] Paolo Conte, *Bartali*, cit.
[7] Una completa ricostruzione della vicenda, fondata su documenti d'archivio e preziose testimonianze orali, è stata fatta da Paolo Alberati, *La guerra di Gino Bartali. Ebrei e cattolici in Toscana e Umbria 1943-44*, tesi di laurea, Università degli Studi di Perugia, facoltà di Scienze Politiche, a.a. 2003-2004.

[8] Fotografia conservata presso l'Istituto nazionale per la storia del movimento di Liberazione in Italia (Milano), nel fondo Ferdinando Scarpetta, e ora visionabile all'indirizzo www.immaginidistoria.it, digitando *bersaglieri ciclisti*.
[9] Marc Bloch, *La strana disfatta*, Guida, Napoli 1970, pp. 51-53.
[10] Stato maggiore dell'esercito. Ufficio Storico, *La battaglia delle Alpi Occidentali. Giugno 1940. Narrazione – Documenti*, Roma 1947, p. 106 (cfr. Giorgio Vecchio – Daniela Saresella – Paolo Trionfini, *Storia dell'Italia contemporanea. Dalla II guerra mondiale al Duemila*, Monduzzi, Bologna 2002, p. 17).
[11] Miriam Mafai, *Pane nero. Donne e vita quotidiana nella Seconda guerra mondiale*, Mondadori, Milano 1987, pp. 73-98, in particolare p. 85.
[12] «L'anno scorso disponevamo di benzina ... Quest'anno ... i più validi sono ridotti ad usare la bicicletta, e per le merci più voluminose, si deve far ricorso a un carretto.» Marc Bloch, *op. cit.*, p. 52.
[13] La centralità della bicicletta nell'esperienza dello sfollamento è resa magistralmente nello spettacolo, avvincente e toccante nonché interessantissimo in senso storiografico, di Davide Enia, *Maggio '43*, pubblicato da «l'Unità» nella collana «Teatro INcivile», 2006.
[14] Benito Mussolini, *Opera Omnia*, XXXI, *Dal discorso al Direttorio nazionale del PNF del 3 gennaio 1942 alla liberazione di Mussolini. 4 gennaio 1942 - 12 settembre 1943*, a cura di Edoardo e Duilio Susmel, La Fenice, Firenze 1960, pp. 118-33, in particolare p. 126.
[15] Marco Gioannini – Giulio Massobrio, *Bombardate l'Italia. Storia della guerra di distruzione aerea (1940-1945)*, Rizzoli, Milano 2007; Marco Patricelli, *L'Italia sotto le bombe. Guerra aerea e vita civile, 1940-1945*, Laterza, Roma-Bari 2007.
[16] Paolo Costa, *Gino Bartali. La vita, le imprese, le polemiche*, Ediciclo, Portogruaro 2001, pp. 68-69; Leo Turrini, *Bartali. L'uomo che salvò l'Italia pedalando*, Mondadori, Milano 2005, pp. 64-65.
[17] L'articolo della «Gazzetta dello Sport» si può vedere all'indirizzo www.giannibertoli.it/C30001.html, alla voce *1944. Coppi prigioniero di guerra*.
[18] Marco Pastonesi (a cura di), *Gli angeli di Coppi. Il Campionissimo raccontato da chi ci correva insieme, contro, e soprattutto dietro*, Ediciclo, Portogruaro 1999, p. 212; Guido Vergani – Orio Vergani, *Caro Coppi. La vita, le imprese, la malasorte, gli anni di Fausto e di quell'Italia*, Mondadori, Milano 1995, pp. 37-38.
[19] Mario De Micheli, *7ª Gap*, Editori riuniti, Roma 1971 (prima edizione: Edizioni di cultura sociale, Roma 1954).
[20] Giovanni Pesce, *Nella lotta non bastava la pistola*, in Franco Giannantoni – Ibio Paolucci, *La bicicletta nella Resistenza. Storie partigiane*, Arterigere, Varese 2008, pp. 148-52.
[21] Giovanni Pesce, *Giovanni Pesce «Visone», un comunista che ha fatto l'Italia*, Arterigere-EsseZeta, Varese 2005, p. 146.
[22] Renato Morandi, *In tricolore per la caduta del fascismo*, in Franco Giannantoni – Ibio Paolucci, *op. cit.*, pp. 132-33.

VI. La ricostruzione

[1] Gian Franco Venè, *Vola colomba. Vita quotidiana degli italiani negli anni del dopoguerra. 1945-1960*, Mondadori, Milano 1990, p. 50.

[2] Alessandro Portelli, *Roma tra guerra, Resistenza e Liberazione. Storia, memoria e immaginazione in un'ottica contemporanea*. Si tratta di una conferenza tenuta a Roma il 3 marzo 2005, in Campidoglio, nell'ambito dell'iniziativa «Il percorso della Libertà», ciclo di incontri organizzati dall'Istituto nazionale per la storia del movimento di Liberazione, in occasione delle celebrazioni del sessantesimo anniversario della Resistenza.

[3] Ivi: testimonianza di Augusto Cuppini (1911), operaio di Terni, raccolta il 30 dicembre 1980.

[4] Ivi: testimonianza di Ambrogio Filipponi (1930), geometra di Terni, raccolta l'11 maggio 1979.

[5] David Forgacs – Stephen Gundle, *Cultura di massa e società italiana. 1936-1954*, il Mulino, Bologna 2007, p. 64.

[6] Wu Ming, *54*, Einaudi, Torino 2002, pp. 14-15.

[7] Sulla sparatoria dei sostenitori titini al Giro del 1946 cfr. Paolo Facchinetti, *Quando spararono al Giro d'Italia*, Limina, Arezzo 2006.

[8] Il «Canzoniere della radio», edito da Campi, di Foligno, esce per la prima volta nel febbraio 1940. Dapprima la pubblicazione è mensile poi, dal numero 20, diventa quindicinale. Collaborano alla realizzazione delle copertine e delle illustrazioni grandi firme del momento, come Gino Boccasile, Brast, Baggiolini, Umberto Onorato, Roberto Roveroni, Rino Albertarelli.

[9] Paolo Conte, *La Topolino amaranto*, in Id., *Paolo Conte*, 1975.

[10] Daniele Marchesini, *Coppi e Bartali*, il Mulino, Bologna 1998, p. 113.

[11] *Ibidem*.

[12] Dalle note di copertina del CD di Francesco De Gregori e Giovanna Marini, *Il fischio del vapore*, 2001.

[13] Anche il premio Nobel Dario Fo – in un momento successivo – si è occupato della vicenda nella canzone *Giro d'Italia, rivolusion*, incisa nel disco *Canzoni sui momenti di lotta 1945-71*, pubblicato dal circolo La Comune nel 1972.

[14] Per un quadro dettagliato della discussione alla Camera dopo i disordini cfr. Atti Parlamentari – Camera dei Deputati, *Discussioni – Seduta pomeridiana del 15 luglio 1948*.

[15] Intervista riportata in Gigi Speroni, *L'attentato a Togliatti. I giorni della paura*, Mursia, Milano 1998, p. 84.

[16] Ivi, pp. 93-94.

[17] Questa la definizione di Pietro Secchia riportata in Paolo Spriano, *Le passioni di un decennio. 1946-1956*, Garzanti, Milano 1986, p. 98.

[18] *Ibidem*.

[19] Giovanni Gozzini, *L'attentato a Togliatti*, in Mario Isnenghi (a cura di), *I luoghi della memoria. Personaggi e date dell'Italia unita*, Laterza, Roma-Bari 1997, pp. 467-77.

[20] Testimonianza di E. Paolini in Andrea Grillo, *Livorno, una rivolta tra mito e memoria. 14 luglio 1948, lo sciopero generale per l'attentato a Togliatti*, Biblioteca Franco Serantini, Pisa 1994, p. 148.

VII. Il miracolo a due ruote

[1] La locuzione *cold war* viene introdotta nel 1947, dalle pagine dello «Herald Tribune» di New York, dal giornalista e commentatore politico Walter Lippmann.
[2] Marta Boneschi, *Poveri ma belli. I nostri anni Cinquanta*, Mondadori, Milano 1995, p. 62.
[3] Daniele Marchesini, *Coppi e Bartali*, il Mulino, Bologna 1998, p. 61.
[4] Gino Paoli – Paola Penzo, *Coppi*, in Gino Paoli, *L'ufficio delle cose perdute*, 1988.
[5] *Ibidem*.
[6] Dino Buzzati, *Dino Buzzati al Giro d'Italia*, Mondadori, Milano 1997.
[7] Gianni Rodari, *Filastrocche in cielo e in terra*, Einaudi Ragazzi, Trieste 1997.
[8] Gian Franco Venè, *Vola colomba. Vita quotidiana degli italiani negli anni del dopoguerra. 1945-1960*, Mondadori, Milano 1990, p. 221.
[9] Guido Crainz, *Storia del miracolo italiano. Culture, identità, trasformazioni fra anni Cinquanta e Sessanta*, Donzelli, Roma 1996, p. 116.
[10] Gioachino Lanotte, *Fred Buscaglione. Cronache swing dagli anni Cinquanta*, Editori riuniti, Roma 2007, p. 108.
[11] Gianni Baldi, *L'autostrada-fiume accorcerà l'Italia*, in «Epoca», 9 novembre 1958.
[12] Stefano Pivato, *Il Giro d'Italia*, in Mario Isnenghi (a cura di), *I luoghi della memoria. Personaggi e date dell'Italia unita*, Laterza, Roma-Bari 1997, p. 343.
[13] Beppe Conti, *100 storie del Giro. 1909-2009*, Graphot, Torino 2008, p. 95.
[14] Nico Fidenco, *Legata ad un granello di sabbia*, 1961.
[15] Gianni Micheloni, *Il gioco delle biglie sulla spiaggia*, Sperling & Kupfer, Milano 1996.
[16] Francesco Guccini, *Vacca d'un cane*, Feltrinelli, Milano 1993, pp. 47 e 49.
[17] Giampaolo Dossena, *Prefazione*, in Gianni Micheloni, *op. cit.*, p. XX.
[18] Patrizia Battilani, *Vacanze di pochi, vacanze di tutti. L'evoluzione del turismo europeo*, il Mulino, Bologna 2001, pp. 230-43.
[19] Laura Minestroni, *Casa dolce casa. Storia dello spazio domestico tra pubblicità e società*, Angeli, Milano 1996.
[20] Fabrizio Dentice, *Livorno: non cercate la donna*, in «L'espresso», 1° maggio 1960.
[21] Silvio Lanaro, *Storia dell'Italia repubblicana. Dalla fine della guerra agli anni Novanta*, Marsilio, Venezia 1992, p. 308.
[22] Adriano De Zan, *Gentili signore e signori buongiorno. Cinquant'anni di ciclismo*, Baldini & Castoldi, Milano 1999, p. 130.
[23] Paul Ginsborg, *Storia d'Italia dal dopoguerra a oggi. Società e politica 1943-1988*, Einaudi, Torino 1989, p. 298.
[24] Daniele Marchesini, *L'Italia del Giro d'Italia*, il Mulino, Bologna 2003, p. 161.

[25] Quartetto Cetra, *Ciao mama*, 1960. Gli autori della canzone sono Mario Azzella e Aldo Buonocore.
[26] Adriano De Zan, *op. cit.*, p. 112.
[27] Elio e le Storie Tese, *Sono Felice*, in Iid., *Esco dal mio corpo e ho molta paura (Gli inediti 1979-1986)*, 1993.
[28] *Ibidem*.

VIII. Gli anni Settanta

[1] Paul Ginsborg, *Storia d'Italia dal dopoguerra a oggi. Società e politica 1943-1988*, Einaudi, Torino 1989, p. 428.
[2] Per una ricostruzione della vicenda e per una recente testimonianza dello stesso Merckx sui retroscena, cfr. Beppe Conti, *Ciclismo. Storie segrete*, Armenia, Milano 2003, pp. 111-15; per i lineamenti essenziali della storia del controllo antidoping e per uno sviluppo ad ampio raggio del tema, Daniele Marchesini, *L'Italia del Giro d'Italia*, il Mulino, Bologna 2003, pp. 175-92, in particolare p. 186.
[3] «Parliamoci chiaro, ci siamo aiutati un po' tutti con qualche cosa. La solidarietà nasceva da lì»: così Gimondi in un'intervista riportata in Angelo De Lorenzi, *E non chiamatemi (più) Cannibale. Vita e imprese di Eddy Merckx*, Limina, Arezzo 2003, p. 125.
[4] Adriano De Zan, *Gentili signore e signori buongiorno. Cinquant'anni di ciclismo*, Baldini & Castoldi, Milano 1999, p. 105.
[5] Per la citazione e ulteriori informazioni cfr. «La questione criminale. Rivista di ricerca e dibattito su devianza e controllo sociale», II, 1976, in particolare pp. 100-104.
[6] Giancarlo Arnao, *La droga in 100 parole. Dizionario ragionato sul fenomeno droga: sostanze, effetti, cultura e politica*, Muzzio, Padova 1999, p. 123.
[7] Franco Catalano – Giorgio Bernardini, *L'Italia che cambia. Voto e classi sociali*, Mazzotta, Milano 1975, p. 12; Stefano Cappellini, *Rose e pistole. 1977, cronache di un anno vissuto con rabbia*, Sperling & Kupfer, Milano 2007, p. 330.
[8] Antonello Venditti, *Lilly*, in Id., *Lilly*, 1975.
[9] Beppe Conti, *Storia e leggenda del grande ciclismo*, Graphot, Torino 2005, p. 326.
[10] Enrico Ruggeri – Luigi Schiavone, *Gimondi e il cannibale*, in Enrico Ruggeri, *L'uomo che vola*, 2000.
[11] *Da oggi i provvedimenti per limitare i consumi. Il governo si prepara a sostenere l'economia*, e *Vacanza nelle scuole fino al 6 gennaio*, entrambi in «Corriere della Sera», 1° dicembre 1973.
[12] Cfr. Leonardo Vergani, *Città semideserta e al buio quasi come nel dopoguerra*, ivi, 2 dicembre 1973.
[13] Si veda l'articolo d'apertura del «Corriere della Sera» di lunedì 3 dicembre 1973: *Superata senza scosse la prima domenica austera*.
[14] Nella stessa edizione del «Corriere della Sera» del 3 dicembre 1973: Leonardo Vergani, *Milano non s'è fermata*, e a proposito degli aneddoti più curiosi *Perfino un elefante invece dell'auto*.

[15] L'insieme delle testimonianze è raccolto in Fulvio Astori, *È cominciato l'assalto ai venditori di biciclette*, ivi, 1° dicembre 1973. Cfr. anche *Come l'industria reagisce al «boom» della bicicletta*, ivi, 2 dicembre 1973.
[16] Giulia Borgese, *Sfrattati dall'auto dell'amore*, ivi, 3 dicembre 1973.
[17] Giulio Nascimbeni, *Nasce il gergo delle «vacche magre»*, ivi, 5 dicembre 1973.
[18] Mario Sossi, *Nella prigione delle BR*, IMT, Milano 2003, p. 49.
[19] Gianni Brera, *L'anticavallo. Sulle strade del Tour e del Giro*, a cura di Andrea Maietti, Baldini & Castoldi, Milano 1997, p. 114.
[20] Cfr. Roberto Della Seta, *La difesa dell'ambiente in Italia. Storia e cultura del movimento ecologista*, Angeli, Milano 2000, pp. 17, 23.
[21] Resta utile, sull'evento, Laura Conti, *Visto da Seveso. L'evento straordinario e l'ordinaria amministrazione*, Feltrinelli, Milano 1977; cfr. Miriam Ramondetta – Alessandra Repossi (a cura di), *Seveso vent'anni dopo. Dall'incidente al bosco delle Querce*, Fondazione Lombardia per l'ambiente, Milano 1998.
[22] Pierangelo Bertoli – Alfonso Borghi, *Eppure soffia*, in Pierangelo Bertoli, *Eppure soffia*, 1976.
[23] Sul Movimento del '77 cfr. AA.VV., *Una sparatoria tranquilla. Per una storia orale del '77*, Odradek, Roma 1997; Franco Berardi – Veronica Bridi (a cura di), *1977 l'anno in cui il futuro cominciò*, Fandango, Roma 2002; Marco Grispigni, *Il Settantasette. Un manuale per capire, un saggio per riflettere*, Il saggiatore, Milano 1997.
[24] Ennio Cavalli, *Due ruote fa. L'Italia del '77 vista da un Giro e in un racconto*, La vita felice, Milano 1997, pp. 16, 46, 58 e, per il racconto *La tuta*, pp. 63-119.
[25] Adriano De Zan, *op. cit.*, p. 118.
[26] Ivi, p. 57.
[27] Lucio Dalla, *L'anno che verrà*, in Id., *Lucio Dalla*, 1979.

IX. Il riflusso

[1] Lucio Dalla – Francesco De Gregori, *Cosa sarà*, in Lucio Dalla, *Lucio Dalla*, 1979.
[2] Cfr. *Il cantautore dopo il «processo» subito al Palalido. De Gregori fra rabbia e paura*, in «Corriere della Sera», 4 aprile 1976.
[3] Lucio Dalla, *Futura*, in Id., *Dalla*, 1980.
[4] Sergio Flamigni, *Trame atlantiche. Storia della loggia massonica segreta P2*, Kaos, Milano 1996; Giorgio Galli, *La venerabile trama. La vera storia di Licio Gelli e della P2*, Lindau, Torino 2007.
[5] Adriano De Zan, *Gentili signore e signori buongiorno. Cinquant'anni di ciclismo*, Baldini & Castoldi, Milano 1999, p. 118.
[6] Riccardo Cocciante, *In bicicletta*, in Id., *Cocciante*, 1982.
[7] Lucio Dalla – Francesco De Gregori, *Cosa sarà*, in Lucio Dalla, *op. cit.*
[8] Beppe Conti, *Ciclismo. Gloria e tragedie*, Ecosport, Milano 2006, pp. 122-24.
[9] Gli autori di questo volume ringraziano il professor Dal Monte per l'intervista loro concessa, in data 25 febbraio 2009.
[10] Cfr. Massimo Bozzo, *La grande storia del computer. Dall'abaco all'intelligen-*

za artificiale, Dedalo, Bari 1996; Paul E. Ceruzzi, *Storia dell'informatica. Dai primi computer digitali all'era di Internet*, Apogeo, Milano 2006.

[11] Ancora nel 1996 solo il 7,2 per cento degli italiani sarà in possesso di un computer: cfr. Censis, *30° Rapporto sulla situazione sociale del paese. 1996*, Angeli, Milano 1996, p. 546, tav. 3.

[12] Paul Ginsborg, *L'Italia del tempo presente. Famiglia, società civile, Stato 1980-1996*, Einaudi, Torino 1998, p. 168.

[13] David Forgacs, *L'industrializzazione della cultura italiana (1880-1990)*, il Mulino, Bologna 1992, p. 281.

[14] Modena City Ramblers, *I funerali di Berlinguer*, in Iid., *Riportando tutto a casa*, 1994.

[15] *Paninari di Piacenza*, in «Paninaro», ottobre 1988, pp. 14-21, in particolare pp. 16 e 18.

[16] Roberto Gatti, *I benettoniani*, in «L'espresso», 24 novembre 1985, ora in Francesco Erbani (a cura di), *L'espresso 50 anni*, IV. *1985-1995*, L'espresso, Roma 2005, pp. 281-84.

[17] Per una trattazione più approfondita cfr. Marco Geddes, *La salute degli italiani. Rapporto 1990*, NIS, Roma 1990.

[18] Nicola Porro, *Identità, nazione, cittadinanza. Sport, società e sistema politico nell'Italia contemporanea*, SEAM, Roma 1995, pp. 124-25.

[19] Luca Barbarossa, *Yuppies*, in Id., *Non tutti gli uomini*, 1988.

[20] Mario Fossati, *C'è una Ferrari che va a pedali*, in «la Repubblica», 21 novembre 1987, p. 24.

[21] Simona Colarizi – Marco Gervasoni, *La cruna dell'ago. Craxi, il Partito socialista e la crisi della Repubblica*, Laterza, Roma-Bari 2005.

[22] Cfr. Dino Pesole, *La vertigine del debito. Ciò che ognuno deve sapere sul disastro dei conti pubblici*, Editori riuniti, Roma 1994, pp. 132-43.

[23] Paul Ginsborg, *op. cit.*, p. 28.

[24] Patrizia Battilani, *Vacanze di pochi, vacanze di tutti. L'evoluzione del turismo europeo*, il Mulino, Bologna 2001, pp. 353-55.

[25] Enrico Ruggeri, *Cuba*, in Id., *Difesa Francese*, 1986.

[26] *La guerra nel Golfo Persico. I dibattiti alla Camera in Assemblea e in Commissione (agosto 1990-febbraio 1991)*, Camera dei deputati, Roma 1991.

[27] Alfredo Martini, *Ciclismo, brava gente. Un secolo di pedali e passioni raccontato in presa diretta*, Bradipolibri, Torino 2007, p. 105.

[28] Sandro Viola, *Se esplode la polveriera ex comunista*, in «la Repubblica», 1° dicembre 1989.

[29] Guido Vergani, *La fuga rosa di Van der Velde*, ivi, 1° giugno 1989.

[30] Paul Ginsborg, *op. cit.*, p. 122.

[31] Vincenzo Nigro, *La lunga notte degli albanesi*, in «la Repubblica», 13 luglio 1990.

[32] La notizia è riportata in coda a un breve articolo non firmato, che tratta principalmente di una vicenda di doping: *Doping in Belgio: condannato de Wilde*, ivi, 4 gennaio 1989.

[33] Raf, *Cosa resterà degli anni '80*, 1989. Autori della canzone sono oltre a Raf (Raffaele Riefoli) Giancarlo Bigazzi e Giuseppe Dati.

X. La seconda repubblica

[1] Per la ricostruzione della vicenda: *Milano, arrestato il presidente dei Martinitt* e *Bustarelle: Mario Chiesa in manette*, entrambi in «Corriere della Sera», 18 febbraio 1992; *Arrestato con la tangente fra le mani*, ivi, 19 febbraio 1992.
[2] *Conti cifrati in una lettera, ibidem.*
[3] *Soldi e politica, bufera a Milano, ibidem.*
[4] Enrico Brizzi, *Jack Frusciante è uscito dal gruppo*, Baldini & Castoldi, Milano 1995, p. 105 (prima edizione: Transeuropa, Ancona 1994).
[5] Del *pool* che conduce l'inchiesta Mani pulite fanno parte inizialmente, oltre a Borrelli e Di Pietro, anche Piercamillo Davigo, Gherardo Colombo e il procuratore aggiunto Gerardo D'Ambrosio.
[6] Antonello Venditti, *In questo mondo di ladri*, in Id., *In questo mondo di ladri*, 1988.
[7] Franco Battiato, *Povera patria*, in Id., *Come un cammello in una grondaia*, 1991.
[8] In www.raphaelhotel.com (marzo 2009).
[9] *L'assedio al quartier generale di Craxi*, in «Corriere della Sera», 1° maggio 1993.
[10] Usiamo questa locuzione, ormai ampiamente diffusa, anche se impropria, per sottolineare con una certa forza narrativa quel passaggio storico. L'Italia, infatti, dal 1948 conserva sostanzialmente inalterate la Costituzione e le istituzioni repubblicane. Inoltre il biennio 1992-94 è segnato da diverse fratture politiche importanti, tanto che la pubblicistica individua il momento di cambiamento tra le cosiddette prima e seconda repubblica in differenti punti, a seconda delle valutazioni dei vari commentatori.
[11] Daniele Marchesini, *Coppi e Bartali*, il Mulino, Bologna 1998, p. 61.
[12] *Giorno giusto per l'annuncio*, in «Corriere della Sera», 27 gennaio 1994.
[13] Silvio Berlusconi, *Perché scendo in campo*, ivi, 26 gennaio 1994.
[14] Camilla Cederna, *Quando Silvio mi rivelò nel lontano '77 la sua grande aspirazione: il Parlamento*, ivi, 10 febbraio 1994.
[15] Enzo Biagi, *E ora «allegria» come dice Mike*, ivi, 12 maggio 1994.
[16] Giuliano Zincone, *Politica surreale del gran Circo Italia*, ivi, 22 dicembre 1994.
[17] Id., *Lui, noi e gli altri*, ivi, 12 maggio 1994.
[18] *Prodi: Bertinotti come il ciclista Taccone*, ivi, 22 novembre 1995.
[19] *In bici al Santuario con Prodi*, in «la Repubblica», 24 luglio 1997.
[20] *Prodi riceve gli azzurri: «Mi sento come uno di voi»*, in «La Gazzetta dello Sport», 5 dicembre 2007.
[21] Giuseppe Alessandri, *Marco Pantani, ultimo eroe romantico*, Edizioni della Meridiana, Firenze 2009, p. 21.
[22] Ivi, p. 40.
[23] Alfredo Martini, *Ciclismo, brava gente. Un secolo di pedali e passioni raccontato in presa diretta*, Bradipolibri, Torino 2007, p. 119.
[24] Fra i tanti si segnalano lo studio di Giuseppe Alessandri, *op. cit.*; Philippe Brunel, *Gli ultimi giorni di Marco Pantani*, Rizzoli, Milano 2008; Manue-

la Ronchi – Gianfranco Josti, *Un uomo in fuga. La vera storia di Marco Pantani*, Rizzoli, Milano 2005.
[25] Gianni D'Elia – Claudio Lolli, *Le rose di Pantani*, in Claudio Lolli, *La scoperta dell'America*, 2006.
[26] Giancarlo Bigazzi – Saverio Grandi – Gaetano Curreri – Marco Falagiani, *E mi alzo sui pedali*, in Stadio, *Parole nel vento*, 2007. La vicenda di Marco Pantani ha toccato la sensibilità di diversi artisti. Oltre alle canzoni già citate si possono ricordare anche Moreno Dapit – Beppe Carletti – Marco Liverani, *L'ultima salita*, in Nomadi, *Con me o contro di me*, 2006; Antonello Venditti, *Tradimento e perdono*, in Id., *Dalla pelle al cuore*, 2007; Francesco Baccini – Enrico Nascimbeni, *In fuga*, in Francesco Baccini, *Stasera Teatro!*, 2005 (poi in *Fra..gi..le*, 2006).
[27] Beppe Conti, *100 storie del Giro. 1909-2009*, Graphot, Torino 2008, p. 233.
[28] Gianni Brera, *L'anticavallo. Sulle strade del Tour e del Giro*, a cura di Andrea Maietti, Baldini & Castoldi, Milano 1997, p. 181.

Ringraziamenti

Gli autori desiderano ringraziare Giuseppe Alessandri, Stefano Carnevali, Carlo Colombo, Antonio Dal Monte, Luca Falciola, Francesca Mauri, Francesco Moser, Adelelmo Portioli, Marco Rossignoli, Walter Rossignoli, Alessandra Rutigliano, Thalita Seno, il Veloclub ciclofuturisti Gamalero.

Un ringraziamento speciale e di tutto cuore va alle nostre maglie rosa Anna Simioni e Laura Guidi, per i consigli, il sostegno e l'aiuto costantemente assicuratoci nel corso del lavoro.

Indice dei nomi e dei luoghi

«La corsa del secolo»
di Paolo Colombo e Gioachino Lanotte
Oscar varia
Arnoldo Mondadori Editore

Questo volume è stato stampato
presso Mondadori Printing S.p.A.
Stabilimento NSM - Cles (TN)
Stampato in Italia - Printed in Italy